아내의
가뭄

아내 가뭄

THE WIFE DROUGHT

애너벨 크랩 지음
황금진 옮김
정희진 해제

■ **일러두기**

1. 본문 중 괄호 안 해설은 저자의 것이며 각주는 모두 옮긴이 주입니다.
2. 참고 문헌은 원서 그대로 미주 처리했습니다.
3. 책은 『 』, 언론사, 영화명, 프로그램명은 〈 〉, 기사 제목은 " ", 그 외 기타 사항은 ' '로
   표기를 통일하였습니다.

우리는 일터에서
누가 승자이고 누가 패자인지에만 관심을 가질 뿐,
가정과 일터를 연계시키지 않는다.

- 본문 중에서

『아내 가뭄』에 쏟아진 찬사

크랩은 아주 뛰어난 작가이다. 그리고 이 책은 고성이 오가는 격론의 장도 아니고 뻔한 이야기를 늘어놓은 사족도 아니다. 크랩은 오스트레일리아의 경제 발전이 융통성 없는 성 역할 때문에 어떻게 저해되고 있는지 새롭고 흥미로운 방식으로, 특유의 재기발랄한 유머를 곁들여 보여준다.
〈크리키〉의 마고 새빌

신선한 사고의 전환을 보여주는 책이다. 여성, 특히 어머니들이 경력을 쌓는 과정에서 마주치는 장애물뿐만 아니라 남자들이 일터에서 벗어나 집에 머물려고 할 때 부딪치는 장벽에도 초점을 맞췄다. 그리고 트레이드마크인 재치 만점 유머를 통해 젠더 전쟁에서 씁쓸한 저격만 가하는 작가가 아니라는 사실을 보여주었다.
〈시드니모닝헤럴드〉의 샘 드 브리토

특유의 '장난기 넘치는 재치와 센스'로 글을 이끌어가지만 전달하는 주제만큼은 매우 무겁다. 크랩의 주장에 따르면 '아내'가 있다는 사실은 굉장한 이점이다. 그 말이 옳다. 『아내 가뭄』은 여성에게도 아내가 필요한 이유뿐만 아니라 아내가 하는 일을 평가절하하고 부당하게 대우하는 이유까지 광범위하게 살펴보고 있다. 경제학에서 윤리학까지 아우르면서 진지하게 젠더 문제를 고민하게 해주는 굉장히 유용한 책이다.
〈더먼슬리〉의 앤 맨

애너벨 크랩은 말과 생각이 책 사이사이에서 춤추게 하는 능력을 가지고 있다. 그래서인지 『아내 가뭄』을 읽는 내내 즐거웠다. 이 책에는 숨은 보석이 너무나 많고 젠더를 주제로 대화를 나눌 때 필요한 시의적절한 내용이 곳곳에 있다. 우습게 넘길 책이 전혀 아니며, 저자 크랩 또한 젠더라는 문제에 걸맞은 학구적 태도와 주의를 기울여 글을 완성했다. 이 책은 나를 웃게도 하고, 킬킬거리게도, 가슴 아프게도, 화나게도 만들었다. 똑같은 문제를 40년 후에도 계속 글로 호소해야 한다는 사실 때문이다.

〈앤서머즈리포트〉의 웬디 매카시

크랩은 일방적인 연설보다 친밀한 대화를 열망한다. 정치부 기자로, ABC의 〈키친 캐비닛〉 진행자로 활동하면서 갈고닦은 재치 넘치는 사연들을 책에서 인용한 통계 자료와 결합하여 인간적이면서도 세심하게 표현해냈다. 『아내 가뭄』은 지친 이들과는 함께 웃고, 신중을 기하려는 이들과는 허심탄회한 대화를 나눈다.

〈파이낸셜리뷰〉의 제시카 아우

데이터로 가득하지만 문체가 생기발랄하다. 심각하다 못해 웃기기까지 한 오스트레일리아 노동계의 젠더 역학을 해부하고 있다.

〈인터프리터〉

여성이 아이를 낳지 않는 가장 큰 이유
- '노동'하지 않는 남성과 사회정의

정희진(『아주 친밀한 폭력』 저자)

"여성주의에 대해 알고 싶은데 어떤 책이 좋을까요?"라고 묻는 이들에게, 내가 가장 많이 권한 책은 알리 러셀 혹실드의 것이었다. 엄청나게 잘못 번역한 제목이긴 하지만, 그녀의 『돈 잘 버는 여자 밥 잘 하는 남자』를 읽는 것은 '인간의 조건'의 시작이다. 이 책의 원제, 'The Second Shift'는 '2교대'라는 뜻으로 여성의 이중 노동을 의미한다.

그러나 앞으로는 『아내 가뭄』이 그 지위(?)를 대체할 것 같다. 솔직히 말하면 내가 평생 동안 단 한 권의 책을 쓴다면, 바로 이런 책을 내고 싶었다. 시도도 했고 어느 정도 분량의 원고도 있다. 하지만 쓸 때마다 분노와 흥분을 주체할 수 없었다. 개인적인 사연이지만, 나는 아직도 어머니가 돌아가신 원인이 아버지와 남동생의 가사(家事)에 대한 완벽하고도 천재적인 게으름, 더러움, 무신경이라고 생각한다.

사회 구조가 전혀 다른 나라에 사는 저자의 삶의 조건이 어쩌면 그렇게 나와 비슷한지……. 갑자기 가부장제는 몰(沒) 역사적인 인간 본성이 아닐까 하는, 평소 주장과는 정반대의 망상에 빠지기도 했다. 인간이란 무엇인가를 질문하게 하는, 이 책의 기가 막힌 사례와 통계는 여기 옮기지 않으련다. 일단, 이 책은 재미있다. 금세 읽었다. 읽기의 즐거움과 깊이 있는 분석을 동시에 갖춘 여성주의 텍스트는 의외로 드물다. 두 가지만 적겠다.

1936년부터 2010년 사이에 미국 아카데미 여우주연상 후보에 오른 배우들 중, 당시 기혼 혹은 사실혼 관계에 있던 여성 265명의 여성 중 60퍼센트가 이혼했다.

남자 배우라면, 그랬을까? 여전히 여성의 '성공' = 이혼인 것이다. 그것도 2000년대 미국에서!

또 한 가지.

여성은 남성보다 (취업 여부에 상관없이) 집안일을 훨씬 많이 한다. 세계 어디서나 마찬가지다. OECD 회원국 전체의 평균을 냈을 때, 남자는 하루 141분 집안일을 하고 여자는 273분을 일한다. 거의 두 배의 시간이다.

대한민국은 적어도 다섯 배 이상이라는 사실만 언급하고 넘어 가겠다.

이 책의 요지는 호주 중산층 가족의 가사 노동을 둘러싼 남성과 여성의 전쟁(gender war)과 그 전황 보고서다. 저자는 이를 단순한 '여성 문제'가 아니라 자본주의 자체의 폭주와 노동 시장 저변의 근본적 변화로 분석한다. 우리는 이미 망했는지 모르지만, 위기에 직면한 인류가 '살아남기(staying alive)' 위한 노동과 가정에 대한 새로운 패러다임을 제안한다.

호주의 예는 아니지만, 일본의 경우 일자리 문제를 "전업(專業) 노동에 반대한다"는 취지에서 해결하려는 노동운동이 전개되고 있다. 전문화(專門化)는 실업과 경쟁을 부추길 뿐이라는 것이다. 의사처럼 몇몇 직종을 제외하고, 파트타임(화초에 물 주기, 컴퓨터 수리, 커피 콩 고르기 등등) 직장 세 개 정도로만 생계를 유지하고, 나머지 시간은 지역사회 봉사, 취미 활동, 문화 활동, 공정 여행 등으로 인생을 즐기자는 것이다(한국의 정규직 중심의 노동운동과 비교해보라!). 이는 당연히 젠더 문제, 파트타임('비정규직') 노동에 대한 인식과 연결된다.

저자의 표현을 빌리면, "우리는 일터에서 누가 승자이고 누가 패자인지에만 관심을 가질 뿐, 가정과 일터를 연계시키지 않는다".

　물론 이 책의 주장이 처음은 아니다. 또한, 뒤에 쓰겠지만 한국 사회에 맞는 또 다른 분석이 필요하다. 나는 이 책이 글쓰기 교재로서도 매우 훌륭하다고 생각한다. 글쓰기가 생각의 표현이라면, 좋은 글은 독창적이고 정의로운 아이디어가 잘 조화된, 조각된, 펼쳐진 글이다.

　주지하다시피 자본주의(산업혁명, 근대화, 식민주의……)는 수천 년 인류의 삶을 근본적으로 변화시켰다. 우리가 알고 있는 대부분의 지식은 근대 이후에 만들어진 것이다. 자신의 앎을 상대화하는 것이, 이 시대 가장 중요한 지식 혁명이다. 그러나 남녀에 대한 통념은 완고하다 못해 자연의 질서처럼 인식되고 있다. '남성 생계부양자'가 대표적 개념이다. 이 말 자체가 생긴 지 얼마 되지 않은 신생어다. 남성은 생계를 책임지고 여성은 가정을 책임진다? 그런 가정은 거의 없다.

　여성은 공/사, 양 영역에서 일한다. 당연히 대부분의 여성들은 이중 노동으로 고통 받고 있다. 아마도 '박근혜' 씨는 몰라도 힐러리 클린턴조차, 여성이라면 한평생을 자기 외 다른 사람의 세 끼 식사와 반찬 걱정에 많은 시간을 할애할 뿐 아니라 강박에 시달릴 것이다. 인류의 반이 사람으로 태어나서 남의 밥걱정으로 인생의 많은 혹은 대부분의 시간을 보낸다? 이것이 문명사회인가? 클래식 음악의 역사도 겨우 400년 되었다. 현대 자본주의 사회의 공/사 영역의 구별과 그 성별화(남성은 '바깥일', 여성은 '집안일'과 '바깥일' 둘 다 하는 것)는 200년도 안 된 일이다.

저자의 주장대로, "사람은 여러 가지 생각을 통해 규정되고 만들어진다. 그러나 그런 생각이 고정불변일 필요는 없다".

이 책은 사회 변화와 젠더의 관계에 대한 뛰어난 분석서이기도 한데, 사회가 만들어지는 원리로서 젠더의 중요성을 잘 보여준다. 지난 19, 20세기는 혁명의 시대, 극단의 시대였다. 그러나 사회 변화의 근본적인 전제, 가장 기본적인 동력, 가장 발본적인 (拔本的) 요인은 젠더 불평등과 여성의 노동이다. 또한 동시에 젠더(gender, 성별 제도)는 그 자체로 모든 혁명과 관련되어 있다. 일단 과학기술의 발달을 보자. 콘돔과 안전한 낙태술은 여성에게 출산 통제를 가능하게 했다. 비록 남성이 콘돔 착용을 거부하고 있어도, 최소한 지금 여성들은 열 명 내외의 아이를 낳지 않아도 된다. 세탁기의 발명은 인터넷의 등장보다 훨씬 더 인류의 생활을 변화시켰다.

급진주의 페미니즘의 살아 있는 전설 샬롯 번치는 아내에 대한 폭력이 그 심각성에도 불구하고 해결되지 않는 이유가 역설적으로 "여자가 가정에서 구타당하는 것은 너무 당연(하게 생각)하기 때문"이라고 말한 바 있다. 아내에 대한 폭력처럼 가사 노동과 육아가 여성의 일이라는, 인권유린이 거의 '진리'처럼 통용되고 있다. 문제는 가정 폭력과 가사 노동에 대한 사회의 인식이 상

아내 가뭄

태의 심각성에 비해 너무나 낮고 무지하다는 것이다. '집 밖의 변화 속도와 집 안의 변화 속도의 차이'가 이만큼 큰 사회문제가 또 있을까?

가사 노동, 여성의 노동 이슈가 내 인생을 갉아먹으면서 동시에 지금의 나를 형성했기 때문에 많은 고민을 하지 않을 수 없었다. 저자는 동성 커플의 문제를 특화시켜서 다루지 않는다. 이유는 나와 다르다. 나는 이 '아내'라는 노동자의 존재가 성별 문제, 여성주의 이슈로 다루어질 때 더 해결하기 어렵다고 본다. 우리 사회에서 이 문제가 언급되는 방식은, "사랑하니까 해준다"에서 "도와준다"로 '겨우' 이동 중이다.

어떤 커플이든 어떤 관계든 간에, 두 사람 이상이 모이면 노동이 발생하기 마련이다. 그냥 인간사다. 공적 영역에서는 그러한 노동이 위계화, 분업화, 분담되어 있다. 우리는 그것을 계급 문제라고 부른다. 갈등의 소지가 '적다'. 그러나 '집에서'의 모든 재생산 노동(육아)과 의식주 생활은 몸이 불편한 사람이 아닌 한, 각자가 해결해야 한다. 남성이든 여성이든 상관없다. 자기가 먹은 밥그릇은 자기가 치우는 것이다. 자기가 입은 옷은 자기가 빨래하는 것이다. 이를 하지 않는 사람은 아직 '사람(개인) 미달'이다. 그러므로 '주부'나 '아내'는 정체성도, 직업도, 지위도 될 수 없다. '아내 가뭄'은 모두에게 아내가 필요하다는 이야기처럼 들리지만, 반대로 어느 누구도 '아내를 가질' 특권은 없다는 뜻이다.

이 책과 관련하여 한국 사회의 상황을 간단히 살펴보자. 일과 가정의 양립? 이미 많은 여성들이 신자유주의 체제에서 가장 먼저 일자리를 잃고 있으며, 더 이상 가정을 구성하지도 않는다. 아이를 낳지 않는 가장 큰 이유는 남성이 가사 노동을 절대로, 죽어도 하지 않는다는 것을 알기 때문이다. 저출산은 아이를 낳지 않는 것이 아니다. 결혼을 하지 않는 것이다(기혼 부부의 출산율은 1.9명으로 두 명을 육박한다). 대한민국에는 결혼한 여성을 위한 인프라와 사회적 존중 문화가 전무하다. 여성들은 더 이상 국가, 사회, 남성 개인의 변화를 기대하지 않는다. 대신 여성들은 진화생물학적 관점에서 아이를 낳지 않음으로써, 사회를 구하고 자신을 구하고 있다. 그러므로 저출산은 절대 '해결'되지 않을 것이다.

지금 한국 남성들은 '조선 중기' 시대를 살고 있다. 남성들의 문화 지체 현상이 지속되는 한, 결혼도 출산도 없다. 1인 가구가 40퍼센트가 넘는 시대다. 나는 한국 사회의 극심한 성차별도 문제지만, 더 우려되는 지점은 성차별 현상에 대한 남성과 여성의 '인식 차이'라 본다. 절실한 사람이 해결책을 모색하기 마련이다. 이 책은 여성들의 지지를 받을 수밖에 없다.

그러나 기본적인 교양을 갖추고 싶은 남성이라면 읽기를 권한다. 가장 사회정의가 실현되지 않는 분야에 관심이 있는 남성도 읽기를 권한다. 아, 얼마 전 모 지역 평생학습관에서 만난 어느 남성 수강생에게도 권한다. 그는 '노총각'이라는 표현도 못 참을 정도로 자신에 대한 자부심이 강한 듯했다. 그런 그가 내 강의를 신청한 이유는 "장가를 가고 싶은데 뜻대로 되지 않아서 일단 여자를 알아야겠다"는 생각에서였다.

물론, 여성주의는 여성에 대한, 여성에 관한, '결혼과 연애를 위한' 인식론이 아니다. 하지만 여성주의는 남녀 모두에게 자신과 사회를 아는 데 큰 도움을 준다. 인간성과 정치의식의 가장 정확한 바로미터는, '집안일'에 대한 관점과 실천이다. 이 책이 필독서인 이유다.

차례

당연하다고 생각했던 것들은
정말 당연한 걸까?

육아와 가사 노동에 자발적으로 뛰어드는 남자

『아내 가뭄』의 집필을 끝낸 1년 전, 나는 집필이 거의 끝나갈 무렵 작가들이 보이는 전형적인 증상을 모조리 보였다. 결과물이 끔찍할 거라는 확신과 동시에 일을 끝마쳤다는 시원섭섭한 기분을 느끼며 내가 치는 타이핑 소리에도 진저리를 쳤다. 작업이 거의 마무리 단계에 이르자, 내 글을 읽을 사람이 한 명이라도 있을지 말지는 더 이상 중요하지 않았다. 물론 우리 편집자는 나와 생각이 전혀 달랐지만 말이다.

책이 출간된 뒤 흥분으로 가슴이 뛰었던 이유는 단순히 책의 독자가 많아서가 아니었다. 물론 조금 놀라기도 했고 대단히 감사하게 생각한다. 가슴이 뛰었던 이유를 구체적으로 밝히자면 남성 독자가 많아서였다.

나는 편지며 이메일, 트위터 그리고 작가들의 행사나 포럼에서 오간 대화는 물론, 거리에서 우연히 만난 사람들이나 기차에서 옆자리에 앉은 누군가에게 다양한 이야기를 들었다. 그리고 그중 남자들이 한 이야기가 가장 마음에 들었다. 나는 남자들이 적극적으로 여성의 일이나 가사 분담 등에 대해 이야기하는 게 너무 좋았고 그렇게 안 하는 게 오히려 더 이상했다.

사실 가장 마음에 들었던 내용을 꼭 집어서 밝힐 수도 있다. 이 책이 출간되고 나서 내가 나눈 최고의 대화는 한 남자와 주고받은 트위터 메시지였다. 그는 내게 아내의 모유 짜는 법을 구체적으로 알려달라며 먼저 연락을 했다.

음, 지금 당신이 무슨 생각을 하는지 알고 있다. 그 남자의 메시지는 당장 사법 기관에 넘겨야 할 내용처럼 들릴 것이다. 하지만 그 남자는 진심이었다. 나는 일을 하면서 동시에 어린 자녀를 돌봐야 할 때 조금이라도 도움이 될까 싶어서 굉장히 이색적인 팁을 책에 실었는데(본문 57페이지), 그것을 읽은 남자가 좀 더 자세히 알려달라며 트위터 메시지를 보낸 것이다. 남자는 아내가 복직을 앞두고 있는데 자신의 아이가 어찌나 성격이 대쪽 같은지 젖병에 든 우유를 도통 먹지 않는다고 했다.

몇 주 동안 우리는 트위터 메시지를 주고받았다. 그러다가 아내가 복직한다던 날짜가 지났고 그 뒤부터 아무런 연락이 오지 않았다. 참다못해 먼저 연락을 한 나는 남자의 답장을 읽고 허공에 승리의 주먹을 날렸다.

"젖병은 질색하는데 모유 젤리는 좋아라 합니다!"

얼마 전에 다시 연락이 왔는데 아이 사진도 함께 보내왔다. 아이는 볼로네제 소스처럼 보이는 뭔가로 칠갑을 했고 포동포동하니 행복해 보였다. 이 가족이 앞으로도 무탈하게 잘 지내기를!

그 남자와 주고받은 메시지들 때문에 나는 많이 행복했다. 남몰래 화장실에서 훌쩍일 가능성이 현저하게 낮아진 한 여성이 이 세상 어딘가에서 복직을 앞두고 있다는 사실만으로도 행복했다. 하지만 나를 더 행복하게 만든 것은 아내 혼자만의 문제로 여기지 않고 자신의 문제로 인식한 남자가 있다는 사실이다. 게다가 그 남자는 팔까지 걷어붙이고 그 문제를 해결하기 위해 생판 모르는 이에게 징그러운 메시지까지 보내지 않았던가!

변해야 할 대상은 여성이고 남성인 우리들

사실 이런 남자들은 곳곳에 있다. 내가 이 책을 쓰는 내내 바란 것은 별게 아니다. 그저 우리 사회가 남자들에게 가사 영역에 적극적으로 참여하라고 조금만 더 권장해주기를, 만약 그게 안 된다면 그런 남자들의 삶을 고달프게나 만들지 말기를, 아니면 자진해서 가사 영역으로 들어가는 남자를 놀란 눈으로 보지만 말라는 것이다.

그래서 대기업이 완전한 유급 남성 육아휴직 제도를 발표할 때, 또는 정치인이나 평론가들이 여성만의 문제라는 전제를 깔지 않고 일과 가정의 균형을 이야기할 때, 대중의 높은 관심을 받는 남성이 어떻게 '그 모든 것을 해내는지' 이야기할 때마다 나는 또 하나의 작은 발걸음을 내디뎠다는 사실에 축제 기분에 젖는다.

수많은 정치인의 아내들, 이 책을 추천받고 찾아온 남편들 그리고 상당히 고무적이게도 꽤 많은 중역과 관리자들에게 나는 저자 사인을 해주었다. 그들이 (이 책을 집어 든 여러분 또한) 이 책의 집필 정신에 맞게 읽어주었으면 좋겠다. 다시 말해서, 이 책에 포함된 여러 통계 자료가 머지않아 형편없는 무용지물이 되기를 즐거운 마음으로, 간절히 희망하며 기다리자는 것이다.

가끔 나는 『아내 가뭄』에서 제기한 문제를 해결하려면 정부는 어떤 정책을 취해야 하느냐는 질문을 받는다. 그 질문에 솔직하게 답한다면 변해야 할 대상은 정부가 아니다. 변해야 할 대상은 여성이고 남성인 우리들이다. 우리가 종종 당연하다고 생각하는 것들(어떤 때는 무심코, 어떤 때는 눈코 뜰 새 없이 너무 바빠서), 즉 누가 무슨 일을 하고 누가 무슨 일을 하고 싶어 하는지에 대한 편견에 가까운 생각들을 점검해야 한다. 작은 발걸음, 그러나 의미심장한 발걸음을 내디뎌야 한다.

애너벨 크랩

‖ 서론 ‖
‘아내 가뭄 주의보’ 발령
"여자에게도 아내가 필요하다"

그 남자는 왜 모든 일이
술술 잘 풀릴까?

뭔가 대단한 깨달음을 얻을 만한 상황은 아니었다. 당시 나는 다른 주(州)에서 열리는 '정상회담' 참석을 위해 고속도로를 달리고 있었다. '정상회담'이라고 해봤자 그렇고 그런 인맥 교류의 장 중하나일 뿐이었고, 다양한 분야의 전문가들과 공공 정책 전문가들이 모여서 자신의 의견을 말하는 곳이었다. 소위 전문가라고 하는 이들은 자신의 의견을 말하기 전에 상대방이 말을 끝내기를 점잖게 기다리며 딴생각을 했다. 그런데 나는 이미 그 회의에 약간 심술이 나 있었다. 참석 요청을 수락하고 나서 뒤늦게 회의 프로그램을 살펴보고는 기분이 착잡해졌다. 참석자 명단에 남자들 (경제학자, 재계 인사, 외교 정책 전문가 등) 이름만 끝도 없이 길게 이어졌기 때문이다. '나를 여기 초대한 이유는 분명히 성비를 맞추기 위해서일 거야'라는 생각이 퍼뜩 들었다.

그리고 짐작대로였다. 첫날 오전에는 줄줄이 토론이 이어졌는데 토론 참가자들은 모두 남자였고 내 역할은 사회자로서 화기애애하게 다리만 놓아주면 됐다. 더욱 끔찍한 것은 둘째 날에 기후학인지 뭔지의 세계적인 전문가라는 한 남성분에게 심도 깊은 질문을 60분 동안 해야 했다. 그런데 나는 기후학에 대해 아는 게 거의 없었다. 물론 지나고 보면 흥미롭고 보람 있는 일인 경우가 많고 이번에도 그랬다. 하지만 회의 첫날 점심을 먹으러 갈 때 내 머릿속 한구석에서는 '겨우 이런 일 때문에 애들을 내팽개친 건가?'라는 처량하고 구슬픈 목소리가 떠나지를 않았다.

점심 때 나는 우연히 옛 친구를 만났다. 그 친구는 캔버라에서 장관 고문으로 일하다가 지금은 민간 부문에서 일은 훨씬 적게 하면서 돈은 훨씬 많이 받고 있었다. 우리는 아주 반갑게 인사를 한 다음, 자리에 앉았다.

"그동안 별일 없었어?"

"나 결혼했어! 애도 있어!"

그 친구가 힘차게 말했다.

곧이어 우리는 아이가 얼마나 사랑스러운지에 대해 맞장구를

아내 가뭄

쳐가며 이야기를 했다.

"맞아, 사는 게 참 행복해. 아내가 일도 그만둬서 애한테도 완전 잘됐지. 모든 일이 술술 풀린다니까."

친구가 양갈비를 먹음직스럽게 뜯으며 말했다.

나는 그 친구를 좋아한다. 정말이다. 그 친구가 행복하기를 진심으로 바란다. 그런데도 왜 웃고 있는 그 친구 얼굴을 치즈 감자 그라탱에 처박아버리고 싶었을까? 그날 아침 우리 애들이 머나먼 시드니에서 먹고살겠다고 쓰레기통에 코를 대고 킁킁거리는 동안, 나는 경제학자들의 말을 조금이라도 재미있게 들리게 하려고 애썼다. 내가 처한 그 현실에 화가 난 걸까?

모든 일이 술술 풀린다니……. 주변을 둘러본 나는 어떻게 된 일인지 알 것 같았다. 지금 식당에 있는 남자들 중에 집에 아내가 있는 사람은 몇이나 될까? 아이들을 학교에서 데려오고, 마룻널 틈에 낀 고무찰흙을 백만 번쯤 긁어 파내고, 아이를 병원에 데려가고, '오전 8시에서 12시 사이'에 온다는 전화를 하릴없이 기다려주는 아내 말이다. 그 바닥에 훤한 사람이라면 다 알 것이다. '오전 8시에서 12시 사이'는 아이가 두고 간 점심 도시락을 학교에 후딱 가져다주려고 골목을 꺾어든 지 30초가 지난 때를 의미한다는 것을.

하지만 아내가 있는 남자들은 오후 2시 45분이 주는 어렴풋하지만 늘 존재하는 신경의 압박을 받을 필요가 절대 없다. 왜냐하면 그들에게는 아내가 있으니까. 나는 식당에 있는 여자들을 둘러봤다. 여자들의 정신이 약간 다른 데 팔려 있는 것 같다는 생각은 그저 내 상상일까? 아니면 제대로 본 것일까?

나는 아무 생각 없이 맛있게 점심을 쩝쩝거리며 먹는 친구를 다시 흘끗 쳐다봤다. 그 친구는 자기가 얼마나 운이 좋은지, 복권에 당첨된 거나 마찬가지라는 사실을 모르고 있었다. 그는 오전 8시에 집에서 나와 하루를 온전히 보람차게 보내고, 두 손으로 근사한 점심을 먹고 집에 가서는 (내 상상뿐일 수도 있지만) 말끔하게 목욕을 하고 막 자려는 아기를 볼 것이다. 그런데 이것은 인류가 이뤄온 온갖 사회적 진보가 그 친구한테만은 참으로 요상하고 놀라운 방식으로 막혀 있다는 사실을 보여준다.

게다가 그 친구는 그런 게 세상 돌아가는 이치라고 생각했다. 그런데 가장 최악은 뭔지 아는가? 그 친구의 생각이 옳다는 것이다. 남자는 아내가 있지만 여자는 아내가 없다. 세상이 그렇다.

여자도
아내가 필요하다

나는 아내가 있는 사람이 부러웠다, 그것도 아주 간절히.

아내 선망증(wife envy)은 주기적으로 나를 덮치는데, 이따금

아내 가뭄

공항에서 도지고는 한다. 비행기 탑승을 재촉하는 마지막 신호는 깜빡거리는데, 나는 십중팔구 아기띠를 멘 채 살금살금 걸어갈 것이다. 왜냐하면 아기가 내 가슴팍에서 이미 축축해진 기저귀에 재차 자신의 고유한 특권을 행사했을 테니까 말이다. 마틴 에이미스가 '완전히 비운다'라고 표현한 바로 그 상태일 것이다. 내가 공항에서 그러고 있는 동안 잘나가는 비즈니스맨 군단은 콴타스 클럽에 옹기종기 모여 있고, 나는 그들을 바라볼 것이다. 그러다가 나를 가리키는 비난 어린 안내 방송이 나오면 나는 비행기까지 가는 내내 발걸음마다 굴욕을 감내해야 한다. 또한 내 옆자리에 앉은 이들이 고상한 표정으로 포기한 듯한 시선을 보낼 때 나의 아내 선망증은 더욱 커지기만 한다.

나는 옆자리에 앉은 남자에게 이렇게 말하고 싶어 입이 근질거릴 것이다.

"음, 그러니까 사실 저도 이런 일은 꽤 창피해요."

나도 공짜로 주는 크라운라거를 음미하면서 보고서를 훑어보고 싶다. 나도 새끼 호랑이 같은 우리 꼬맹이 아들 녀석을 신경 쓰지 않고 조용히 프레젠테이션 준비를 한다고 즐겁게 이야기하고 싶다. 물론 아름다운 아내가 아들 녀석의 요구를 하나하나 다 들어주기 때문에 가능하다는 사실도 함께 이야기하면서 말이다. 그런데 현실의 나는 왜 집요하게 내 코에 시리얼을 집어넣는 애한테 시선을 떼지 못한 채 글을 써야 할까? 에잇, 나도 아내가 필요하다. 나는 아내가 없는데 어떻게 그 멍청이들한테는 아내가 있는지 도통 모르겠다.

만약 당신은 전일제 근무를 하는데 배우자가 시간제 근무를 하거나 아예 일을 안 한다면, 축하할 일이다! 당신에게는 '아내'가 있는 것이다. 전통적으로 아내란 집 안 여기저기 쌓여가는 무급 노동을 더 많이 하려고 유급 노동을 그만둔 사람이다. 무급 노동에는 청소, 자잘한 수리, 배관공이 올 때까지 집에서 기다리기, 배관공이 안 오는 이유를 알아내려고 1시간 동안 전화기를 붙든 채 인내심 테스트하기 등이 속한다. 이런 종류의 노동은 일단 자녀가 추가되면 일의 양이 무섭게 증가한다. 그리고 집안일 리스트에는 공손하고 예의 바른 젊은이로 키우기, 식초와 중탄산나트륨을 섞은 반죽으로 얼룩 제거하기 같은 매우 전문적인 일까지 기하급수적으로 늘어난다.

'아내'는 남자일 수도 있고 여자일 수도 있다. 아내가 남자든 여자든 중요한 것은 아내는 끝내주게 좋은 직업적 자산이라는 점이다. (사람들이 일상적으로 경험하는 일들에 대한 재미있는 농담 중 하나로) 오후 3시는 학교가 끝나는 시간이자 그 누구에게도 편한 시간대가 아니다. 그런데 전일제 근무로 바쁘게 일하는 사람들은 아내 덕분에 그 오후 3시에 아이들을 데리러 가야 하는 불편을 겪지 않고도 아이들이 주는 기쁨과 보람을 맛볼 수 있다. 아내가 있다는 것은 야근을 하고 싶을 때 할 수 있다는 의미다. 진짜로 일이 많아서든, 급하게 처리할 업무가 있어서든, 아니면 실은 버즈피드*를 읽고 있으면서도 신임 상사에게 잘 보이려고 가짜 일감을 띄어놓고 컴퓨터를 노려보기 위해서든 상관없다. 그리고 아내들 중에는 일하는 아내도 많지만 대개는 시간제 근무를 하거나 예기치 못한 일을 처리할 수 있게 탄력 근무를 한다.

옛날에는 아내들이 대개 여자였다. 웃긴 것은 지금도 그렇다는 사실이다.

내가 처음으로 아내의 중요성에 대해 진지하게 생각해본 것은 2013년이었다. 당시 총리인 토니 애벗은 연방 내각에 여성을 단 한 명 포함시켰고, 전 국민은 오스트레일리아 연방 정치권에 왜 여성의 수가 적은지 자기반성에 들어갔다. 나는 여성 국회의원들도 남성 국회의원들처럼 아내가 주는 축복을 똑같이 누린다면, 정치가의 길과 가정 사이에서 고민할 필요가 없으니 여성의 정치 참여율이 눈에 띄게 높아질 거라는 내용의 칼럼을 발표했다. 수많은 여성들이 수년 동안 선택의 갈림길에 서 있었던 반면, 남성 정치가들은 자신의 일을 하면서 햄스터처럼 늘어나기만 했다. 그리고 이를 알아챈 사람은 아무도 없었다.

그 후 내게 편지들이 쏟아졌고, 나는 아내 유무의 불균형 비율

---

* 2006년 설립된 뉴스 및 엔터테인먼트 웹사이트이다.

이 국회의원만의 문제가 아니라는 확신을 하게 되었다. 여성 사업가, 회사 고위층, 학자, 기자, 변호사들이 자신이 겪은 섬뜩할 정도의 비슷한 경험들을 편지로 보내왔다. 모두 남성 동년배와 남성 경쟁자들이 가정을 꾸리고 아버지가 되는 것을 지켜봤다고 한다. 그런데 그들은 직장 생활에 거의 영향을 받지 않았고 근무 시간도 전과 다름없었으며 망설임 없이 출장을 떠나고 퇴근 후 회식도 거리낌 없이 참석했다. 그들이 이럴 수 있었던 것은 대개 아내가 전업주부이거나 육아 때문에 시간제로 일했기 때문이었다. 그러나 내게 편지를 보낸 사람들에게는 아내가 없었고, 아내가 있다면 삶이 한결 수월할 거라고 생각하고 있었다.

워킹맘,
아내 가뭄에 시달리다

바로 그때 이런 생각이 들었다. 순전히 호기심에서 나온 생각이었는데, 일하는 엄마들과 비교해서 오스트레일리아에서 '아내'가 있는 일하는 아빠들은 얼마나 될까? 다시 말해서 아내가 있느냐 없느냐를 남녀 비율로 따져서 전국적으로 비교했을 때 정확히 얼마나 될까? 일하는 아빠들 중에 아내가 시간제 근무를 하거나 아예 전업주부인 경우가 얼마나 되는지 알아보는 일은 그 반대의 경우보다 상대적으로 쉬울 거라는 생각이 들었다. 분명 어느 통계광이 대충 통계를 내본 게 있을 것이다.

처음에 자료 조사를 시작하면서 자신 있게 구글을 검색할 때만 해도 내 마음은 가벼웠다. 그러나 얼마 안 가 나는 무시무시한 혼란에 휩싸였다. 너무 대충 계산한 수치들, 끝도 없이 나오는 있으나 마나 한 도표들만 제시하는 오스트레일리아 통계청의 2011년 인구 통계 자료와 진지한 통계학자라면 불쾌해할 것이 분명한 내 나름의 용감무쌍한 추측들 때문이었다.

아버지 쪽의 취업 자료나 어머니 쪽의 취업 자료는 많았다. 그러나 내게는 쓸모없는 자료였다. 내가 궁금한 것은 양쪽을 취합하여 함께 사는 부부가 어느 정도이고 그 부부들이 둘 사이의 일을 어떻게 처리하는지였기 때문이다.

결국 나는 내 입장에 처한 대다수의 엉터리 통계학자가 할 법한 행동을 했다. 오스트레일리아가족학연구소(Australian Institute of Family Studies)에 전화를 걸어 제니퍼 백스터를 바꿔달라고 한 것이다. 아는 사람은 아니었지만 내가 읽은 남성과 여성의 고용 형태, 특히 가족과 관련된 부분에서 흥미로웠던 보고서마다 그 이름이 올라 있었다. 제니퍼라면 내가 찾고 있는 통계 수치를 갖고 있을 거라는 확신이 들었다. 현재 대부분의 기관들은 시도 때도 없이 전화를 걸어대는 기자들 때문에 공포에 떠는 직원들을 보호하기 위해 홍보실을 따로 두고 있다. 나는 전형적인 홍보실

의 미로를 통과한 뒤 마침내 제니퍼를 찾아냈고 그녀는 흔쾌히
내 이야기에 귀 기울여주었다.

내가 정말 알고 싶은 것은 아내의 정확한 수라고 말했다. 누구
에게 아내가 있는지, 아내는 여전히 남자들에게만 있는지, 아니
면 요즘에는 여자들에게도 아내가 생기는 추세인지?

제니퍼는 분에 넘칠 정도로 많은 도움을 주었고 숱하게 등장
하는 숫자들을 그윽하고 믿음직한 목소리로 들려주었다. 딱 내가
찾던 자료들이었다. 제니퍼는 너무 흥분하지 말라며 나를 진정시
켰다.

"전업주부 남편에 대해 묻는 기자들이 많아요. 모두 전업주부
남편이 증가 추세라는 말을 듣고 싶어 하죠. 하지만 현실은 아니
에요. 자료를 보면 알 수 있을 거예요."

제니퍼가 친절하게 알려주었다.

하루인가 이틀 후, 제니퍼는 내게 이메일로 흥미로운 자료를
보내주었다. 그 자료는 제니퍼가 데이터 분석 소프트웨어와 자신
의 명석한 두뇌를 이용해 2011년 인구 통계 자료에서 뽑아낸 내
용이었다. 장담하건대 내가 열심히 머리를 굴리면서 연필 한 자
루와 차 마흔여덟 잔을 쏟아부었어도 그런 자료는 얻지 못했을
것이다.

자료의 내용은 이랬다. 열다섯 살 미만의 자녀를 둔 오스트레
일리아의 두부모가족 중에서 아버지가 직장에 다니고 어머니가

시간제 근무를 하거나 전업주부인 경우가 60퍼센트였다. 그럼, 어머니가 직장에 다니고 아버지가 전업주부 남편이거나 시간제 근무를 하는 경우는 얼마나 될까? 3퍼센트였다.[1]

누구에게 아내가 있냐고? 아버지들이었다. 그러니까 대부분의 엄마들은 아쉬운 대로 대안을 찾아야만 했다.

열다섯 살 미만의 자녀를 둔 엄마 네 명 중 한 명만이 전일제 근무를 하는 직장에 다녔다. 이 엄마들이 바로 모든 분야의 노동 현장에서 전일제 근무를 하면서 다른 사람들과 공개적으로 경쟁해야 하는 여성들이다. 내가 궁금한 부분은 비슷한 일을 하는 아빠들과 비교했을 때 그 여성들의 상황은 어떤가 하는 점이었다. 전일제 근무를 하는 아빠들과 비교했을 때, '아내'가 있는 엄마들이 과연 몇이나 될까?

오스트레일리아의 일터를 살펴본 결과, 전일제 근무를 하는 아빠들 중 76퍼센트가 '아내'가 있었다. 네 명 중 세 명인 셈이다. 그러나 전일제 근무를 하는 엄마들에게 아내가 있는 비율은 그보다 훨씬, 아주 훨씬 낮았다. 겨우 15퍼센트였다.[2] 이 말은 일하는 아버지들 중에 '아내'가 있는 비율이 일하는 어머니들 중에 '아내'가 있는 비율보다 다섯 배가 높다는 뜻이었다. 내가 생각했던 대로였다. 오스트레일리아에서 일하는 여성들은 꽤 심각하고 끝도 보이지 않는, 고질적으로 축소 보고되는 아내 가뭄에 시달리고 있었다. 비가 내릴 기미는 전혀 없었다.

물론 모든 사람이 다 결혼하는 것은 아니다. 모두 아이를 낳는 것도 아니다. 모든 관계가 남녀로만 이루어진 것도 아니다. 인간 세상은 열린 조직이어서 무수히 많은 흥미로운 순열 조합으로 가득하다. 그러나 오스트레일리아에서 남녀가 집을 구하고 냉장고를 사고 함께 자식을 기르면서 보이는 행동 양상은 우리가 생각하는 것보다 훨씬 더 명확하다. 바로 남성을 생계부양자로 보는 시각으로, 이는 아주 뿌리 깊고 굳건하다. 자유롭고 평등한 오스트레일리아의 매우 흥미로운 작은 비밀이라고나 할까?

아내가 없어
불이익을 당하는 사람들

아내가 없다는 것은 지금 당장 실질적인 불이익을 당한다는 의미다. 아이가 있는 두 명의 직원이 출세와 승진을 놓고 경쟁을 벌인다면, 어떤 자질로 평가를 받을까? 타고난 능력, 지능, 엄정한 일 처리, 리더십……. 여기까지는 그럭저럭 넘어갈 수 있다. 하지만 시간외근무 가능 여부는? 대부분의 사무직에서 성공의 핵심인 인맥 쌓기는? 또는 육체노동 분야에서 필수인 장시간 근무와 잦은 외박은?

만약 두 직원 중 한 명에게 아내가 있다면, 상대 직원에게 불공

아내 가뭄

정하다고 할 수 있을 정도로 즉각적이고도 분명한 경제적 이점이 생긴다. 우리 사회는 남자든 여자든 회사에서는 다른 모든 일을 완벽하게 차단한 채 일에만 집중할 수 있다고 여긴다. 그러나 이는 진실과 거리가 멀다.

남성 직장인 76퍼센트는 자동차를 받지만 대다수의 여성들은 버스를 잡아타야만 하는 산업사회를 상상해보라. 백인 직원은 무료 보육 서비스를 받지만 흑인 직원은 그렇지 못한 사회를 상상해보라. 우리는 두 상황 모두 말도 안 된다고 생각할 것이다. 왜냐하면 단지 성별이나 인종 때문에 경제적 혜택을 받지 못하는 것은 공정하지 못하기 때문이다.

그런데 아내가 있다는 것은 경제적 특혜이다. 또한 여성보다는 남성들이 훨씬 많이 누리고 있다. 하지만 그 특혜가 너무 광범위하게 퍼져 있는 상황이라 거의 거론조차 되지 않고 있다. 퀸즐랜드대학교 연구원인 테랜스 피츠시몬스는 2011년에 남성 CEO와 여성 CEO의 경험을 비교한 박사 학위 논문을 썼다.[3] 피츠시몬스는 남녀 각각 30명을 심층 면담했는데, 자신의 분야에서 정상에 이른 남녀가 여러모로 다른 경향을 보인다는 사실을 발견했다. 그중에서도 가장 두드러진 차이점은 가정을 꾸려나가는 방식이었다. 피츠시몬스가 면담한 30명의 남성 CEO 중 28명이 자녀가 있었다. 그리고 그 28명 CEO의 아내는 모두 전업주부였다. 하지만 피츠시몬스가 면담한 30명의 여성 CEO 중 남편이 전업주부인 경우는 겨우 2명밖에 없었고, 그 두 경우도 남편들이 자영업자였다. 남성에게는 아내가 있었고 여성에게는 없었다. 아주 간단했다. 여성 CEO 중 약 3분의 2가 자녀가 있었고, 나머지 3분의 1은 자녀를 안 갖기로 했거나 아니면 아주 흔한 이유인 바쁘게 일하다 보니 아이가 늦어진 경우였다. 그런데 자녀가 있는 여성 CEO는 모두 자신이 주 양육자라고 생각했다.

피츠시몬스에 따르면 "CEO들과 인터뷰 중 남성 응답자 다수가 '가정 있는 남자'라는 사실이 승진과 CEO 최종 발탁에 긍정적 기여를 했다고 밝혔다. 하지만 여성 응답자 중에는 이 관계를 언급한 이가 없었다."[4]

위에 쓴 내용을 이해하는 데 고도의 지능 같은 것은 필요 없다. 집안일을 대신 처리해주는 배우자가 있다면 당연히 직장에서 성공하기가 훨씬 쉬울 것이다. 그동안 우리는 여성들이 정치나 기업 경영에 참여하는 비율이 낮은 이유로 남성 위주의 문화나 여성의 승진을 막는 상사, 적극성이 부족한 여성의 성향 등을 들었다. 오늘이 학교에 사복을 입고 가는 날인지 아닌지를 기억해주는 사람이 집에 있느냐 없느냐는 그 이유로 거의 거론되지 않았다.

"그래도 이제 시대가 변하고 있잖아. 〈하우스 허즈번드〉*에서

---

* 오스트레일리아에서 방영 중인 코미디 드라마 시리즈이다.

아내 가뭄

봤다고. 내 주위에도 직접 실천하는 아빠들도 있고."

맞는 말인지도 모른다. 하지만 그것은 어디까지나 특별한 경우이다. 내 말을 믿어도 좋다. 통계를 보면 달라진 게 별로 없다. 지난 20년 동안 일하는 아빠의 비율은 86퍼센트에서 90퍼센트로 높아졌다. 일하지 않는 아빠의 비율이 떨어진 것이다.[5]

그럼, 여성의 노동 유연성은 증가했을까? 일터에서 여성에 대한 지원과 멘토링 제도는 개선되었을까? 여성 임원 할당제는? 문화 교육은? 다 좋다 이거다. 이제 1970년대 페미니스트들의 딸들이 나이를 먹어 아이들을 낳았고 삼삼오오 모여 성과 예술에 대해서가 아니라 일과 가정에 대해 수다를 떤다. 그리고 일과 가정 모두에서 잘해내려고 애쓰며 부딪치는 문제들에 대해 이야기하면서 이런 농담을 주고받는다.

"나한테도 정말 아내가 필요하다고!"

그런데 여기서 우리가 알아야 할 것은 이 말이 농담이 아니라는 사실이다.

그게 농담이 아닌 이유는 전일제 근무를 하는 여성들에게 아내가 있을 가능성이 통계적으로 낮기 때문만이 아니다. 그 여성들 자신이 바로 아내일 가능성이 꽤 높기 때문이다. 자녀가 있는 여성들은 전일제 근무를 하는 경우에도 전일제 근무를 하는 남편들보다 가사 노동을 두 배나 더 많이 한다. 남성은 일주일에 20시간 가사 노동을 하는 반면 여성은 일주일에 41시간을 한다.[6]

일하는 엄마로
산다는 것

지난 50년 동안 양성평등 혁명이 일어났다고 느낄지도 모르겠다. 하지만 가장 혁명적인 부분은 주로 '유급 여성 노동자의 증가'로 기업의 계산 장부 한쪽에서만 일어났다. 대부분의 경우 여성은 가정에서 여전히 무급 노동을 하고 있으며 남성들은 여성의 역할을 맡으려 하지 않았다. 특히 일하는 엄마에게 부담이 더욱 가중되고 있다. 마치 직업이 없는 사람처럼 아이를 기르면서 아이가 없는 사람처럼 일해야 한다는 압박에 시달리는 것이다. 만약 그 두 곳에서 조금이라도 부족하면 양쪽 모두에서 실패한 것처럼 느낀다. 그리고 이는 일하는 엄마라면 누구나 호소하는 끊임없는 긴장과 불안의 이유이기도 하다.

예전에 보았던 〈몰래카메라〉가 생각난다. 그 프로그램에서 도넛 공장을 찾은 구직자들은 포장 라인에서 수습으로 근무해야 한다는 말을 들었다. 몰래 찍은 영상에서 지원자들은 위생 모자를 쓰고 컨베이어 벨트에 앉아 갓 만든 도넛을 차곡차곡 담아 상자에 넣었다. 작업이 진행되면서 컨베이어 벨트의 속도는 점점 빨라졌다. 불쌍한 구직자들은 그 속도를 따라잡으려 애썼지만 쌓여가는 도넛들로 주변은 금세 엉망이 되어갔다. 토해내는 도넛의 개수가 점점 많아지자, 결국 아무렇게나 상자에 내던지는 지경에 이르렀다. 전형적인 몰래카메라식의 텔레비전 쇼였지만 차마 눈 뜨고 보기가 힘들었다.

그 장면은 일과 가정을 곡예하듯 오가는 게 어떤 느낌인지 보여주는 것 같았다. 처음에는 순조롭게 진행된다. 모든 도넛을 상자에 제대로 차곡차곡 담는다. 그러나 일이 점점 늘어나고 지켜야 할 마감일도 점점 많아지면서 변덕스럽고 갑작스러운 변수가 생기게 되면 일의 처리 속도를 아주 조금 높여야만 한다. 갑작스러운 변수라면 아이가 위염에 걸린다든지, 욕실의 온수 수도꼭지가 이유 없이 꽉 막힌다든지, 상사가 당신이 맡고 있는 프로젝트의 경과보고를 이사회에 공식적으로 하겠다고 한다든지, 갑자기 연방 총리가 방송에 나와 임시 특별위원회를 구성한다든지, 가족들 모두 머리에 서캐가 생긴다든지 등 모든 게 포함될 수 있다. 그런데 일 처리 속도가 빨라질수록 패닉 상태도 심해지고 빨라진 속도만큼 완성도는 떨어지며 그 결과 죄책감도 깊어진다. 이제는 도넛이 너무 싫고 도대체 누가 이 바보 같은 것을 먹는지 이해할 수 없어 하면서 도넛을 거칠게 던질 뿐이다. 대개 어머니 생신이 어제였다는 사실을 잊어버리는 순간이 바로 그 단계이다. 혹은 실수를 저지르거나 지나친 자기 연민에 빠져 갑자기 울음을 터뜨리기도 한다.

단순히 노동 시간 때문만은 아니다. 유급 노동은 힘들고 스트레스도 많고 까다로울 수 있다. 하지만 집안일은 감정 소모가 어마어마하게 크다. 그래서 제대로 해내지 못하면 직장에서 사소한 실수를 저지를 때보다 훨씬 통렬하게 그리고 피부에 와 닿을 정도로 죄책감을 느끼고 자책한다.

사소하지만 상처는 훨씬 깊은 치키타 증후군

내 경우를 예로 들어보겠다. 현재 내가 쓰고 있는 이 원고의 마감일이 빠르게 다가오고 있다. 나는 12주 동안 8만 개의 단어를 썼다. 그리고 앞으로 펼쳐질 몇 주의 일정을 보면, 빡빡한 의회 일정에 새로운 〈키친 캐비닛〉 시리즈 기획과 강연 몇 건이 기다리고 있다. 그런데 그 외에 또 어떤 일이 터질지 누가 알겠는가! 솔직히 내 눈물을 쏙 빼놓은 것은 30센티미터짜리 캥거루 봉제 인형인 치키타였다.

치키타는 네 살짜리 우리 아들이 일주일에 두 번 가는 어린이집에 있는 인형이다. 공휴일마다 행운을 거머쥔 아이 한 명이 치키타를 집에 데리고 가서 재미있는 시간을 보내는데, 치키타에게는 전용 스크랩북이 있었다. 부모들은 치키타의 에스코트를 맡은 자신의 자녀와 치키타가 함께한 모험의 순간들을 사진으로 포착한 다음, 그 사진들을 스크랩북에 붙여 캥거루 주머니처럼 영구적인 여행 일기를 만들어주어야 했다. 그런데 부활절이 바로 우리 차례였다.

치키타는 조용한 휴일을 보냈다. 우리는 깜빡하고 치키타를 이스터쇼*에도, 수영장에도, 박물관에도 데려가지 않았다. 외출을 한 적이 있지만 치키타는 집에 놔둔 채였다. 치키타는 부활절 대부분을 기대만 잔뜩 품은 채 식탁 위에 앉아 있었다. 부활절 달걀 찾기가 거의 끝나갈 무렵 아이들은 혹시라도 못 보고 지나친 게 있나 하며 덤불 사이를 대충 휘저어보고 있었다. 그때 대충이나마 치키타와 사진을 찍어야 한다는 사실을 누군가가 기억해냈다. 치키타를 돌려보내기 전날에서야 어설픈 치키타 사진을 인화해야 한다는 생각이 불현듯 떠오른 것이다. 하지만 나는 칼럼 한 꼭지와 연설문 두 편을 써야 했다. 3시가 가까워오고 있었다. 서두르면 사진관에 제때 도착할 수 있을 것 같았다. 그러나 사진관에 도착한 나는 그 사진관이 전날 폐업했다는 사실에 그 자리에 주저앉을 뻔했다. 망해버린 상가의 어둑한 실내를 무표정하게 가로막고 있는 셔터를 히스테릭하게 손톱으로 박박 긁고 싶었다. 하지만 초인적인 자제력을 발휘하여 다행히 그러지는 않았다.

---

* 매년 시드니 올림픽공원에서 열리며 2주 동안 펼쳐지는데 약 90만 명이 올 정도로 가장 규모가 크다. 규모가 말해주듯 볼거리도 다양하여 동물들을 직접 만져볼 수도 있고, 특산물이나 수공예품을 구입할 수도 있다. 또한 서커스나 바이크 묘기쇼, 롤러코스터 등 다양한 즐길 거리가 준비되어 있다.

이 집 저 집 돌아다니는 캥거루 봉제 인형의 사진을 스크랩북에 붙이는 일은 경제적인 측면에서 볼 때 하찮고 국가 생산성과도 무관하며, 표면적으로 우리 가정의 번영에도 중요하지 않았다. 하지만 감정이 표출된다는 점에서 그 파급력이 상당했고 이것이 치키타 증후군의 핵심이었다. 나는 내 아들이 너무 바쁜 엄마 때문에 치키타의 스크랩북도 못 채워가는 아이가 되기를 원치 않았다. 치키타 문제를 제대로 해내지 못하는 것은 회사 업무를 해내지 못하는 것과는 다른 느낌이었다. 마치 인간으로서 실패한 것 같은 느낌이었다. 비록 사소한 일이었지만 상처는 훨씬 깊었다.

치키타는 '아내 노동'이 어떤 것인지를 보여주는 사소하지만 전형적인 사례이다. 아내 노동은 국가 경제에는 보이지 않지만 한 가족의 안녕에는 중요하다. 치키타는 '아내'라는 자리가 어떤 일을 하는 곳인지 완벽하게 보여주었다. 그 내용은 아래와 같다.

생기 넘치지만 종종 정신없기도 한 환경에서 활달한 소규모 팀을 이끌 분을 찾습니다. 팀원들이 가끔 갑자기 이랬다저랬다 변덕을 부리고 사회적 기술이 변칙적이며, 일부러 옹졸하게 굴고 대놓고 반항을 하는 경향이 있기 때문에 지원자는 어른스럽고 참을성이 뛰어나야만 합니다.

또한 청소, 세탁, 학습 지도, 가벼운 유지 보수에서 어려운 유지 보수까지, 온갖 조달 업무, 안전과 보건, 작업 치료, 영양, 도덕적 지침과 상담, 교통 편의 제공, 기술 교육, 팀 내 인적 자원 관리, 아웃소싱, 멘토링, 중재, 교육과 위생을 책임져야 합니다.

탁월한 운동 조절 능력*과 침착한 성격이 필수 조건입니다. 창의적인 경험과 실제 사용 가능한 획기적인 방법, 예를 들면 특히 뭔가를 만들어내는 능력이 있으면 좋습니다. 왜냐하면 기초적인 가정용품으로 10분 안에 그럴듯한 배트맨 의상을 만들어야 할 때가 있기 때문입니다.

어떤 일은 반복해서 해야 할 수도 있습니다. 정식 업무 평가는 극히 드물며, 절망적인 순간에 지원자가 정기적으로 자체 평가를 할 수도 있습니다.

월급은 이름뿐일 것입니다.

이 일을 통상적인 구직자의 시각으로 본다면, 남자들이 왜 거의 지원하지 않는지 이유가 명백하다. 이 직장에는 성공에 이르는 데 참고할 만한 이정표, 즉 뚜렷한 방향 안내와 목표, 칭찬이나 보너스 혹은 둘 다 받게 해줄 만한 일의 업적 같은 게 그 어디

---

* 손발 등 신체를 정확하고 신속하게 움직여 작업을 수행하며, 반사 동작이 정확하고 빨라서 예상치 못한 상황에도 신속하고 정확하게 반응하는 능력을 말한다.

에도 보이지 않는다. 보수를 받는 것도 아니다. 내 생각에는 솔직히 이 점 때문에 꺼리는 이들도 있다고 본다. 그 일을 통해 성과를 거둔다고 해도 한순간에 불과한 경우가 허다하고 그나마 얼마 못 가서 잊히고 만다. 세탁한 옷은 다시 더러워진다. 영양소가 골고루 들어간 집에서 만든 저녁은 먹으면 없어지고 배 속에 들어가면 냉동 피자와 똑같은 운명을 맞이한다. 제아무리 부모가 힘을 모아 깨끗하게 치워놓은 곳도 장난감, 블록, 쓰레기들에 금세 점령당하고 만다. 핵심성과지표(치키타를 보라!)는 어처구니없을 만큼 무작위적이다.

이 일을 잘한다면 그 보람은 말도 못하게 클 것이다. 자녀와 사이가 좋아지고 삶의 균형이 잡힐 것이며 모르긴 몰라도 일흔까지 죽도록 일만 하다가 급사하기보다는 적당한 때에 은퇴해서 취미를 즐기며 즐겁게 살 수도 있다. 그러나 우리가 여기서 다루는 문제는 하루아침에 끝낼 수 있는 일이 아니다. 이 일을 하는 중간에 고마워하는 사람이 있을 수도 있지만 없을 수도 있다.

있어도 쓸 수 없는 남성 탄력 근무

유급 노동도 힘들기는 마찬가지지만 어느 정도 예측이 가능하다.

아내 가뭄

때 빼고 광내고 하루를 시작할 준비를 마친 채 난장판이 된 집을 둘러보면서 오전 8시 반에 현관문을 찰칵 닫아본 사람이라면 아주 잘 알고 있을 것이다. 그 환경을 빠져나가야 넘치는 기회와 고요가 주어질 거라는 사실을 말이다. 기차역에서 마시는 커피 한 잔? 비스킷을 달라고 조르는 어린아이가 없는 상태에서 한 손에는 신문을 들고 마시는 커피? 주 양육자가 아니라면 커피숍에서 커피를 마시는 게 아무 일도 아니다. 그냥 커피일 뿐이다. 하지만 꼬맹이들을 데리고 다녀야 하는 사람에게는 커피숍에서 마시는 커피 한 잔에도 우주 공간 탐사 임무라도 맡은 듯 따져봐야 할 것이 많다. 커피숍에 가기 전에 상당한 장비들을 준비해야 하고 '이 빌어먹을 유모차를 끌고 들어갈 수 있을까?' 같은 현장에 대한 세부적인 사전 지식도 필요하다. 그리고 언제 당할지 모르는 공개적인 망신의 위험도 감내해야 한다.

따라서 남자 아내를 채용하는 일은 힘들 수밖에 없다. 너무 힘들다 보니, 특히 까다로운 일이 많아서 대부분의 여자들이 남자 아내 찾는 일을 아예 포기하고 만다.

남성 독자들에게 간단히 한 말씀드리겠다. 나는 즐거운 마음으로 새끼 양고기 갈비를 먹고 있는 죄 없는 친구 녀석 옆에서 아무것도 할 수 없다는 사실에 분노하여, 이 책 전체에 화를 분출할 마음은 전혀 없다. 당신이 남성인데 이 책을 읽고 있다면 둘 중 하나라는 사실을 잘 알고 있다. 첫째, 당신은 일과 생활의 책임

소재에 대해 진보적인 사고를 가지고 있을 것이다. 그래서 이 책을 세워놓고 냉장고에 보관할 볼로네제 소스를 만들고 있을 것이다. 아니면 둘째, 아내가 관자놀이에 22구경 라이플을 겨누고 있거나. 나는 이 책 곳곳에 당신에 대한 아주 긍정적인 내용도 쓸 생각이다.

이 책은 분노를 쏟아낸 책이 아니다. 더욱 중요한 점은 단지 여성만을 다룬 책도 아니라는 사실이다. 왜냐하면 지난 50년 동안 여성이 남성처럼 직장에서 성공하지 못하는 이유를 다룬 모든 연구와 주장, 생각에는 뻥 뚫린 커다란 구멍이 존재하기 때문이다. 그리고 그 구멍의 형상을 훑다 보면 남성이 나온다.

지금까지 수십 년 동안 여성들을 일터로 끌어들이기 위해 온갖 캠페인을 벌이고 개혁 방안과 사상적 기반 등을 연구해왔다. 그런데 그다음으로 중요한 것이 남성을 일터 밖으로 불러내는 거라는 사실을 알아차리기까지 왜 그리 오래 걸렸는지 나는 도무지 이해할 수가 없다.

그렇다고 '펀치카드'*를 태워버리고 높은 자리에 있는 사람의 사무실에 바리케이드를 치자는 것은 아니다. 평등에 대해 진지하게 생각하고 있다면, 여성의 일터 진입의 용이성에 대해서만 격

---

* 정보의 검색, 분류, 집계 따위를 위해 일정한 자리에 몇 개의 구멍을 내어 그 짝 맞춤으로 숫자, 글자, 기호를 나타내는 카드이다.

정할 게 아니라 남성의 일터 탈출에 대해서도 고민해야 한다는 뜻이다.

총명한 내 친구이자 동료인 작가 조지 메갈로게니스는 내게 이런 말을 하기도 했다.

"여자들은 임금 인상 요구를 곤란해하지만 남자들은 휴가 내는 것을 곤란해한다니까."

우리가 문제를 완전히 잘못 보고 있는지도 모른다. 여성의 경우 꽤 많은 변화가 있었고 내가 살아오는 동안에도 그런 변화는 계속되었다. 내가 태어나기 1년 전, 애들레이드 정북쪽, 내 고향 사우스오스트레일리아 주의 여성들은 그 시대에도 결혼을 하면 주정부 공무원직에서 물러나야 했다. 그 후 41년 동안 여성들은 초고속으로 일터로 몰려들었고 고등교육에서도 남성을 앞질렀다.

그런데 이상하게도 남성의 경우에는 달라진 게 별로 없다. 여성의 영역은 더없이 넓어졌지만 남성에 대한 기본적인 기대치는 내가 태어나던 때와 별반 달라지지 않았다. 어른이 되고 취직을 하고 자식을 낳고 은퇴한 다음에 숨을 거둔다. 아이가 생기는 경우에도 직장 생활에 눈에 띄는 변화가 거의 없다. 변화라고 해봤자 임금이 올라갈 가능성이 더욱 높아졌다는 것 정도이다. 예전과 비교했을 때 요즘은 확실히 아버지들이 육아에 좀 더 적극적으로 참여하기를 바란다. 그러나 어디까지나 여유 시간에 한해서이다. 지난 반세기에 걸쳐 일터는 크게 달라져서 여성들을 받아들였다. 하지만 학교에 아이들을 데리러 가기 위해 탄력적으로 일하고 싶어 하는 남성들에 대해서는 여전히 곱지 않은 시선을 보내고 있다.

이런 상황을 더 이상 여성을 피해자로만 보지 않고 남성이 기회를 놓친다는 입장에서 보면 어떻게 될까? 예를 들어 오스트레일리아는 OECD 회원국 중 시간제 근무 일자리 비율이 가장 높은 나라 가운데 하나이다. 미국의 거의 두 배이다.[7] 그리고 그 시간제 근무 노동자 대부분이 여성이다. 이것은 독립 국가가 된 이후, 산업 현장에서 더 일하고 싶어 하는 여성들과 전혀 일을 줄이고 싶지 않은 남성들을 쥐어짜면서 무언으로 합의한 내용이다.

우리는 종종 시간제 근무를 전일제 근무보다 조금 수준 낮게 생각한다. 그러나 탄력적으로 일할 수 있다는 것은 꽤나 좋은 일이다. 시간제 근무는 여러 가지 단점도 있지만 인생 주기의 여러 단계에서 써먹을 수 있는 훌륭하고 실용적인 방법이다. 왜냐하면 인간이란 다른 사람들의 필요에 응해줘야 할 때가 있기 때문이다. 그 대상이 아이들일 수도 있고 늙어가는 친척 어른이나 병든 친구, 가족일 수도 있다. 그게 정상적이고 인간다운 처사이다. 그런데 어느 순간 우리는 타인의 필요에 반응을 보이는 것을 정상적인 일이되 여성의 일로 생각하게 되었다. 예를 들어, 초등학생 아이를 둔 오스트레일리아 어머니들 중 43퍼센트가 시간제 근무를 하는 반면, 아버지들은 겨우 5퍼센트만 시간제 근무를 한다.[8]

아내 가뭄

설문 조사 결과를 보면, 오스트레일리아 남성들(특히 아버지들)은 근무시간을 줄이고 싶어 한다. 하지만 대부분의 남성들이 그 사실을 절대 입 밖에 내지 않는다. 왜일까? 아이들을 좀 더 많이 보고 싶다고 한 말은 거짓말이었을까? 아니면 그 말을 입 밖에 냈다가는 직장에서 입지가 불안해질까 봐 걱정이 된 걸까?

이제 곤란한 질문을 외면하지 말자. '직업' 세계에 여성들이 처음 발을 들여놓았을 때처럼 오늘날 '가정'이라는 세계에도 복잡하고 은밀한 악수가 수없이 오가고 당황스러운 핵심성과지표가 있지 않을까? 독서 지도 시간이나 급식 당번 때 학교에 나타나는 남성도 중역 회의에 참석하는 여성과 똑같은 기분을 느끼지 않을까? 무방비 상태로 내던져진 불편한 느낌 말이다.

엄마 노릇, 아빠 노릇을 넘어 '부모 노릇'으로

이제는 엄마 노릇이 아니라 부모 노릇이라고 하듯이, 이런 성 중립적인 표현은 온화하면서도 상호 보완적이지만 중립이라는 이름이 발산하는 광채로 모든 것을 덮어버린다. 사실 오스트레일리아는 여전히 누가 어떤 일을 담당해야 할지에 대해 꽤나 엄격한 잣대를 가지고 있다. 끈질기게 깜빡이는 배트 시그널*은 엄마들에게 직장을 갖지 않으면 더욱 정상적인 엄마가 될 거라 말하고 있다. 일하는 엄마들이 가장 자주 듣는 질문은 "피곤하지 않으세요?" 혹은 "그럼 애들은 누가 봐요?"이다. 하지만 일하는 엄마들의 남편에게는 아무도 그런 질문을 하지 않는다. 토니 애벗은 2013년 선거 운동 당시 '오스트레일리아의 주부들이……다림질을 하듯'이라는 말로 성 역할에 대한 고정관념을 분명하게 보여주었다. 마찬가지로 끈질기게 깜빡이는 배트 시그널은 아빠들에게 애 보기를 하지 않으면 더욱 정상적인 아빠가 될 거라 말하고 있다. "자네 애 보러 가는 거지? 그치?" 하면서 말이다.

오스트레일리아는 큰 나라이고 예외적 상황도 셀 수 없이 많을 것이다. 이런 책을 쓸 때 가장 힘든 점은 개개인이 각자 이 책을 읽는다는 사실이다. 한 사람 한 사람이 다르듯 모든 가정도 다 다르다. 집안일을 하나부터 열까지 균등하게 나눈 집도 있고, 전업주부 역할에 더없이 만족해하는 남편을 최고의 파트너로 둔 사람도 있을 것이다. 여기에 이의를 제기할 생각은 없다. 다만 그런 경우가 대체로 소수라는 것이다.

게다가 상황이 가장 좋다는 지금도 이런 얘기는 하기가 조금 불편하다. 거북하기 짝이 없다! 사람들이 일과 가정생활을 어떻

* 배트맨을 부르는 신호다.

아내 가뭄

게 꾸려나갈지를 두고 내리는 결정 하나하나는 무엇을 결정하든 선택받지 못한 길이 만든 망령에 사로잡히게 된다. 일하는 부모들은 아이에게 애정을 충분히 주지 못할까 봐 걱정한다. 반대로 일하지 않는 부모들은 자신이 바깥세상에서 투명인간 같은 존재가 되었다고 느낀다. 그 결과 이 주제를 들으면 양쪽 진영의 부모 모두 하늘 높이 방어벽을 쌓아올린다. 만약 내 일반화가 기분 나빴다면 사과하겠다. 정당한 근거가 있을 때에만 일반화하도록 최대한 노력하겠다.

아무튼 나는 이 책에서 손가락에 결혼반지가 있건 없건 이성애자로 동거 중인 커플에게만 '남편'과 '아내'라는 단어를 사용할 것이다. 요즘 사실혼 관계가 성행 중인 점을 고려할 때 타당하다고 생각한다. 물론 이런 틀에 들어맞지 않는 가정도 많이 있다. 아이가 없을 수도 있고 동성 커플일 수도 있으며 한부모가족일 수도 있다. 당연히 아이가 있는 두부모가족의 일반적인 가사 분담에 대한 포괄적인 내용을 이런 가정에는 적용하지 않을 것이다. 그렇다고 이런 사람들이 하찮거나 논할 가치가 없거나 그들에게 문제가 없다는 뜻은 아니다. 그저 이 책은 여성과 남성에 대한 책으로, 그 둘이 만나 가정을 꾸릴 때 이 나라 곳곳에서 끈질기고도 선명하게 나타나는 뚜렷한 행동 양식을 담았을 뿐이다.

혼자서는
감당할 수 없다

이 정도에서 나에 대해 솔직하게 털어놓는 것이 공평할 듯싶다. 내게는 어린 자녀가 셋 있고 전일제 근무를 하고 있으며, 남편도 역시 전일제로 일한다. 우리 가족은 일 때문에 여러 주(州)를 오가며 살고 있다. 내게는 아내가 없고(불쌍한 나) 남편에게도 아내가 없다(불쌍한 남편).

다들 나한테 묻는다.

"어떻게 그 모든 일을 다 해요?"

하지만 남편한테는 아무도 그런 질문을 하지 않는다. 남편도 여러 가지 일을 묘기에 가깝게 해내고 있기 때문에 어쩌면 불공평하다고 느낄지도 모르겠다. 좌우간 내 대답은 이렇다.

"다 못 해요."

다시 말해서 그 모든 일을 다 하지 않는다는 뜻이다. 동시에 다 못 한다. 그럴 수 있는 사람도 없다. 받을 수 있는 도움이란 도움은 가능한 한 모두 받고, 나머지 일은 모조리 남는 시간에 억지로 쑤셔 넣는다. 남편 제레미는 일주일에 한 번 탄력 근무를 한다. 우리 집 꼬맹이들은 일주일에 두 번 어린이집에 간다. 내가 일하는 시간이 조금 남달라서 지난 6년간 간헐적으로 입주 가사 도우미를 여럿 들였다. 내가 일을 꼭두새벽에 시작하거나 밤늦게 끝내는 경우가 잦아서 우리의 필요를 완전히 충족시켜줄 어린이집을 찾을 수가 없었기 때문이다. 그리고 거의 닥쳐서 결정 나는 라디오 인터뷰나 출장, 강연회, 순식간에 아수라장이 되면서 드라마틱하게 흘러가는 정치권 때문에 내 일은 대체로 일하는 시간이 불규칙한 편이다. 그래서 갑자기 닥친 일을 처리해줄 제3의 인물이 곁에 있으면 많은 도움을 받을 수 있어서 좋다. 만약 그런 존재가 없다면 우리 집은 제대로 돌아가지 못할 것이다. 또한 이 말은 내가 일하는 동안 아이들이 내 곁에 있다는 뜻이기도 하다. 따라서 나는 아이들을 늘 볼 수 있는 셈인데, 심지어 죽어라 일하는 동안에도 가능하다. 이것은 내가 항상 감사하게 여기는 복 가운데 하나이다.

나는 온라인으로 일하는 경우가 많아서 신문기자들보다 시간을 더욱 탄력적으로 사용하면서 글을 쓰고 파일을 복사할 수 있다. 아이들이 잘 때나 학교에 가 있을 때, 어린이집에 있을 때, 그도 아니면 베이비시터가 와 있는 동안 일을 꾸역꾸역 처리한다. 그리고 아이들이 잠자리에 들면 일을 다시 시작한다. 일하러 가는 중에도 일을 할 수 있게 버스를 탄다. 샤워도 아침에 하는 라디오 시사 프로그램인 AM 방송 시간에 맞추는데 시간을 낭비하지 않기 위해서다. 나는 이탈리아의 농부들이 돼지의 모든 부위를 사용하듯 1초도 허투루 보내지 않는다.

때때로 우스꽝스러운 짓을 한 적도 있다. 〈키친 캐비닛〉 세 번째 시리즈 제작을 시작할 무렵 우리 집 막내딸 케이트는 10주 정도밖에 안 된 갓난아기였다. 나는 케이트를 포대기에 싸서 일터로 갔다. 그리고 요리책 8권과 노트북이 놓인 럼스펠드스러운 작업대,* 즉 식탁 앞에 서서 글을 썼다. 내가 일하는 동안 케이트를 내 품에서 재우기 위해서였다(케이트는 아기 침대에서는 잠을 자지 않았다. 한 번 시도해봤지만 좋아하지 않았다). 정치인의 집에서 촬영할 때는 시리즈 연출가인 매들린이 아기띠에 우리 딸을 메고 귀에는 원격 이어폰을 꽂은 채 세트장 상황을 들으며 이리저리 걸었다(매들린은 이 책의 자료 조사도 해주었다. 매들린이 나와 빨리 결혼해주면 좋겠는데 재촉하고 싶지는 않다).

나는 아기 기저귀를 제니 매클린**의 방바닥에서, 크레그 에머슨***의 침실에서, 맬컴 턴불****의 농장 서재에서 갈아주었고 (대체할 다른 보육 수단이 바닥나는 바람에) 급기야는 빌 헤퍼넌*****에게 아기를 안아달라고까지 했다. 우리 부모님은 세트장 보모 노릇을 하러 애들레이드 플레인스에 있는 농장에서 브로큰힐까

아내 가뭄

지 차를 몰고 오기도 했다. 케이트가 병이라면 종류를 불문하고 극도로 혐오한다는 사실을 발견했을 때, 우리는 가장 뻔한 해답인 모유 수유 대신 케이트에게 수유할 다른 방법을 찾아 머리를 쥐어짜야 했다. 달리 설명할 길이 없어 독자들에게 양해를 구해야겠다. 나는 한동안 케이트가 숟가락으로 먹을 수 있게 모유를 젤리 모양으로 만들었다(부디 이 책을 내려놓지 않았기를 바란다).

젠더와 노동 앞에서 우리는 모두 패자다

여자들이 늘 주고받는 이야기는 대부분 이렇다. 아내 없이 치러야 하는 현대의 철인 5종 경기에서 무참히 실패한 이야기는 널려 있다. 나는 주기적으로 '아내 선망증'에 시달린다. 그래도 솔직히 고백하자면 아내가 없어서 낭패를 당하는 경험을 하고 싶다. 왜냐하면 그런 에피소드들은 골치 아프지만 살아 있다는 것을 느끼게 해주기 때문이다. 게다가 훌륭한 코미디 소재도 된다. 매일 곡예를 하는 듯한 삶은 쉽지 않다. 하지만 여자들이 겪는 낭패를 매일 놓치는 남자들의 상황도 그만큼 비극이다. 분명 비극이다. 대부분의 아버지들이 배제당한 채 그 세계를 경험하지 못하는 게 참으로 서글프다.

내가 이 책을 쓴 이유는, 젠더와 노동에 대한 유구하고 분통 터지는 담론에서 우리가 대단히 중요한 부분을 놓치고 있기 때문이다. 우리는 일터에서 누가 승자이고 누가 패자인지에만 관심을 가질 뿐, 가정과 일터를 연계시키지 않는다.

이런 상황에서 여자들만 패자라고 가정해버리면 아무것도 달라지지 않는다. 왜냐하면 사실 이런 시스템에서는 모두가 패자이기 때문이다. 부당한 대우를 받고 있다고 느끼는 여자들, 일터에 갇혀 있다고 느끼는 남자들, 아버지 얼굴을 자주 보지 못하는 아이들…….

오스트레일리아의 28대 총리 토니 애벗은 2013년 취임 당시 '일과 가정의 양립을 위해 고군분투하는 여성들'을 비롯하여 오스트레일리아의 소외 계층을 돕겠다고 약속했다[9](고군분투하는 여성이 자유국민연립당에는 딱 한 명밖에 없었지만, 어쨌거나 일과 가정 사이에서 갈등을 유발하지 않은 내각을 구성했으니 자신의 공약을 취임하자마자 이행한 꼴이기는 하다). 그는 분명 훌륭한 의도에서 그런 공언을 했을 것이다. 단지 고군분투라는 말이 여성 앞에만 붙어서는 안 되었다. 고군분투 중인 인간이어야 했다.

아내 가뭄

1장

고약한 남자, 가망 없는 여자

"나는 무의식적 편견에서 자유로운가?"

왜 여성 인재풀은
형성되지 못한 걸까?

2011년 미디어 크리스마스 파티에 참석한 나는 그 어느 때보다 행복했다. 경쟁 미디어 업체에서 일하는 아주 나이 지긋한 양반에게 다가가 오랫동안 나를 불편하게 했던 부분에 대해 질문을 던질 정도로 기분이 상당히 좋았다. 적의가 없다는 것을 보여주기 위해 나는 얼굴 가득 미소를 띠고 그에게 물었다. ABC 방송국의 파티였는데, 내 목표물은 적지에 있었다.

"저기, 선생님네 사설에는 왜 여성 칼럼니스트가 거의 없나요?"
내 질문은 공격이 아니라 순수한 호기심이었다. 그리고 존경스럽게도 그는 정직하게 답변해주었다.

"그렇지요, 별로 없죠. 우리도 여성 칼럼니스트들을 찾으려고 정말 노력했습니다. 저는 여성이나 남성이나 다를 게 없다고 믿는 사람입니다. 다만 너무 오랫동안 여성들이 평등한 기회를 누리지 못했고, 그러다 보니 풍부한 경험을 가진 여성 인재풀이 형성되지 못한 면이 있습니다. 우리 신문 사설에서 다루는 주제로 믿을 만한 칼럼을 쓰기에는 경험이 부족한 거죠."

우리는 잠시 서로의 얼굴을 바라봤다. 나는 그의 말을 곱씹으면서, 그는 내가 손에 든 화이트와인을 자신한테 끼얹겠거니 생각하면서 말이다.

물론 나는 그에게 와인을 끼얹지 않았다. 그는 내 입을 막기 위해 남자들로 우글거리는 그 사설란에 정기적으로 이름을 올리는 몇몇 여성을 나열할 수도 있었다. 하지만 그렇게 하지 않고 진심을 담아 답을 해주었다. 그에 대한 답례로 여기서 그의 이름은 밝히지 않겠다.

그러나 그의 답변에서 나는 몇 가지 사실을 깨달았다. 첫 번째는 모르긴 몰라도 그가 지금까지 이런 질문을 별로 받아보지 않았을 거라는 사실이다. 두 번째는 이런 문제는 가장 눈에 확실하게 드러나는 일터에서조차 주관적인 기준에 따라 다르게 보인다는 사실이다. 그의 신문을 볼 때면 내 눈에는 너무 고만고만해서 이상해 보일 지경인 남자들 얼굴만 우글우글했다. 반면 그가 자

아내 가뭄

기 신문을 볼 때면 모든 점에서 남녀는 평등해야 한다는 보편적인 원칙에도 불구하고 (온 세상이 진화를 거듭하는데도 유독 진화가 지체된 탓에) 요즘에서야 진입 자격을 얻은 소수의 여성들만 보였을 것이다.

이런 시각은 남녀가 어색하게 얘기를 나누며 어정거리다 보면 어느새 도착하게 되는 흔해빠진 교차로다. 어째서 여성 CEO가 더 많이 나오지 못할까? 어째서 여성 임원이 더 많이 나오지 못할까? 어째서 여성 각료가 더 나오지 못할까?

이런 의문들은 예수 탄생 연극처럼 매년 빼놓지 않고 반복적으로 떠오른다. 언젠가는 이사회 구성원이 대부분 여성인 조직보다 오스트레일리아의 증권 거래소 상장 기업 중에 홍보부장이 왼손잡이인 기업이 더 많다는 보고서가 나올 것이다. 그러면 분노의 손 떨림 증상이 전국을 한 차례 휩쓸고 지나갈지도 모르겠다.

누군가는 이렇게 말할 것이다.

"경험이 풍부한 여성이 없다는 게 문제입니다. 양성평등 의식이 사회 전반에 퍼지게 되면 자연스럽게 해결될 겁니다."

또 누군가는 이렇게 말할 것이다.

"지금 장난합니까? 아, 그냥 여성 할당제나 도입해서 해결하라고요!"

그러면 또 이런 말을 하는 자가 나타날 것이다.

"그건 불공평하죠. 아마 뽑힌 여성도 실력이 아니라 성별 때문에 뽑혔다며 짜증 낼걸요. 그리고 그것보다 더 끔찍한 것은 그렇게 뽑힌 여성 때문에 뛰어난 능력을 가진 남성들이 내동댕이쳐진다는 거죠."

그러다가 어떤 축구 선수가 말의 피를 주입하다가 걸리면* 우리는 그동안 주고받던 내용을 다 잊어버리고 다른 주제로 넘어가버릴 것이다.

경험 부족이
가장 큰 문제다?

'경험' 얘기는 끊임없이 등장한다. 경험 논쟁에 내포된 관념은 이런 것이다. 먼저, 그렇게 바라 마지않는 그놈의 평등이 사회 전반에 스며든다. 그러면 여자들은 시간이 갈수록 똑똑해져서 남자들이 "와우, 여성 여러분! 여러분 말은 잘 알아들었습니다! 이제 그동안 우리가 누리던 부당 이득의 반을 여러분한테 넘기겠습니다. 마음껏 누리십시오!"라고 외칠 것이다. 상황은 자연스럽게 좋아지게 된다.

---

* 축구 선수들이 종종 부상을 치료한다면서 동물의 피나 조직을 주입하는 경우가 있다.

아내 가뭄

하지만 과연 '경험 부족'이 확실한 이유가 맞기는 한 걸까?

이를테면 오스트레일리아의 남녀 간 임금 격차를 살펴보자. 여성은 노동 인구의 거의 절반을 차지하는데도 임금은 남성보다 평균 17퍼센트 적게 받는다.[1] 현재 이런 임금 격차는 그만한 이유가 있다고 말할 사람이 수두룩하다. 예를 들면 여성은 비교적 임금 수준이 낮은 직업을 선택하는 경향이 있다고 할 것이다. 또는 회사를 자주 그만두거나 자격 조건에 미달하거나, 아니면 경험이 적어서 임금을 적게 받는 거라고 할 수도 있다. 하지만 문제는 학자들이 경험과 자격 요건이 비슷한 남녀를 비교했는데도(이러한 특정 주제에 대한 연구가 현재 활발하게 진행 중이다) 남녀 간 임금 격차가 60퍼센트나 났다는 것이다. 이는 불알의 존재 유무 외에는 따로 설명할 길이 없다.[2]

우리는 그러한 남녀 간 임금 격차를 사회 전반에 만연한 일종의 불이익, 즉 임금 협상을 할 때 여성이라는 이유로 임금을 깎아버리는 부가가치세 유형의 벌금처럼 생각한다(나도 늘 그렇게 생각해왔다). 하지만 사실 임금 격차는 그런 식으로 만들어지지 않는다. 저소득 노동자의 경우에는 임금 격차가 지극히 낮지만 고소득 노동자의 경우는 훨씬 크다.

멜버른대학교의 연구원인 데버러 콥-클라크와 후안 바론이 민간 부문 종사자들의 임금 격차를 면밀히 조사한 결과, 저소득 남성과 저소득 여성의 임금 격차는 약 8퍼센트였는데 생산성이나 경험 등이 격차의 이유였다. 하지만 변호사나 회사 임원 같은 고소득 직종에서는 임금 격차가 28퍼센트로 확 증가했고, 임금 격차의 이유가 성별 외에 다른 요인인 경우는 약 4분의 1 정도밖에 되지 않았다.[3]

이유는 하나, 여자이기 때문

캐서린 폭스는 『여성과 노동에 대한 일곱 가지 신화(Seven Myths about Women and Work)』라는 책에서 많은 학자들이 임금 격차의 요인으로 삼았다가 배제한 잠재적 요인들을 모두 자세히 다루었다. 그리고 기나긴 분량을 할애하여 무미건조한 어투로 내린 결론은 이렇다.

"격차를 해소하는 데 가장 필요한 것은 여성이 남성이 되는 것이다."[4]

따라서 여성의 경우 먹이사슬의 상부로 올라갈수록 동일한 조건의 남성보다 임금을 적게 받을 가능성이 높아진다. 또한 단지 당신은 여자이고 그놈은 남자라는 것 외에 다른 이유가 없을 가능성이 높다. 이쯤 되면 피라미드의 상층부로 갈수록 커지는 남녀 간 임금 격차는 아주 상식적인 게 될 수 있다. 저임금 계층

아내 가뭄

은 페이밴드*나 법정 최저임금을 적용받을 가능성이 높다. 하지만 모두의 눈에 정확히 보이기도 하고 남녀의 임금 격차를 마땅히 사라져야 할 것으로 보는 시각 때문에 차별을 덜 받을 수 있다. 그러나 고소득 계층으로 갈수록 이러한 방식으로 설명하는 게 불가능하다. 왜냐하면 돈을 잘 벌수록 연봉은 '패키지'가 되기 때문이다. 이러한 패키지에는 고용주가 자유재량으로 보너스와 부가 혜택을 끼워주기 때문에 반드시 균등한 방식으로 지급되지 않는다.

2014년, 모닝쇼 〈선라이즈〉의 진행자인 내털리 바는 유명한 칼럼에서 여성들에게 직장에서 겪는 실패를 남성 탓으로 돌리지 말라고 조언했다. 그녀는 "나는 동료들이 얼마를 받는지 모른다. 동료들도 내가 얼마를 받는지 모른다"라고 썼다.[5] 맞는 말이다. 방송계에서 내털리 바 정도의 위치면 계약 내용은 일급비밀이니까. 하지만 나는 내털리 바가 자신의 남자 동료들과 조금이라도 마음을 터놓게 되면 남자 동료들보다 그녀가 더 놀랄 거라고 장담할 수 있다.

고소득 계층은 대학을 졸업하고 중간 관리직을 거쳐 당당하게

---

* 성과에 따라서 차등 연봉을 지급하는 제도이다. 연봉에 따라 페이밴드 구간을 나눈 뒤 직급에 상관없이 같은 페이밴드에 속한 직원끼리 인사 고과를 매겨 이에 따라 임금 인상률을 차등 적용한다.

고위 간부에까지 오른 여성들이 모인 동질 집단이다(이 부분에 대해서는 주기적으로 논쟁이 벌어진다). 많이 배우고 '경험도 쌓은' 여성들이 모인 수로인 셈인데, 이 여성들은 홍수로 불어난 물이 세렝게티 초원을 덮듯이 결국 고소득 계층에도 양성평등을 가져다줄 것이다.

그러나 현실에서 그런 일은 일어나지 않았다. 고등교육을 받는 여성이 늘어난 것은 맞다. 근 20년 동안 여성 대졸자 수는 남성 대졸자 수를 크게 앞질렀다. 1985년에 앞지르기 시작하여 지금은 전체 대졸자의 60퍼센트를 차지한다.[6] 또한 직장에서 어느 정도 끈질기게 버텨 경력 사다리를 반 정도 오른 여성들도 있다. 이들은 중간 관리자의 45퍼센트를 차지한다.[7] 하지만 회사 중역에 이르면 여성의 비율은 고작 10퍼센트밖에 되지 않는다. 오스트레일리아 증권 거래소 200대 기업의 CEO 중 여성의 비율은 게일 켈리*가 휴가 중인지 아닌지 여부에 따라 2~3퍼센트를 왔다 갔다 한다.[8]

퀸즐랜드대학교의 테런스 피츠시몬스는 이를 '부조리 곡선'이라 불렀다. 여성들은 고위직 승진에서 어느 시점부터 그 수가 거의 바닥으로 곤두박질치는데, 부조리 곡선은 이러한 곤두박질치

---

* 오스트레일리아에서 두 번째로 큰 웨스트팩은행의 CEO이다.

는 여성의 수를 표현한 활 모양의 곡선이다. 교육과 노동, 경험에서 모든 것을 다 갖춘 대부분의 여성들이 그냥 공기 중으로 증발해버리는, 혹은 연기처럼 사라져버리는 특정 시점을 시각적으로 표현해냈다.

인정하지 못할수록 손해는 늘어간다

웃기면서도 슬픈 말이지만 경험 많은 여성이 부족한 게 문제가 아니라는 의미다. 지금 이 순간에도 사라지고 있는 여성의 그 모든 경험과 능력을 100퍼센트 활용할 생각이 있는 기업은 극소수라는 뜻이다.

참으로 엄청난 낭비가 아닐 수 없다. 그 모든 여성을 가르치고 훈련시킨 비용뿐만 아니라 생산성까지 버리고 있으니 말이다. 2009년 골드만삭스와 JBWere가 인구 대비 여성의 과소대표성* 때문에 오스트레일리아가 치르는 비용을 조사해봤다. 그 결과 여성의 경제 활동 참여율이 남성의 경제 활동 참여율만큼 오른다

---

* 특정 조직 및 직종 내에서 여성의 비율이 지나치게 적다는 것을 의미한다.

면 국민총생산이 11퍼센트 느는 것으로 나왔다.[9] 광업 부문이 통째로 하나 더 생긴다는 의미다. 우리는 지금 그만큼 손해를 보고 있는 것이다.

오스트레일리아의 일하는 여성들은 비슷한 조건의 서구 사회 여성 동지들보다 훨씬 부당한 대우를 받고 있다. 오스트레일리아의 임금 평등 부문 순위는 전 세계에서 24위다. 아이슬란드, 스웨덴, 노르웨이, 스위스 같은 유럽 선진국들이 포진한 상위 10위 근처에는 가지도 못했다.[10] 세계 경제 포럼에 따르면, 성별 격차가 거의 사라진 국가가 전반적으로 경제 부문에서도 앞서간다고 한다(비록 세계 1위인 아이슬란드의 경우에는 그러한 추론이 딱 들어맞지는 않지만 말이다. 삭힌 상어 고기를 너무 많이 먹어서 통계상 예외가 발생했을 수도 있다).

과소평가는 여성 개인에게도 크나큰 손해이다. 캔버라대학교의 국립사회경제모델링센터가 선사한 마법 덕분에, 우리는 오늘 직장 생활을 막 시작한 남녀가 어떤 경로를 걸을지 예측하고 나란히 비교도 해볼 수 있다. 먼저 여자를 살펴보자. 나이는 스물다섯이고 대학원을 졸업했다고 하자. 이 여자를 '제인'이라 칭하자. 40년 동안 일하면 제인은 (일이 평범하게 풀린다면) 평생 249만 달러를 벌게 될 것이다. 하지만 두 번째 졸업생을 '제프'라고 이름 붙인 뒤, 제인과 동일한 자격을 부여하고 똑같이 평범한 삶이 펼쳐진다고 가정해보자. 그럼 그가 40년간의 직장 생활을 끝내고 평생 번 액수는 총 378만 달러가 된다.[11] 앤 서머스가 『미소지니의 요인(The Misogyny Factor)』에서 지적한 대로, '오늘날 오스트레일리아에서는 젊은 여성이라는 이유만으로 100만 달러의 벌금'을 무는 셈이다.[12]

여성 차별에 대해 조금이라도 관심을 가진 이래, 지금까지 몇십 년의 세월이 흘렀다. 그리고 그동안 '여성은 왜 정상에 올라가지 못할까'라는 의문에 대한 제멋대로 얽히고설킨 해결책만 산더미처럼 쌓였다.

그 해결책들은 너무 포괄적이고 오랜 세월이 흘러야 가능한 것들이다. 만약 낮 시간에 라디오 방송을 많이 듣고 경영학회지도 많이 읽어보면, 어느 시점이 되었을 때 이런 말들을 듣게 될 것이다. 남자 상사들은 성차별주의자다. 여자들은 높은 자리를 원하지 않는다. 남자들은 천성적으로 야망이 크다. 남자들은 같은 남자를 승진시킨다. 여자들은 아이가 생기면 나가떨어진다. 남자가 자기 홍보를 더 잘한다. 여자들은 적극성이 부족하다. 일터의 구조가 남자에게 더 적합하게 짜여 있다. 여자들은 리더십에 소질이 없다(줄리아 길라드*를 보라). 남자들은 자기들이 다 안다고 생각한다(케빈 러드**를 보라). 여자들은 주전으로 내보내기에는 실력이 부족하다(토니 애벗***에게 물어보시길).

고약한 남자들 vs.
가망 없는 여자들

이 모든 주장과 이론, 연구, 가설, 인터넷에 나온 내용들, '나는 성차별주의자는 아니지만'으로 시작하는 모든 말과 글을 가져다가, 추측과 편견이라는 포장지를 벗겨내고 커다란 콘크리트 믹서에 넣어 뒤섞어보자. 그러면 이 모든 것은 두 개의 광범위한 범주로 분류할 수 있다. 나는 편의상 이를 '고약한 남자들'과 '가망 없는 여자들'이라 부르겠다.

첫 번째 이유인 '고약한 남자들'은 어느 조직이든지 여성이 고위층으로 올라가느냐 마느냐를 여전히 남성들이 결정한다는 사실에 중점을 두었다. 그리고 대놓고 말할 수는 없지만 남자들이 기본적으로 심보가 고약하다는 의심도 있다.

예를 들어보겠다. 남자들은 같은 남자만 채용하기 때문에 고약

---

* 27대 오스트레일리아 총리(2010~2013), 노동당 출신 첫 여성 총리로 아이가 없다는 이유로 비난 여론에 시달려야 했다.

** 26대 오스트레일리아 총리(2007~2010, 2013), 노동당 출신인 그는 탄소세 신설 정책으로 정치적 위기를 맞아 줄리아 길라드에게 총리직을 내주었으나 2013년에 다시 그녀를 몰아내고 총리직에 복귀했다. 이러한 당권 분열로 노동당은 2013년 총선에서 대패하며 보수 정당에 정권을 내줬다.

*** 28대 오스트레일리아 총리(2013~2015), 보수 정당인 자유국민연립당 대표였던 그는 줄리아 길라드 총리를 반대하는 여성 혐오적인 피켓을 든 인파와 함께 시위를 주도해 논란이 되었다.

아내 가뭄

하다. 이는 무의식중에 일어날 수 있다. 순탄하게 출셋길에 오른 남자들은 자신을 성공으로 이끈 요인들이 남들에게도 똑같이 적용될 거라고 믿는 경향이 있다(충분히 그럴 수 있다고 본다). 그래서 하루에 16시간 근무나 상명하달의 경영 방식이 정상에 오른 비법이라면, 이것을 성공의 중요한 요인으로 여기고 그 밖의 것은 무시할 가능성이 크다.

테랜스 피츠시몬스는 2011년에 리더십에 나타난 성차를 주제로 박사 논문을 썼다. 그는 이 논문을 준비하면서 오스트레일리아의 CEO들과 중역들에게 리더들을 뽑을 때 무엇을 보는지 물었다. 피츠시몬스는 다수의 남녀와 연공서열, 임금 격차, 다양성 개선 제도 등을 담은 무수히 많은 기업의 서류와 문서를 모조리 읽어보았다. 하지만 '고위 간부는 어떤 식으로 뽑는가?', '뽑은 이유는 무엇인가?' 같은 인간적인 이야기에 더욱 구미가 당겼다. 피츠시몬스가 이상적인 고위 간부에 대해 설명해달라고 부탁하자, 한 이사는 이렇게 말했다.

"우리 CEO들은 슈퍼맨을 찾는 경향이 있습니다. 사실 속옷을 겉옷 위에 입을지언정 슈퍼맨을 원하는 게 어찌 보면 당연합니다. 왜냐하면 회사의 고위 간부라면 회사 운영에 대해 세세한 것까지 다 책임을 져야 하고, 제때 예산에 맞춰서 결과를 내놓는 우수한 경영맨이 돼야 하니까요. 그런데 그에 못지않게 전략적 비전도 가지고 있어야 합니다. 우리는 사업 방향에 대한 아이디어를 가지고 있는 사람, 카리스마는 없더라도 최소한 사람들이 따를 정도로 존경받는 사람을 원합니다."[13]

만약 누군가 물어봤다면 그 이사는 당연히 '양성평등'과 '직원 모두가 각자 업무에서 만족스러운 성과를 내는 데 도움을 주는' 회사를 만들기 위해 계속 노력했다고 주장할 것이다. 그러나 그의 말을 토대로 CEO를 그려볼 때, '우수한 경영맨'은 필시 남자를 의미할 가능성이 높기 때문에 이것으로 얘기는 끝이다.

피츠시몬스는 논문에서 CEO가 된 남성과 여성을 비교하고 있는데, CEO 여성들에 대한 깊은 통찰이 마음을 잡아끈다. 그는 여성 CEO와 남성 CEO가 보낸 어린 시절이 상당히 다르다는 사실을 발견했다. 예를 들면, 거의 모든 남성 리더에게는 전업주부인 어머니가 있었고 모두 안락하고 부유한 어린 시절을 보냈다. 그리고 한 명의 예외도 없이 축구를 했는데 두 명을 제외하고 전원이 팀의 주장이었다. 반면 서른한 명의 여성 CEO들은 성공에 이른 경로가 전혀 달랐다. 그들 중 절반이 어머니가 직장에 다녔다. 그리고 다수의 부모가 이혼하거나 죽고 병들었으며, 반복적으로 이사를 가거나 이른 나이에 어른 노릇을 할 수밖에 없는 여러 상황 속에서 혼란스러운 어린 시절을 보냈다.

피츠시몬스가 특히 관심을 보인 부분은 기업의 리더들이 실제로 출세하기까지 거쳤던 정확한 경로였다. 그는 '실적'(다시 말해 경험)이 대단히 중요하다는 사실을 발견했다. 하지만 '실적'을 평가하는 기준 혹은 어중간한 후보자에 대한 파격적인 심사의 기준이 늘 명확한 것은 아니었다. 고위 간부 자리가 공석이라 해도 각양각색의 지원자를 받기 위해 반드시 모집 공고를 내지는 않았다.

피츠시몬스는 "공식적인 절차가 없으면, 의사 결정을 내릴 때 고정관념과 편견에 의존하게 된다. 그래서 동성에 편중하는 경향이 심심치 않게 사회적으로 계속 재생산된다"라고 했다. 동성에 편중하는 경향이 재생산된다고 하니, 코리 버나디*가 묻지도 따지지도 않고 반대할 것만 같지만 실은 인간은 자신과 비슷한 인물을 승진시킨다는 뜻이다.

만약 회사 임원이 모두 남성으로만 구성된 직장이 있다면, 그 집단 사람들의 무의식 깊은 곳에는 임원은 남자라는 생각이 박힐 것이다. 이런 환경에서 여성 임원은 아주 예외적인 경우가 될 것이다. 오랫동안 최고 중역이자 이사회 임원이었던 오스트레일리아 여성 메러디스 헬리카는 이렇게 말했다.

"저랑 다른 여자 한 명, 이렇게 둘이 꽤 오랫동안 이사회 임원이었습니다. 우리는 닮은 점이 전혀 없었죠. 다른 여자 임원은 키

---

* 오스트레일리아의 상원 의원이다. 동성 결혼을 허용하면 다음 단계는 수간이 될 것이라는 자극적인 발언으로 동성 결혼 지지 세력을 비판해 물의를 빚었다.

가 작았고 저는 키가 크거든요. 그리고 그 여자 임원은 작고 여린 얼굴에 머리색이 짙었지만 저는 금발이었습니다. 그런데도 남성 임원들 몇몇은 우리 둘을 자주 헷갈려 했죠. 그 남자들 머릿속에서 우리는 그냥 '그 여자들'이었기 때문에 그랬을까요?"

진심으로 양성평등을 지지하고 실적을 기준으로 채용한다고 자신하는 남성도 이런 식으로 행동할 수 있다. 그리고 기업의 양성평등 보고서 첫 페이지에서 환하게 웃는 (별일이 없는 한 같은 남자를 승진시키는) 남자 사진을 보는 것도 불가능한 일은 아니다. 인간의 두뇌는 자기 인식에는 젬병이기 때문에 어림 반 푼어치도 없는 일이다. 제아무리 빈틈없이 공정하게 처리한다고 생각해도, 우리의 어림짐작은 알게 모르게 우리가 내리는 결정에 영향을 미치기 마련이다.

보이지 않는
편견

성차별위원회 위원장인 엘리자베스 브로더릭은 오스트레일리아의 최고참 CEO들, 회장들, 관료들 수십 명을 대상으로 자신들의 조직에 내재한 보이지 않는 편견을 깨닫게 하는 프로그램을 진행했다. 그 프로그램은 '변화의 남성 챔피언'* 캠페인의 일환으

아내 가뭄

로 실시했는데, 프로그램에 참여한 사람들은 무의식적 편견이 무엇인지를 배운 뒤 자신이 미처 깨닫지 못했던 자신의 암묵적 태도들을 발견하고 망연자실해했다.

브로더릭의 말을 들어보자.

"지난 3년에 걸쳐 그들의 대화나 행동이 어떻게 진화했는지 지켜보는 것은 매우 흥미롭습니다. 이제는 상대방이 편견 어린 말이나 행동을 할 때, 자신이 그런 모습을 보일 때, 서로에게 큰 소리로 알려줍니다. 그렇게 서로 지적하면 선의를 품고 있는 사람이라도 여성과 일에 대해 근거 없는 편견을 가지고 있다는 것을 깨닫는 데 도움이 됩니다."

캔자스대학교 연구원이었던 모니카 비어냇은 1991년 아주 유명한 실험을 실시했다. 비어냇은 대학생들에게 남성과 여성의 사진을 보여준 다음 사진 속 남녀의 키를 추정해보라고 했다. 당연히 사진만 보고 가늠하는 것은 몹시 어려운 일이다. 그래서 학생들에게 도움을 주기 위해 사진 속 인물들을 문틀이나 책상 옆에 세우고 사진을 찍었다. 키를 추정할 수 있는 기준을 준 셈이다. 사진 중에는 키가 똑같은 남녀가 똑같은 사물 옆에서 찍은 것도 있었다. 그런데도 학생들은 계속해서 남성은 키가 클 것으로, 여

---

* 여성의 고위직 진출을 지지하는 남성 고위 인사들의 모임이다.

성은 작을 것으로 추정했다. 이처럼 가장 기본적이고 객관적인 평가에서조차 학생들은 남성이 대체로 여성보다 키가 클 거라는 편견의 영향을 받았다.[14] 이러한 고질적인 편견들은 너무나 깊이 뿌리 박혀 있어서 시신경이 알려주는 명백한 증거마저 무시하게 했다. 실험 참가자들은 자신의 눈을 믿지 않은 것이다.

슬프지만 우리 인간의 뇌는 이렇게 오류만 범하는 전기신호와 세포들의 조직이다. 그런데 이런 뇌에게 훨씬 복잡하고 주관적인 사항을 결정하라고 맡기면 어떤 일이 벌어질까? 예를 들어 어떤 사람이 직무에 더 적합한지 결정해야 한다면?

이럴 때 어떤 일이 벌어지느냐면, 선발 위원은 한 개인이 가졌을 법한 능력을 평가할 때 종종 그 개인에 대해 자신이 넘겨짚은 사항을 토대로 결정을 내린다는 것이다. 그리고 이때 성별이 이유가 되는 경우가 많다. 이런 결과는 자신이 내릴 결정이 무엇이든지 간에 절대로 편견이 개입해서는 안 된다고 구성원 전원이 동의한 경우에도 마찬가지다.

편향되지 않았다는
착각

예일대학교의 연구원인 에릭 울만과 제프리 코언은 2005년에

아내 가뭄

73명의 남녀 학부생에게 '경찰서장'에 지원한 가상의 후보 두 명의 파일을 검토하게 했다.[15] 한 후보는 교육도 거의 받지 못했고 행정 능력도 부족했지만 '세상물정'에 밝고 몸이 좋았으며 다른 경찰관들에게 인기가 많았다. 그리고 혼자 살고 있었다. 두 번째 후보는 교육 수준도 높고 행정 능력도 뛰어났으며 미디어를 다루는 능력도 있었지만 다른 경찰관들과 그다지 친밀하지 못했고 세상물정에도 밝지 못했다. 그리고 이 후보는 결혼해서 아이가 한 명 있었다.

연구원들은 성별을 뒤섞었다. 세상물정에 밝은 지원자가 남자이고 교육 수준이 높은 지원자가 여자인 때도 있었고, 그 반대인 경우도 있었다. 실험 참가자들에게 경찰서장으로서 두 후보의 적합성과 개인적으로 중요하게 생각하는 업무 기준에 따라 평가해달라고 했다. 자신의 젠더 편향 또한 평가해달라고 했다.

실험 결과, 참가자들은 터프하고 세상물정에 밝은 여성과 책상물림 같은 남성 중에서 선택하라고 했을 때는 교육의 중요성을 부풀리는 경향이 있었다. 그런데 반대로 터프한 쪽이 남성이고 책상물림 같은 유형이 여성일 때는 책으로 배우는 지식보다는 경험을 더 중요하게 여겼다. 게다가 아이가 있는 경우에 '여성적 특성'이 조금만 드러나도 여성 후보에게는 아무런 도움이 되지 않았다. 실험 참가자들은 후보가 가정이 있는 남성일 때는 '가족적 가치'를 가장 중요한 것으로 꼽았지만, 후보가 가정이 있는 여성일 때는 그 중요성을 상대적으로 낮게 평가했다. 어느 쪽이건 남성 후보는 변함없이 득을 보았다. 그런데 가장 이상한 점은 이것이다. 자신이 편향적이지 않다고 단언하던 참가자들이 가장 심한 편향성을 보였다는 사실이다.

어째서 이런 내용이 남자들의 고약한 행태에 포함되느냐고? 사실 남자만의 문제는 아니다. 이 실험을 비롯하여 비슷비슷한 실험들 대부분에서 실험 참가자로 참여한 남녀 모두 똑같은 종류의 무의식적 편향을 보였다. 아무래도 고약함은 남녀에게 공평하게 주어진 인격적 결함인가 보다. 하지만 채용과 해고 권한을 가진 위치에 대부분 남성들이 포진하고 있다 보니, 그러한 행동을 할 때마다 맹비난을 받는 것이다.

그 밖에 남자들이 고약한 이유에는 또 뭐가 있을까? 자, 이제 자료를 살펴보자. 남자들은 자신을 과대평가하기 때문에 고약하다. 남성과 여성의 지능을 비교한 연구들은 남녀의 그럴싸한 차이를 보여주지 못했다. 그래도 밝혀낸 것이 있다면, 사람들에게 자신의 IQ를 추정해보라고 하면 남자들은 실제보다 높게 잡고 여자들은 실제보다 낮게 잡는다는 사실이다. 에든버러대학교의 사회심리학자인 할라 벨로프는 학생들에게 각자 자신의 IQ를 추정해보라고 했고 남학생들이 여학생들보다 평균 6점 높게 추정한다는 사실을 알아냈다. 15년 후 유니버시티칼리지런던의 에이드리언 퍼넘 교수가 벨로프의 연구 자료를 검토했는데 전 세계

아내 가뭄

적으로 여전히 유효했다.[16]

또한 남자들은 자신이 속한 조직의 편향을 제대로 못 보는 경향이 있다. 2012년 오스트레일리아 증권금융연수원(FINSIA)이 해당 업계의 젠더 균형에 대해 직원들을 대상으로 설문 조사를 실시했다. 금융 부문은 남녀 간 임금 격차가 가장 큰 부문 가운데 하나로, 남자가 여자보다 임금을 31.3퍼센트 더 받으며 고위 관리직에 여성 비율도 낮은 편이다. 다른 분야와 비교했을 때 이런 상황이 유별난 것은 아니지만 그렇다고 그냥 넘어갈 사안도 아니다. 800여 명의 금융계 직원들이 설문지를 작성했는데 그 결과는 우스꽝스러울 정도로 의견이 둘로 상반되게 갈렸다. '당신이 속한 조직의 고위 관리직에 여성이 오르는 데 문제가 없습니까?'라는 질문에 남성의 64퍼센트가 '예'라고 답했고 여성의 62퍼센트가 '아니요'라고 답했다. '당신의 조직은 보수 및 임금 평등에서 투명합니까?'라는 질문에는 남성의 50퍼센트가 '예'라고 답했고 여성의 72퍼센트가 '아니요'라고 답했다.

증권금융연수원이 고위 관리직의 낮은 여성 비율을 해결하기 위해 조치를 취해야 하느냐는 질문에 '그렇다'고 대답한 여성이 73퍼센트였다. 그러나 68퍼센트의 남성은 '그렇지 않다'고 답했다.[17]

여자들이여,
자신의 능력을 의심하지 마라

물론 '여자는 가망이 없다'는 편견만 없다면 이 모든 상황이 그렇게 최악은 아니다. 하지만 '여자는 가망이 없다'는 생각은 형태를 불문하고 여성이 직장에서 험한 꼴을 당하는 이유를 설명할 때 두 번째로 등장하는 주제이다. 여기에 대한 자료는 아주 풍부하다. 최신 자료는 페이스북의 최고운영책임자(COO)인 셰릴 샌드버그를 통해 대중에게 알려진 이론으로, 여자들이 직장 생활에 '린 인(Lean In)'*하지 않기 때문에 여자들이 가망이 없다는 내용이다.[18] 샌드버그는 일반적인 업무 환경에서 여성들은 작전이 펼쳐지고 있는 최전선에 서기보다는 지휘권을 양보하고 뒷자리에 앉아 있으려 한다고 주장했다. 그리고 임신 계획이 있다 싶으면 큰일을 맡으려 하지 않는다는 것이다. 구인이나 승진 공고가 났는데 공표된 열 가지 기준 중 여덟 가지를 갖추고 있으면, 여자들은 부족한 나머지 두 조건에 대한 불안감 때문에 망설인다고 한다. 그러다가 열 가지 기준 중 네 가지만 충족시키지만 나머지는 속여 넘길 수 있다며 철통같은 자신감을 내뿜는 의기양양한 남

---

* 멈칫하거나 뒤로 물러선다는 뜻의 린 백(Lean Back)에 반대되는 개념으로, 기회를 놓치지 않고 달려든다는 의미다.

성 지원자 무리에 밀려나게 된다는 것이다.

컴퓨터 업계의 거인 휴렛패커드는 몇 해 전 여성들이 남성들에 비해 고위 관리직에 많이 오르지 못하는 이유를 알아내기 위해 인사 파일을 면밀히 살펴봤다. 그리고 사내 여성 승진 후보들은 자신이 제시된 기준의 100퍼센트를 충족시킨다는 확신이 들 때만 나선다는 사실을 알아냈다. 반면에 남성 후보들은 자격 요건을 60퍼센트만 갖춰도 지원하는 경향을 보였다.[19]

사회생활을 시작한 이후 젊은 남녀를 다수 채용한 바 있는 힐러리 클린턴은 딸 첼시, 자선사업가 멀린다 게이츠와 함께 2014년 뉴욕대학교를 찾았다. 그리고 남녀의 이런 차이점에 대해 이야기했다.

"젊은 여성에게 승진이나 더욱 큰 책임을 제안하면 십중팔구 '글쎄요, 제가 능력이 있을지 잘 모르겠네요' 혹은 '정말로 저한테 그런 능력이 있다고 보세요?', '제가 그런 일을 맡을 수 있을지 확신이 안 서는데요'라는 반응이 돌아옵니다. 하지만 젊은 남성에게 그런 말을 들은 적은 단 한 번도 없었습니다."[20]

또한 가망 없는 여자들은 직장 생활을 시작할 때 더 좋은 조건을 요구하지 않는다.

카네기멜런대학교의 경제학 교수인 린다 배브콕은 남녀 간 임금 격차가 어떻게 발생하는지 궁금해서 자신이 일하는 대학교의 졸업생들을 조사해보았다. 대학원에서 한 학번을 고른 다음 그 학번 졸업생 전원을 후속 조사했다. 졸업 직후 각자 어떤 직업을 택했고 급여는 얼마나 받는지 알아봤더니, 남자 졸업생이 여자 졸업생보다 초봉이 7.6퍼센트 높았다. 좀 더 구체적으로 알아보기 위해 배브콕은 졸업생들에게 맨 처음 제시받은 연봉을 그냥 수락했는지, 아니면 초봉 인상을 위해 협상을 벌였는지를 물었다. 그 결과 여자 졸업생은 7퍼센트만이 더 높은 초봉을 요구한 반면 남자 졸업생은 57퍼센트가 더 높은 초봉을 요구한 것으로 드러났다. 초봉 인상을 요구한 남자들은 대체로 협상에 성공하여 7퍼센트 더 높은 급여를 받았다.[21]

이에 크나큰 충격을 받은 배브콕은 이러한 현상을 담은 『여자는 어떻게 원하는 것을 얻는가(Women Don't Ask)』라는 책까지 썼다. 이처럼 여성들은 일을 시작하는 처음부터도 더 높은 연봉을 요구하지 못하는데, 나머지 직장 생활 동안은 얼마나 많은 것을 놓칠지 상상이 간다. 여성이 임금 인상 요구나 연봉 협상을 단 한 번도 안 했다고 하자. 그 결정은 단기적인 손해로 끝나지 않고 직장 생활 내내 쌓이고 쌓여 (장기적으로) 어마어마한 큰돈의 손실로 불어난다.

이 외에도 여자들의 행동은 형편이 없다. '가망 없는 여자' 부분에는 몇몇 극단적인 상황이 존재한다. 『남자처럼 일하고 여자처럼 승리하라(Play Like a Woman, Lead Like a Man)』, 『당신 안의 나쁜 여자를 불러내라(Getting In Touch with Your Inner Bitch)』

아내 가뭄

와 더불어 기운이 불끈 솟는 제목의 〈뉴욕타임스〉 선정 베스트셀러들은 모두 여성이 저지르는 온갖 실수를 다루고 있다. 그런데 이러한 실수는 여성의 성공을 절대적으로 가로막는 실수들이다.

여성의 성공을 가로막는 실수들

이러한 책들을 읽는 것은 괴로운 경험이 될 수 있다. 가령 고압적일 것 같은 이름의 소유자인 로이스 P. 프란켈 박사의 『소녀를 버리고 여자로 승리하는 101가지 방법: 여성을 성공으로 이끄는 자기 경영 전략(Nice Girls Don't Get the Corner Office: 101 Unconscious Mistakes Women Make That Sabotage Their Careers)』을 읽고 나서 나는 잠시 누워 있어야 했다.[22] 프란켈 박사는 책의 부제*를 소름 끼칠 정도로 완벽하게 지었다. 내가 머릿속에 그려본 프란켈 박사는 딱딱한 억양에 몸에 꼭 맞는 정장을 입고 뿔테 안경을 강단 있어 보이는 코 위에 걸친 모습이다.

---

* 원서의 부제(101 Unconscious Mistakes Women Make That Sabotage Their Careers)를 말한다. 직역하면 '커리어를 망치는 여성의 101가지 무의식적 실수'이다.

나는 그가 말한 101가지 실수는 모두 근거 없다고 생각했다. 하지만 80번째 실수(어울리지 않는 차림을 한다)와 84번째 실수(돋보기 안경줄을 목에 걸고 다닌다)에 대한 그의 강경한 자세를 보고 어느 정도 설득당했다.

프란켈 박사가 열거한 101가지 실수 중에서 나는 몇 가지나 저질렀는지 기억을 떠올려보니 63가지나 되었다. 그중 일부는 너무 부끄럽고 인정할 수밖에 없는 상황이라 얼굴이 화끈거리기까지 했다. 프란켈 박사는 27번째 실수인 '다른 사람을 위해 음식을 준비해놓는다'의 도입부에서 "베티 크로커*가 아니라면 책상 위에 집에서 구운 쿠키나 M&M's 초콜릿이나 젤리빈, 그 밖의 다른 음식을 올려두지 마라"고 꾸짖는다.

"힐러리 클린턴은 집에 남아 쿠키만 굽지 말라는 말 때문에 맹비난을 받았을 수도 있지만, 그녀가 한 말의 요지는 충분히 이해가 간다. 우리는 다른 사람을 위해 음식을 준비해두는 사람들을 감화력 있거나 중요한 사람으로 여기지 않는다. 사소한 혹은 하찮은 일처럼 보일지 모르겠지만 사실 남자들의 책상에서 음식을 볼 일은 거의 없다."

그나저나 업무 환경 조성에 대한 프란켈 박사의 조언은 그게

---

* 세계적인 홈베이킹 브랜드로 실존하는 인물은 아니다.

아내 가뭄

마지막이 아니다. 26번째 실수인 '사무실을 자기 집 거실처럼 꾸민다'에서 여성들에게 가족사진과 러그를 던져버리라고 조언하면서 '여성성을 강조하다 보면 신뢰성이 떨어진다'라고 신랄하게 말했다.

이런 연구 내용을 읽을 때면 힘은 빠지지만 눈을 뗄 수가 없다. 나는 책을 읽으면서 만약 내가 사회생활 초창기에 회사 안에서 정치 활동을 피하고(9번), 결정을 내리기 전 표결에 부치고(15번), 다른 사람이 내 시간을 빼앗도록 방치하고(39번), 음성메시지를 길게 남기는(71번) 행동을 안 했다면 지금쯤 ABC 방송사 사장이 되었을 거라는 확신이 강하게 들었다.

책의 264페이지를 읽을 때는 프란켈 박사가 시키는 일이라면 무엇이든 할 각오가 되어 있었다(하지만 '33번 지시에 순응한다'와 '25번 악당의 뜻에 묵묵히 따른다'라고 조언한 박사의 지시에 은근히 반항심이 생기기도 했다. 그리고 쉽게 설득당하는 내 모습에 나 자신을 경멸하기도 했다).

여성들은 그 밖의 온갖 이유 때문에도 가망이 없다. 여성들은 제 발로 '마미 트랙'*에 들어선다. 그리고 일터가 능력주의를 추구한다는 생각에 일명 '티아라 증후군'에 걸리고 만다. 즉, 열심

---

* 여성이 육아를 위해 출퇴근 시간을 조정하는 대신 승진이나 승급의 기회를 포기하는 것을 말한다.

히 일하고 말썽도 안 부리며 규정을 충실히 따르고 모든 일을 제대로 해내기만 하면, 누군가 나타나 자신을 공주로 만들어줄 거라고 믿는다.[23] 자신에게 필요한 것은 가장 나중으로 제쳐두고 자신의 요구대로 바꿔달라고 하기보다는 짐을 싸서 일터를 떠나버린다.

이러한 이론들이 모두 완성되기까지 상당한 시간과 비용, 이런 저런 걱정들이 들어갔다. 그리고 그 이론 중 다수는 어느 정도 영향력이 있었다. 어설픈 전문가들에게 진짜로 고약한 남자들과 정말로 가망 없는 여자들이 있다는 확신을 심어줄 정도는 되었다.

남성과 여성은 결코 평등할 수 없다

같은 남자와 일하는 게 훨씬 편하다면서 재고의 여지없이 남자들한테만 일과 관심을 주는 남자 상사를 만나보지 않은 이가 누가 있으랴? 같은 남자한테만 말을 거는 남자는? 회의에 나타나서는 자신의 의견을 주로 남자 수석 보좌관한테만(더 웃긴 것은 남자 차석 보좌관에게) 밝히는 남자 로비스트나 동료 혹은 이해 관계자들은 어떻고? 여자 하원 의원들이나 장관들이 재미있다는 표정으로 이런 이야기를 털어놓은 게 몇 번인지 셀 수조차 없다(남성 여러분, 그런 짓을 하면 우리 여성들은 눈치를 챈답니다. 그러고는 그 얘기를 서로에게 하죠. 거의 대부분 낄낄거리면서 말입니다. 바로 당신 때문에. 그냥 알아두시라고요).

고약한 남자들과 가망 없는 여자들이 힘을 합치면, 일터에서 남녀의 승패율은 너무도 분명하다. 여자는 패배할 가능성이, 남자는 승리할 가능성이 더 높다. 불쌍한 여자들. 재수 좋은 남자들.

그러나 나는 이런 시나리오 전반에 몇 가지 문제가 있다고 본다. 첫째, 그렇게 단순할 리가 없다. 어떤 남자들은 머저리가 맞다. 하지만 모든 남자가 다 머저리는 아니다. 여자가 돋보기 안경줄을 목에 걸고 다니거나 직장에 비스킷을 가져오고, 그 밖에 사소하지만 확실한 방법으로 자신이 CEO가 되지 말아야 할 골빈 여자라는 사실을 암시하고 다닌다면 여러모로 경력에 제약을 받을 게 분명하다. 하지만 내 생각에는 여기에 다른 뭔가가 더 있을 것만 같다.

일터 이외의 장소에서 여자에게 무슨 일이 벌어지고 있는지 뒤로 물러나 파악해보지 않는 한, 일터에서 여자에게 벌어지는 일을 이해시킬 수도, 그 이야기를 들려줄 수도 없다. 일의 전후 사정을 살펴본 다음, 남성과 평등하게 경쟁해야 하는 여성의 역량에 어떤 요인들이 영향을 미치는지 파악해야 한다. 그래야 이 세상 모든 고약한 남자들과 가망 없는 여자들은 왜 세상이 계속 이 모양 이 꼴인지 해명할 수 있다.

문화적 성향과 차별도 한 가지 요인이지만, 외면할 수 없는 구조적 문제도 있다. 남자와 여자는 일터에서 만나기 전부터 불평등하다. 이런 현실을 다루지 않고 어찌 경영계의 기묘한 행태며 편견 같은 인간의 세세한 결함과 싸움을 시작할 수 있겠는가?

가사 노동을 경제의 일부로 여기지 않다 보니, 현대의 일터를 진단할 때 가사 노동과는 그 관련성을 잘 따지지 않는다. 그러나 가정의 촉수는 일터 곳곳에 뻗어 있다. 프란켈 박사가 책상을 어지럽히지 말라고 권고하면서 예로 든 부적절한 가족사진에만 있는 것이 아니다.

가정의 촉수는 출근할 때에도 뻗어 있다. 여성들은 집을 나와 우아하고 사색에 잠긴 모습으로 일터로 향했을까? 아니면 동이 트기가 무섭게 일어나 젖은 빨래 더미를 헤치며 싸우고 욕을 했을까? 몸싸움을 벌여가며 아이들에게 옷을 입히고 신발을 신기고 양치 비슷한 것을 시킨 다음 탈것에 태워 보냈을까? 아이들을 학교 혹은 어처구니없이 비싼 보육 시설로 등교 혹은 등원시킨 후 회사에 오자마자 의자에 쓰러져 흐느껴 울었을까?

이 여성들은 회사에서 일을 할 때, 바람도 좀 쐬고 길 아래에 새로 문을 연 국숫집에서 국수라도 먹어볼까 생각하면서 점심시간에 적절히 휴식을 취할까? 그래서 차분하고 집중력 있게 눈앞의 업무를 해낼까? 아니면 조금이라도 짬이 날 때 동료들과 생산적인 대화를 하거나 조용히 사색하기보다는 자칫 어긋나버릴지도 모르는 집안일 체크리스트(저녁에 뭐 해먹지? 집에 우유가 있던가? 애들은 학교에서 누가 데려오나? 오늘이 리코더데이, 아니야, 하모니데이*였나?)를 다급하고 강박적으로 훑고 있을까? 그래서 시간에 쫓기면서 정신없이 업무를 처리할까?

그럼 퇴근 무렵에는 어떤 모습일까? 오늘 업무를 완벽하게 마무리할 때까지 사무실에 남아 있다가 불을 끄며 나가는데, 상사가 등을 가볍게 두드리면서 껄껄 웃을까? 그리고 만족스러운 표정으로 "자네 너무 열심히 하는 거 아닌가?"라고 칭찬을 할까? 또한 동료들과 맥주 한잔하면서 신제품 관련 괜찮은 아이디어를 주고받고 참석해볼 만한 괜찮은 컨퍼런스에 대해 이야기하거나 기존에 진행한 업무이지만 어떻게 해야 더 나은 방향으로 개선할지 새로운 방법을 논의할까?

아니면 5시 반쯤 사무실에 있는 모든 눈길이 자신한테 향한 것 같은 기분을 느끼며 회사에서 날라리 직원으로 찍히는 게 더 힘들까, 탁아 시설에 5분 늦게 도착해서 눈총 받는 게 더 괴로울까를 고민하다가 사무실을 뛰쳐나갈까? 그런 다음 집에 와서는 하루 종일 겪었던 것과는 또 다른 위기와 데드라인과 실패 속에서 허덕이는 자신을 발견할까?

---

* 매년 3월 21일에 열리는 오스트레일리아의 다문화 행사이다.

두말할 필요 없이 이 모든 것은 누가 승자가 되고 패자가 될지를 결정한다. 사람은 사람일 뿐 통계 수치는 아니다. 하지만 통계는 여러 시나리오 중에서 어떤 것이 전형적인 여성의 시나리오이고 어떤 것이 남성의 시나리오인지 꽤 분명하게 일러준다. 그 결과 어떤 성별이 출세할 가능성이 더 높은지도 알려준다. 내 말이 틀렸나?

이런 것을 지적하자니 너무 뻔한 말 같기도 하고 구차한 변명 같기도 하다. 하지만 이런 얘기조차 제대로 사회적 의제가 되지 못했기 때문에 할 수밖에 없는 것이다.

가사 노동의 불균형,
수면 아래 빙산을 걷어내라

'글로벌 경제 리더들'은 거대 다국적 기업들 사이에서 벌어지는 고도의 협업에 대한 연구이다. 이 연구에는 딜로이트, 일라이 릴리, 골드만삭스, IBM을 비롯하여 그 외 다수의 기업들이 참여했다. 1,000명이 넘는 회사 최고 중역들에게 현장 경험, 만족도, 야망 등과 같이 이미 숱하게 다뤄진 전형적인 영역뿐만 아니라 삶의 다른 영역에 대해서도 심도 있고 광범위한 질문을 던졌다.[24] 그런데 남성 고위 간부와 여성 경쟁자들의 삶에서 충격적일 정

아내 가뭄

도로 분명한 차이가 나왔다.

설문 조사에는 정확히 1,192명이 참여했는데, 남녀가 반반씩이었다. 조사 결과, 남성은 4분의 3이 아내나 파트너가 일을 하지 않았다. 하지만 여성 중역들은 정반대였다. 여성 중역들은 4분의 3이 (남성 중역들과 마찬가지로) 전일제 근무를 하는 남편을 두고 있었다. 바꿔 말하면 남성 중역들에게는 아내가 있었고 여성 중역들에게는 없었다.

최고 중역들 중 일부는 아내가 헌신적으로 뒷바라지를 해주는 게 당연하다고 생각했다. 메러디스 헬리카는 이렇게 말했다.

"지금 당장 멜버른이나 싱가포르에 가야 한다고 해봅시다. 아내가 있으면 그냥 갈 수 있다는 겁니다. 집에 가서 짐을 싸느라 시간을 허비할 필요 없이 아내가 짐을 가져다주는 거죠."

설문 조사에 참여한 다국적 기업의 중역들 중 아이가 있는 경우에 이런 질문을 해보았다.

"양육 과정에서 이런저런 준비와 책임은 누가 더 지나요?"

그러자 남녀의 의견은 더욱 즉각적이고 분명하게 나뉘었다. 여성 최고경영자들은 57퍼센트가 "내가 더 진다"라고 답했다. 반면 남성 경영자들 중 "내가 더 진다"라고 답한 비율은 1퍼센트밖에되지 않았다. 고작 1. 퍼. 센. 트!

이렇게 가사 노동의 격차가 심한데 이 문제를 다룬 제대로 된 보고서가 어떻게 단 한 건도 없을까? 고위 경영진의 낮은 여성 비율에 대해서는 그럴듯한 연구 보고서가 수없이 많은데 어떻게 단 한 건의 보고서에서도 가사 노동을 다루지 않았을까? 성공을 희망하는 남녀 사이에는 가사 노동량에서 충격적인 불균형이 존재하는데 어떻게 지금까지 잠재적 원인으로 수면 아래에 계속 남아 있었을까?

저 연구 수치는 다른 나라 기업을 대상으로 조사해서 그렇다고 생각할지도 모르겠다. 아니면 남자가 돈을 억수로 많이 벌어서 아내가 일할 필요가 없는 맨 꼭대기 계급에서만 일어나는 특수한 경우라고 생각할 수도 있다.

하지만 최고 중역들의 인구 통계 자료를 보면 오스트레일리아의 평범한 노동자 가정의 삶과 크게 다르지 않다.

당신이 파티를 열어서 100명의 '평범한 아빠들'(아이도 있고 여성인 아내 혹은 파트너가 있는 전일제 근무 남성)을 초대한다고 상상해보자. 파티장을 돌아다니면서 그 남자들 한 명 한 명에게 아내가 무슨 일을 하느냐고 묻는다면, 아내가 전일제 근무를 한다고 답하는 사람은 24명에 불과할 것이다. 나머지 76명은 아내가 시간제 근무를 하거나 일을 하지 않는다고 답할 것이다.[25] 유난히 오지랖을 부리고 싶은 마음이 들어 누가 주로 자녀를 돌보고 집안일을 하느냐고 추가로 묻는다면, 그중 압도적인 다수가 "아내죠"라고 답할 것이다.

반면 전일제 근무 엄마들이 참석한 파티에 가면 정반대에 가까운 결과가 나올 것이다. 즉, 그 엄마들 중 86명이 남편도 전일제 근무를 한다고 답할 거라는 얘기다. 그나마 그 말도 엄마들이 파티에 참석할 수 있어야 듣겠지만.

오스트레일리아 가정의 현대화에 대해 온갖 감언이설을 들어왔고 〈하우스 허즈번드〉를 그렇게 재미있게 보고 있으면서도, 사실 오스트레일리아는 여전히 남성 생계부양자 모델에 대단히 집착한다. 전일제 근무를 하는 아버지와 시간제 근무를 하는 어머니로 구성된 핵가족의 비율은 얼마나 될까? 60퍼센트나 된다. 전일제 근무를 하는 엄마 중에 남성 '아내'가 있는 비율은? 3퍼센트이다.

처음 직장을 구할 무렵에는 대등하거나 비슷한 입장이지만, 시간이 지나면 남자와 여자는 절대로 도달할 수 없을 정도로 차이가 벌어진다. 처음에 직장을 얻을 때는 남녀 모두 미혼에 홀몸으로 경쟁력을 갖추고 있다. 이러한 동등한 상황은 직장 생활 초반까지는 이어진다. 사실 Y세대 여성만 본다면 남녀 간 임금 격차도 거의 나지 않는다.[26]

하지만 아기를 갖기 시작하는 시점이 되면 아내 가뭄 현상이 본격적으로 시작되고 부조리 곡선도 시작된다. 육아 때문에 휴직하는 여성들은 대개 남편보다 더 적게 버는 자신이 휴직하는 게 합리적이라고 생각한다. 하지만 시간제 근무든 탄력 근무든, (대우는 예전보다 못하지만) 출산 후 복직을 하면 전보다 더더욱 못 벌게 된다. 직업 세계에서 경쟁력이 낮아졌기 때문이다. 반면 남편들은 눈에 보이지 않는 파워 알약,* 다시 말해 아내 덕에 더욱 큰 경쟁력을 갖추게 된다.

결과적으로 이러한 패턴들은 또 다른 패턴을 만들어낸다. 남성 중역 혹은 지도자의 경우 전업주부 아내를 두면 삶이 한결 수월해진다(그들 스스로도 동의하다시피). 또한 성공 가능성을 더 높여준다. 그리고 전통적인 이러한 가사 분담 문화는 남성이 자신의 조직 내부에서 내리는 결정에도 어느 정도 영향을 미치고 있다.

환경이 사고방식을 바꾼다

2012년 미국의 학자들은 232명의 남성 관리자들을 대상으로 연구를 실시했다.[27] 연구에 참여한 남성들은 모두 대학에서 일했고 모두 기혼이었다. 가사 노동을 '전통적인' 방식('아내'라고 부르면 되겠다)으로 나눈 남성도 있었고, '현대적인' 방식으로 나눈 남성도 있었다. 실험 참가자들에게 인포미텍스라는 한 소프트웨어 기업에서 재무 담당 임원으로 있는 드루 앤더슨의 정체성을 추측

---

* 게임 〈팩맨〉에서 고스트를 피해 적절한 순간에 파워 알약을 먹으면 파워업이 된다.

아내 가뭄

해보라고 했다. 해당 기업의 유망한 MBA 프로그램에 자리가 났고 기업의 CEO가 사내 후보를 물색 중이었다. 드루 앤더슨이 지원자들의 이력서를 보고 적당한 사람을 골라 추천할 수 있을까? 실험 참가자들은 드루가 추천한 후보가 나중에 능력이 출중한 인물로 판명되면 윗사람의 신임을 얻게 될 거라는 말을 들었다. 그런 다음 전도유망해 보이는 후보의 이력서를 건네받았다. 실험 참가자 절반에게는 다이앤 블레이크라는 후보의 이력서를 건네고, 나머지 반에게는 데이비드 블레이크라는 후보의 이력서를 건넸다. 하지만 양쪽 모두 자격 사항이나 경력은 똑같았다. 그런데 실험 결과, '전통적인' 결혼 생활을 하고 있는 참가자들은 남성 후보에 비해 여성 후보가 '현저히 떨어진다'고 평가했다.

이러한 결과는 남자가 고약하다는 사실을 입증하는 사례일까? 아마도 일터에서 벌어지는 젠더 논쟁의 전통적인 틀 안에서는 그럴 것이다. 아니, 그렇다. 하지만 위 사례는 살아가는 방식이나 양육 환경, 정상적 또는 바람직하다고 여기는 일 처리 방식에 따라 인간이 변해가고 만들어진다는 사실을 보여준다. 그리고 그 과정은 규칙적이고 한 번 어떤 형태로든 만들어지면 쉽게 되돌릴 수 없다.

많은 것들이 남성의 사고방식을 바꿔놓는다. 일 진행 방식이 온통 보수적인 사고방식에 젖어 있을 때도 마찬가지다. 케이트 모건은 시드니의 법정 변호사로, 사무실에 딱 세 명밖에 없는 여성 법정 변호사 중 한 명이다. 그녀는 여성과 일에 대해 가장 보수적인 동년배 남자 동료들을 보며 종종 충격에 휩싸였다고 한다. 왜냐하면 아내들이 대부분 전업주부였기 때문이다.

케이트 모건과 그녀의 남편이자 동료인 리처드 맥휴는 중요한 일을 하는 어머니들 밑에서 자랐다. 리처드의 어머니는 연방 의회에 진출한 뉴사우스웨일스 최초의 여성인 저넷 맥휴였다. 케이트의 어머니는 고(故) 필로메나 맥그래스 박사로 오스트레일리아에서 손꼽히는 해부학자이자 8남매의 어머니였다. 혹독하기로 유명한 법정 변호사 생활을 하면서 가족의 이런저런 요구를 해결해나가는 케이트 모건에게 남자 동료들이 보이는 반응은 연령에 따라 달랐다.

모건의 생각은 이렇다.

"아이가 없는 남자 후배들이나 자기들과 비슷한 직업, 그러니까 변호사나 의사인 파트너 또는 아내를 둔 남자 후배들은 절 굉장히 응원하는 편이죠. 하지만 법의 테두리 안과 법정에서 벌어지는 구조적 차별에 매번 충격을 받습니다. 후배들 윗세대, 그러니까 제 또래 남자들의 가족 역학 구조를 보면 '아내들'이 가정에 주저앉는 것을 선택했습니다. 법정 변호사가 되면 소득이 근무시간과 정비례하기 때문에, 제아무리 아내가 의사나 변호사라고 해도 여자가 집에 있는 게 더 이치에 맞는 거죠. 하지만 이런 남자들은 직장에서 딱 자기 아내 같은 여자들과 맞닥뜨리게 됩니다.

아내 가뭄

자기 아내처럼 똑똑하고 교육 수준도 높으면서 아직도 일을 하고 있는 여자들을 말이죠. 그들은 자기 아내를 기준으로 삼아서 자신의 여자 동료들을 자기들 마음대로 판단해버립니다. 장시간 혹은 주말 근무를 해야 할지도 모르는 아주 급한 대형 사건을 함께할 보조 법정 변호사를 선택할 때 애 딸린 유부녀는 절대로 고르지도, 추천하지도 않습니다. 당연히 아이가 있는 여성 변호사는 애들하고 있으려고 좀 더 '감당할 만한'(이라고 쓰지만 속뜻은 유명하지도 않고 보수도 덜 받는) 일을 하려 들 거라는 거죠. 혹은 신참 법정 변호사를 뽑을 경우, 후보자에게 아이가 있으면 '시간제 근무를 원하면 어떻게 하죠?' 같은 말이 나올 수 있습니다. 그 말인즉슨, '우리 아내처럼 당연히 집에서 애들이랑 있는 걸 더 원하겠지'라는 뜻이죠."

그러나 케이트 모건에 따르면 나이가 좀 있는 남자들은 종종 자신들의 견해를 약간 누그러뜨린다고 한다.

"더 나이 든 세대는 이제 철이 좀 들었죠. 그래서 가족 문제에 대해 결정을 내릴 때 남과 비교하면서 불안해하기보다는 다 자란 자신의 딸의 입장에서 보려 합니다. 그들의 딸은 13년 동안 사립학교에 다니고 최대 6년 동안 대학 교육을 받은 뒤 분명 성공 가도를 달리고 있겠지요. 그런데 이 나이 든 세대는 현 세대의 일하는 엄마들이 겪는 고충을 보고 들었습니다. 그래서 똑똑하고 많이 배운 자신의 딸 역시 일터에서 능력을 발휘하고 성공하는

데 걸림돌을 만날 거라는 사실을 깨달은 거죠."

이러한 세대별 차이는 케이트 모건 혼자만의 상상이 아니다. 2012년 미국의 한 연구 결과를 보면, 남성 임원들에게 딸이 생기면 여직원들에 대한 태도가 좀 더 관대해진다고 한다.[28] 또한 예일대학교 경제학자인 에보냐 워싱턴은 2008년 미 하원의 방대한 자료를 분석했는데, 미국 하원 의원 중에 딸이 있는 의원들은 여성 관련 사안에 진보적인 투표 성향을 보일 가능성이 25퍼센트 높다는 사실을 발견했다.[29]

이 내용을 접하고 나는 캔버라* 주변에 전략적으로 여자아이들을 투하해서 여성에 대한 입법 환경을 개선하면 어떨까 하는 좀 허무맹랑한 생각을 했다. 그리고 남녀 격차 문제를 해결하려면 모든 것을 함께 살펴야 한다는 생각을 더 굳혔다. 즉, 직장에서 여성에게 어떤 일이 벌어지는지에 대한 담론은 일터 너머까지 쭉 연장되어야 한다. 그래서 여성이 퇴근 후에 무슨 일을 하고 있는지, 반대로 아내라는 사치를 누리는 남성들은 은근히 어떤 태도를 보이고 있는지 살펴봐야 한다.

직장에서 여성이 경험을 쌓는 데 영향을 미치는 요소는 많이 있다. 그중 아내 가뭄은 그 모든 요소를 뒷받침하고 영구화시키

* 오스트레일리아 정치 및 행정의 중심지다.

아내 가뭄

기도 한다. 물론 예외도 많지만(협조적인 남성 상사들, 성공한 여성들) 여성이 집안일을 다 떠맡고 남성은 그러지 않으려는 경향, 이게 오스트레일리아 일터가 돌아가는 현실이다. 물론 그냥 봐서는 눈에 보이지 않는다. 남자들은 아내를 얻지만 여자들은 아내를 얻지 못한다.

‖ 2장 ‖

헛다리를 짚다

"왜 남성은 일터에서 탈출하지 못하는가"

THE
WIFE
DROUGHT

우리는 헛다리를
짚고 있다

당신이 여자라면 이제 이런 상황 자체가 짜증 날 것이다. 경력을 쌓는 데 관심 있는 사람이라면, 특정 신체 부위의 유무와 상관없이 성공과 성취의 기회가 누구에게든 똑같이 주어져야 기분이 좋을 것이다. 하지만 현실은 그렇게 흘러가지 않는다.

일터에서 여성의 상황이 녹록지 않다는 사실에 기분이 나쁘거나 슬프거나 심지어 화가 나는 것은 아주 자연스러운 반응이다. 페미니스트들이 무수한 세월 동안 연마 중인 것이 바로 이런 반응이다. 그리고 수십 년 동안 일종의 해결책으로서 여성들이 일터에서 성공할 수 있도록 온갖 방법을 다 제공했다. 할당제, 멘토링 제도, 북클럽, 여성 전용 포커의 밤, 네트워크 강좌, 입담 좋은 강사들…….

이런 방법들은 어느 정도 성공을 거두었다. 이제 50년 전보다 일하는 여성의 수가 크게 늘었다. 이제 우리에게는 여자 연방 총리, 여자 총독, 몇 안 되는 오스트레일리아 200대 상장 기업의 여성 CEO들이 생겼다.

한편, 반쯤 정신이 나간 채로 지칠 대로 지쳐 있는 '슈퍼우먼' 세대 또한 낳았다. 이 여성들은 '수컷들'의 노동 세계로 제대로 진입하기는 했지만 (그에 상응하여) 가정 내 '여성들'의 노동 세계에서는 남성들의 노동 세계에 진입한 만큼 퇴각하지 못했다. 이들 슈퍼우먼은 그냥 두 가지를 다 하고 있다.

현대의 일하는 엄마들 다수에게 직장에 다닌다는 것은 한 군데가 아니라 두 군데에서 자신을 혹사시키는 영광을 부여받았다는 의미다. '오스트레일리아 일과 생활 지수(Australian Work and Life Index)'에 따르면, 아이가 있는 일하는 엄마들 중에 '자주 혹은 늘' 스트레스를 받고 시간에 쫓기는 기분이 든다는 사람이 급증하고 있다.[1]

이러한 상황을 관습적인 젠더 논쟁의 틀 안으로 쑤셔 넣어버리면 편할 것이다. 열심히 일하는 아내 덕에 혜택은 혜택대로 다 누리면서, 뻔뻔하게도 경제적 우위까지 여자들보다 더 누리는 고

아내 가뭄

약한 남자들. 그리고 서서히 미치게 만드는 사회 시스템 안에서 어떻게든 해보겠다고 이리 뛰고 저리 뛰다가, 죄책감과 불안감으로 멍한 상태에서 유리천장에 머리를 찧는 여자들, 하지만 결국은 쥐꼬리만 한 연금이나 받는 가망 없는 여자들.

그런데 만약 우리가 헛다리를 짚고 있는 거라면? 구조적 문제는 여자를 일터로 끌어들이는 게 아니라 남자들을 일터에서 끌어내는 데 있다면? 지금껏 우리는 여자들이 육아휴직을 할 때 불이익을 받지 않는 식으로 평등을 쟁취하려 했다. 그러나 누구든 일을 쉬면 불이익을 받을 수밖에 없다. 그러니 그 사실을 그냥 받아들이고 대신 그 책임을 고르게 나눌 방법을 찾는 것은 어떨까?

우리는 직업 세계에 진입하려는 여성들이 부딪치는 여러 장벽과 나중에 정상까지 올라가는 데 걸림돌이 되는 유리천장에만 지나치게 골몰한다.

하지만 남성들이 일터에서 나가는 것을 어렵게 만드는 장벽은 없을까? 유리 비상계단*이 있다면?

잠깐 동안 모든 것을 잊어보자. 역사도 잊고 정치도 잊자. 그리고 오랫동안 쌓인 울분과 상처, 사회생활이 생각대로 굴러가지 않아 속상한 수백만 여성도 잊자. 돈도 잊고, 유구한 세월 치석처

---

* 여성의 사회 참여나 직장 내 승진을 가로막는 보이지 않는 장벽을 뜻하는 '유리천장'에 빗댄 표현이다.

럼 쌓여온 불이익도 잊자. 물론 어디에서 일하든지 힘든 일이라는 것은 안다. 그래도 나와 다른 계층 사람들이 인생을 너무 쉽게 사는 게 아닌가 하는 생각으로 가슴속에 쌓였던 울분과 그 무시무시한 병폐도 잊자. 아주 잠깐 동안만, 그 모든 것을 잊어보자.

그리고 다른 방향으로 눈길을 돌려보자.

남성들에게 가사 노동을 권하지 않는 사회

오스트레일리아 노동자들의 태반이 여전히 이성을 만나 자식을 낳는다. 그런데 아이가 생기면 직장 생활을 하던 76퍼센트의 엄마들은 어떤 식으로든 자신의 직장 생활 패턴을 바꾼다. 시간제 근무나 탄력 근무를 하기로 회사와 합의를 본다. 또는 재택근무를 하거나 어떤 직종에서는 교대 근무를 맡기도 한다. 오스트레일리아 통계청에 따르면 이는 일곱 살 이하 자녀를 둔 일하는 엄마들의 3분의 1에 해당한다.[2]

하지만 대부분의 아빠들에게는 이런 식의 변화가 일어나지 않는다. 우리 사회는 아빠들에게 마치 아무것도 달라진 게 없다는 듯 계속 일할 것을 권한다. 일곱 살 이하의 자녀를 둔 일하는 아빠들 중 겨우 셋 중 한 명만이 어떤 식으로든 근무 패턴을 바꾼다. 그리고 압도적인 다수가 근무시간 자율 선택제를 말로만 이야기할 뿐, 시간제 근무는 으레 여자들이 하는 것처럼 여기면서 큰 틀의 변화를 시도하지 않는다. 오히려 아버지들은 첫아이가 태어나면 주당 근무시간이 4시간 정도 더 늘어난다.[3]

대체 이유가 뭘까? 좀 어이없지 않은가? 이렇게 되면 남자들을 가족사진에서 지워버려야 하는 게 아닐까? 아이를 갖는 것은 인생을 송두리째 바꾸는 경험이다. 적어도 무수히 많은 육아 블로그에서 꾸준히 주장하는 바에 따르면 그렇다. 그런데도 우리 사회는 왜 부모가 되면 여자들만 삶을 바꾸라고 할까?

지금도 젠더와 노동에 대해 거창하고 요란한 논쟁의 향연이 벌어지고 있다. 그런데 왜 우리는 여성이 직장을 잃는 것을 따지는 데는 많은 시간을 소모하면서, 정작 남성들이 가정에서 무엇을 잃고 있는지 말하지 않는 걸까? 남자들이 가정에서 잃는 게 너무 시시해서 논할 가치가 없는 걸까? 만약 그렇다면 이는 육아라는 위대한 노동에 대한 모욕이 아닐까?

우리가 가정 내 노동에 가치를 부여하려면 제대로 부여해야한다. 즉, 여자들이 가사 노동의 대가를 못 받는다고 통탄만 할게 아니라 우리 사회가 남성들에게 가사 노동을 별로 권하지 않는다는 사실을 인정해야 한다.

남자들이 육아나 가사 노동에 뛰어든다면 소득의 상당 부분을 손해 봐야 한다. 그리고 바비큐 파티에서 "무슨 일을 하시나요?"

라는 질문에 솔직히 대답하고 나면, 그 자리에 모인 사람들로부터 멍한 시선을 받아야 한다. 그런데 현재 남자들은 이런 경험이 주는 아찔한 전율을 놓치고 있다. 최소 몇 년은 경험할 수 있는데 말이다. 물론 이런 경험은 그다지 아쉬워할 일이 아닐지도 모른다.

그러나 남자들이 놓치는 많은 일 중에는 멋진 일들도 꽤 많다. 예를 들면 아이들과 시간을 보내는 것 말이다. 가정 경제만 생각했을 때 휴직은 명백히 어리석은 선택이다. 세 살도 안 된 아이들과 함께 있으려고 몇 년 동안 회사를 떠나는 것은 일터에서 자신의 가치를 영원히 떨어뜨리는 가장 빠른 지름길이다.

그러나 다른 관점에서 본다면 그렇게 나쁜 투자도 아니다. 즉, 인생에는 일보다 다른 중요한 일이 많고 아이와 친밀한 관계를 맺는 게 소중하다고 생각한다면 말이다. 하지만 우리는 남자들에게 끊임없이 온갖 방법으로 그런 투자는 생각도 하지 말라고 권하는 사회에서 살고 있다.

대부분의 남자들은 탄력 근무의 기회를 놓치고 있다. 살면서 일어나는 인생의 다른 일을 처리하기 위해 잠시 경력을 멈추고 돌아갈 수 있는 기회를 놓치는 것이다. 그렇다고 엄마들이 근무 시간을 늘 자유로이 선택할 수 있다거나, 혹여 그게 가능하다고 해서 요정의 마법 가루를 뿌린 듯 일이 술술 풀린다는 뜻은 아니다. 그런데 국가의 일반적인 고용 패턴을 보면, 여자들은 아이가 생기면 지금까지와는 조금 다른 형태로 일하고 싶어 할 거라고 낙인을 찍어놓는다. 특정 연령의 여성들이 승진 시기가 되면 우스운 모양새가 되는 것도 바로 이런 이유 때문이다. 반면 남자들은 아이가 생긴다고 해서 자신의 일에 변화가 생길 거라고 기대하지 않는다. 법으로 탄력 근무를 보장하고 있지만 그것을 이용하는 남자는 극히 드물다. 남자들 스스로도 근무 패턴을 바꿀 생각이 없지만 가족들도 대부분 그런 기대를 하지 않는다. 게다가 고용주들도 그쪽으로는 전혀 생각하지 않고 있으며, 이 사실을 남자들이 이미 알고 있다.

육아의 중심에서 새로운 길을 발견하다

그레이엄 러셀은 육아 전문 아버지다. 사실 오스트레일리아에서 가장 유명한 육아 전문 아버지이자 그 분야의 세계적 권위자이다. 아직 그에 대해 못 들어봤다면 그것은 그 분야 전문 지식이 부족해서가 아니라 이 나라에서는 아직 육아 전문 아버지에게 텔레비전 쇼를 맡기지 않기 때문이다.

　러셀도 처음부터 육아 전문 아버지 교육을 받은 것은 아니다. 1970년대에 정말 우연히 육아 현장에 뛰어들면서 삶의 방향을 바꿨을 뿐이다.

러셀의 말을 들어보자.

"제가 맨 처음 받은 학위는 이론수학이었습니다. 가정과는 무관한 전공이었죠."

그 후 러셀은 실험심리학 박사 공부를 시작했고, 아내 수전과 함께 첫아이를 가졌을 당시 글을 쓰면서 (이번에도 우연히) 집에서 보내는 시간이 많아졌다.

"제가 아빠가 되고 싶었냐고요? '언젠가는 분명히 아빠가 되겠지'라고는 생각했죠. 그런데 그 일이 저한테 현실로 다가온 겁니다. 첫아이가 병원에서 집으로 왔고, 아이 곁에 있다 보니까 적극적으로 육아에 참여하게 된 거죠."

그가 웃으며 말을 이어나갔다.

"저희 둘 다 전쟁 같은 하루하루를 보냈죠. 그래도 수전이 저보다는 애 키우는 일을 조금이라도 더 많이 알겠거니 했어요. 그런데 수전도 저만큼이나 아는 게 없더군요. 그래서 함께해나갔습니다. 곁에 있어주는 것, 그런 습관을 기르는 게 중요합니다. 함께했기 때문에 저는 진정한 가치를 발견할 수 있었죠. 전 정말 즐거웠습니다."

러셀은 낮 시간에 아기와 떨어져 사무실에서 시간을 보내는 대신 육아에 직접 참여했고, 그 경험은 그저 좀 더 적극적인 아버지가 아니라 진로까지 바꾸게 만들었다.

"휴직을 하고 뭔가 다른 일에 발을 들이는 것은 굉장히 긍정적인 영향을 미친다고 생각합니다."

일을 그만두는 것이 꽤 유용한 행보가 될 수도 있다. 일이 아무리 힘들고 짜증 나도 그 일의 싫은 점에 대해 징징거릴 뿐, 일을 계속하는 게 인간의 본성이다. 어쩌면 실제로 그만둬서 안정적인 직업과 소득을 잃어도 괜찮을 정도로 그 일을 싫어하지 않는지도 모른다. 만약 그런 거라면 혼자서 징징대는 게 비용 대비 만족할 만한 대안이기도 하다.

매일 직장에 출근할 때는 자신의 일을 완전히 객관적으로 바라보기 힘들다. 하지만 그 일에서 벗어나보면 그 직장에 계속 남고 싶은지 아닌지를 자문해볼 기회가 생긴다. 특히 육아휴직이나 장기근속 휴가처럼, 물론 점점 더 고릿적 현상이 되고 있기는 하지만 어쨌든 이런 개인의 의지로 만들어낸 상황에서라면 말이다. 휴직을 통해 일과 거리를 두고 맑은 정신으로 생각해볼 기회를 얻는 일부 복 받은 여자들은 자신이 원하는 게 따로 있다는 사실을 발견한다. 물론 모든 여자가 다 그런다는 것은 아니다. 휴직을 한 꽤 많은 여자들이 원래 하던 일로 돌아가고 싶어 하지만 다른 여러 이유 때문에 힘들다는 사실을 깨닫게 된다. 그런데 이를 두고 여자들이 자발적으로 일을 그만두었다는 식으로 모욕해서는 안 된다. 다만 다른 길을 발견한 여자들도 있다는 말이다. 그들 중에는 아이들과 함께하면서 전업주부가 되기로 결정하는 이들도 있을 수 있다. 혹은 다시 공부를 하기로 마음먹을 수도 있다.

진로를 아예 바꿔버리거나 살짝 변경하거나 레고 조각들을 담아 둘 혁신적인 보관 주머니를 발명하기로 마음먹을 수도 있다.

엄마와 직장인 사이에서
외로운 줄타기

이런저런 상황 때문에 못하게 되는 일도 있는 반면 그것이 계기가 되어 정말 좋아하는 다른 일을 하게 될 수도 있다. 내 경우에는 둘째를 가지면서 그동안 하던 일을 완벽하게 해내지 못할 거라는 것을 깨닫고, 2009년에 신문사를 그만뒀다. 당시 나는 국회 개회 기간 동안 〈시드니모닝헤럴드〉에 실을 의회 현장 기사를 작성하기 위해 시드니에서 캔버라로 통근을 했는데, 주중에 자동차로 출근할 때 종종 어린 딸아이를 함께 데려갔다. 낮 시간 동안 딸아이와 함께 기꺼이 캔버라를 탐험해주던 오페어*가 있었고 그동안 아무 문제가 없었다. 하지만 시도 때도 없이 울어댈 둘째 아이가 생긴다면 십중팔구 그동안의 방식은 실행 불가능할 게 뻔했다. 남편 직장 때문에 캔버라로 이사하는 것도 불가능했다.

---

* 외국 가정에 입주하여 아이 돌보기 등의 집안일을 하고 약간의 보수를 받으며 언어를 배우는 사람으로, 보통 젊은 여성이 많다.

그동안 신문사에서는 나를 많이 배려해줬고 융통성도 있었다. 예를 하나 들면 내가 캔버라에 갈 때는 호텔방 대신 아파트에 묵어도 좋다고 동의해주었다. 하지만 아무리 그렇더라도 어린아이 둘을 데리고 그 짓을 계속한다고 생각하니 기절할 것만 같았다.

내가 찾아낸 또 다른 문제점은 신문이 꽤나 어린아이 같다는 것이다. 신문은 하루가 끝나는 순간까지 계속 관심을 가져야 한다. 그리고 늘 이성적인 것도 아니다. 어떤 때는 맨땅에 헤딩해야 하는 날도 있다. 짜증이 올라오거나 급하게 처리해야 할 프로젝트, 또는 모두 끝났다고 생각한 순간 일 같지도 않은 일이 생기는 등 반복적으로 사건이 터지는 게 신문이나 아이나 비슷하다. 그런데 그중 가장 최악은 아이들이 잠드는 시간에 신문의 일과도 끝난다는 것이다.

〈시드니모닝헤럴드〉 최초의 여성 편집장이었던 어맨더 윌슨은 2011년 강연에서 당시 여덟 살이었던 아들에 대한 일화를 들려주었다. 기자가 되고 싶으냐는 질문을 받은 그녀의 아들은 감정을 한껏 실어 "싫어요. 기자가 되면 자기 애들을 절대로 못 봐요!"라고 답했다고 한다.

윌슨은 이런 말을 했다.

"저와 같은 일을 하는 대부분의 재주 많은 여성들이 벽에 부딪히는 것을 자주 봅니다. 하지만 그 벽은 유리천장이 아니라 아이들의 애처로운 두 눈인 경우가 많죠."

신문사 남자 편집장들은 수단 좋은 아내들 덕에 어린 자녀를 키우면서도 어렵지 않게 힘든 일을 병행하지만, 여자 편집장들은 아이를 아예 안 갖거나 아이들이 어느 정도 클 때까지 기다리는 경향이 있다.

홀로 아이를 키웠던 윌슨은 예전 일을 떠올리며 이렇게 말했다. "어느 땐가 제 상사가 저더러 리더십을 발휘할 기막히게 좋은 기회라면서 조간신문 편집장을 맡아보라고 하더군요. 그런데 전 정중하게 거절했습니다. 조간신문 편집장을 맡으면 저는 제 아들이 수업이 끝날 때 출근하고 아들이 아침에 일어나기 5시간 전쯤 퇴근을 해야 할 테니까요. 그렇게 되면 제 아들은 선생님하고 보모밖에 못 보게 되는 거죠. 제 상사는 짜증을 내면서 이렇게 말하더군요. '도대체 그놈의 애 문제는 언제 끝나나?'"

〈시드니모닝헤럴드〉에서 말단 기자였던 나조차 정신없기는 마찬가지였다. 국회가 휴회 중일 때도 그랬다. 딸아이를 어린이집까지 데리고 가서, 주차를 하고, 아이를 어린이집에 들여보내고, 다시 차를 타고 회사에 출근을 한 뒤, 하루 종일 일을 하다가, 신문사가 막 바빠지는 오후 5시에 사무실을 나온다. 퇴근길에 다시 어린이집에 들러 딸아이를 데리고 집으로 와서 저녁을 준비하는데, 그 저녁을 준비하면서도 카피를 쓰거나 교열 기자와 협의를 하거나 총리가 사임하지 않았다는 사실을 확인하기 위해 여러 통신사를 모니터링한다. 헉헉, 듣기만 해도 숨이 차다. 거기에 아이가 한 명 더 끼어들자, 머리가 터져버릴 것만 같았다.

아무리 미치도록 일을 좋아해도 매일매일 직장에 도착하기 위해 겪어야 하는 여러 겹의 고충과 치러야 하는 비용 때문에 일의 매력이 제로가 될 수 있다.

때마침 나는 정치 현장을 취재하는 데 인터넷이라는 새로운 방식에 관심을 갖기 시작했다. 인터넷에 대한 관심은 머지않아 닥칠 재앙 같은 두 아이와는 전혀 관계없이 시작되었다. 2009년에 의회 규정이 바뀌어서 질의 시간에 취재기자들이 (소리 나지 않게 설정한) 전자기기를 가지고 들어오는 게 허용되었다. 이 말은 트위터를 통해 실시간으로 현장을 중계할 수 있다는 의미였다. 신세계가 펼쳐진 것이다. 나는 곧 흥미진진한 세상이 펼쳐질 거라는 생각에 흥분했다. 하지만 페어팩스*는 이사들끼리 일상적인 언쟁이나 벌이면서 웹사이트의 운영 주체에 대해 의견 일치조차 보지 못했다. 온라인 분야 전문가들 중에서도 소셜미디어에 시큰둥한 반응을 보이는 이들이 있었다. 내가 회의에서 트위터 스트림**을 우리 웹사이트로 곧바로 연결할 방법을 마련해야 한다고 주장하자, 어떤 사람은 딱하다는 듯 나를 보며 '트위터도 곧 시들

---

* 〈시드니모닝헤럴드〉를 발행하는 오스트레일리아의 거대 미디어 그룹이다.
** 정적인 상태의 데이터가 트위터를 통해 동적인 상태로 변하는 과정이다. 여러 서비스 제공자의 서버를 흘러 다니는 다양한 데이터의 흐름을 가리킨다.

해질 유행'이라고 말했다. 그러고는 "게다가 팔로워도 3,000명밖에 안 되잖아요"라고 한마디 더 보탰다. 이 글을 쓰고 있는 지금, 신문사 웹사이트 대부분이 트위터에 기사를 연동하고 있으며 내게는 〈시드니모닝헤럴드〉의 평일 판매 부수에 맞먹는 팔로워가 있다.

아이가 한 명 더 늘어나면서 그동안 일하던 방식을 바꿀 수밖에 없었다. 어쨌든 내가 일하는 분야에는 짜증스러운 일들이 몇 가지 있었다. 그런데 ABC의 상무이사 마크 스코트가 내게 ABC에서 온라인 기사 담당 기자로 일하지 않겠느냐고 제안했다. 당시 내가 고민하던 문제를 해결해줄 수 있는 제안이었다. 온라인 세상이라면 저녁 마감에서 해방될 수 있었다. 여전히 정치 관련 글을 쓰겠지만 밤낮에 상관없이 어느 때든 쓸 수 있었다. 배달 트럭이 주 전역으로 신문을 배달하기 위해 엔진을 예열할 때만 빼고, 나머지 시간에 생기는 뉴스거리라면 언제든 말이다. 게다가 ABC는 사내 보육 혜택도 제시했다. 그리고 나는 모든 소셜미디어 위젯을 다룰 수 있었다. 마치 복권에 당첨된 것만 같았다.

애초에 딜레마에 빠진 것은 아이들 때문이었지만 아이들 문제의 해결책이 내가 걱정하던 다른 문제들까지 해결해주었다. 한 명 더 늘어난 아이와 함께 일을 어떻게 해나가야 하나 계속 고민했는데, 만약 그런 상황에 부딪치지 않았다면 끝내 회피하고 말았을 온갖 질문을 스스로 던져보게 되었다. 이 일이 나한테 맞는 걸까? 회사와 나는 서로 동상이몽을 꾸고 있는 것은 아닐까? 나는 정말 쓸 만한 인재일까?

이제 여자들이 내리는 결정에 대해 설명해야 하는 곤란한 순간이 왔다. '마미 트랙' 이론을 지지하는 이들이라면, 나를 '여자들은 아이가 생기면 일터에서 제 발로 걸어 나와 직장 생활에서 탈출한다'는 통념의 산증인이라고 주장할 것이다. 하지만 당시를 되돌아보면 내 생각은 전혀 다르다. 스트레스 때문에 미쳐버리지 않고 아이들을 기르기 위해 일하는 방식을 조금 바꾸기는 했지만, 내가 직장을 바꾼 진짜 이유는 내가 원했기 때문이다.

육아휴직이라 쓰고
정리해고라 부른다

출산 휴가를 쓰는 여자들은 불쾌한 일을 당할 수 있다. 물론 출산 휴가를 쓰지 않는 여자들이 불쾌한 일을 당하지 않는다는 것은 절대로 아니다. 그런데 육아휴직을 끝내고 복직한 노동자들이 우연찮게도 감원 대상이 되었다거나 한직으로 좌천되었다는 사례는 차고 넘친다.

법령에는 육아휴직 복귀자에게 공정한 대우를 해야 한다고 규정하고 있지만, 그 법령조차 집행이 모호한 위험천만한 회색 지대로 사라져버릴 수 있다. 한번은 가까운 친구가 첫아이를 낳은 후 시간제 근무를 따내기 위해 회사 대표와 협의하는 모습을 처음부터 끝까지 지켜본 적이 있다. 법적으로 사측에서는 시간제 근무를 당연히 허용해야 했지만, 그 회사는 친구의 업무를 나눠서 맡아줄 인력을 구하지 못했다. 회사는 친구가 그동안 일하면서 얼마나 많은 이익을 안겨줬는지는 생각하지 않았다. 그리고 전일제 근무를 하든지 아니면 아예 일을 그만두라고 최후통첩을 했다. 괴로워하던 친구는 결국 그 회사를 떠났다. 친구는 애정을 가졌던 일자리를 잃었고 회사는 능력 있는 직원을 잃었다.

2014년 성차별위원회 위원장이 육아휴직을 한 사람들을 대상으로 조사를 실시했다. 그때 이런 사례가 무수히 많이 나왔는데, 여성의 3분의 1 가량이 직장에서 일종의 차별과 푸대접을 받았다고 한다.[4] 그래도 출산 휴가는 많은 여성에게 지극히 행복한 기간이다. 왜냐하면 아이와 함께할 수 있고 직장일과도 어느 정도 거리를 두고 냉철하게 생각해볼 수 있기 때문이다.

그렇다면 남자들의 휴직 사유도 비슷할까? 남자들은 언제 하던 일을 잠시 그만두고 새 출발에 대해 심각하게 고민할까? 남자들을 휴직하게 하는 반강제적인 기회에는 어떤 것들이 있을까?

음, 솔직하게 말해보겠다. 지난 20세기 동안 통계적으로 유의미한 수준에서 돌연사나 업무 능력 상실을 제외하고 남자들의 직장 생활을 방해한 주요 요인은 병역과 정리해고, 두 가지밖에

아내 가뭄

없었다.

병역은 1972년부터 더 이상 문제가 안 되었고, 정리해고는 아이의 유무와는 전혀 관계없는 거시 경제적 요인에 좌우된다. 그러나 정리해고는 (아빠들의 블로그를 샅샅이 훑어보면) 성공적인 전업주부 남편들이 전업주부의 길을 걷는 계기로 불쑥 등장한다.

정리해고와 출산 휴가에는 몇 가지 공통점이 있는데, 바로 '혼란'과 새로운 상황이 가져온 극심한 '충격'이다. 지금이 몇 시인지 정확히 몰라도 되는 혹은 신경 쓰지 않아도 되는 기분 좋은 짜릿함도 경험하고 트레이닝 바지에 서서히 적응도 해간다. 정리해고 대상자들도 22개월 후 고생에 찌들어 핼쑥해진 얼굴로 나타나는 출산 휴가의 생존자들처럼 '제 인생 최고의 경험이었어요'라고 선언하기 십상이다.

남성에게 이런 상황은 약간 잔혹하다. 아이를 갖고 아이와 함께하는 시간을 누리는 것은 (이상적으로는) 행복한 일이 틀림없다. 엄마들이 아이와 함께 있으려고 근무 패턴을 바꾸면 모두 정상적이고 자연스러운 과정으로 받아들인다. 그러나 남자들이 이런 경험을 하려면 직장에서 쫓겨나야만 한다. 아니면 그레이엄 러셀처럼 짬을 내어 아기 기저귀를 갈고 있는 자신을 우연히 발견했을 때 가능하다. 부탁만 하면 어떤 엄마라도 들어줄 일을 자신이 직접 시간을 내어 하고 있는 것이다. 하지만 이것은 남녀에게 공평하지 않다.

아빠가 넥타이 대신
앞치마를 두른 이유

우리에게는 아버지들이 자연스러운 인적 요인 때문이 아니라 대규모 경제 사건 때문에 행동 패턴을 바꾼다는 증거가 필요하다. 그리고 그 증거는 미국에서 찾을 수 있다. 퓨리서치센터에 따르면 '대디 트랙*에 뛰어드는 남성이 늘고 있다'라는 제목의 단신에서 아빠가 전업주부인 미국 가정의 비율이 지난 10년간 3.5퍼센트로 훌쩍 뛰어올랐다고 한다.[5]

2008년의 금융 위기는 '아버지 신드롬'이라는 새로운 현상을 유행시켰다. 그리고 치명적인 대부분의 경제 사건과 마찬가지로 2008년의 금융 위기도 다른 부수적인 현상들을 일으켰다. 예를 들면 〈애틀랜틱먼슬리〉에 전업주부 아빠들이 쓴 글들이 늘어난 것과 같은 일 말이다. 사실 미국에서 육아에 대한 관심이 전반적으로 확대된 것도 많은 남성이 해고를 당하면서 육아를 시작한 시기와 대략 맞아떨어진다. 2014년 3월 24일 〈뉴요커〉 블로그에 올라온 증거를 보자.

---

* 여성이 육아를 위해 출퇴근 시간을 조정하면서 승진이나 승급의 기회를 포기하는 마미 트랙에 대응하여 만든 용어이다.

아내 가뭄

최근 한 연구는 미국의 부모들이 육아에 대한 장문의 글을 한 편만 더 읽었다가는 꼭지가 돌아버리고 말 거라는 사실을 보여준다. 이 연구는 매사추세츠대학교 교수이자 '제로 북 시리즈' 저자인 수전 워터슨이 실시했는데, '지금 상황에서 또 다른 책을 들이미는 것은 잔인한 처사가 될 거'라고 말했다.

워터슨은 7주에 걸쳐 127개 가정을 대상으로 육아 관련 글에 대한 반응을 인터뷰했다. 그 글들은 하나같이 처음에는 달콤 쌉싸래한 육아 관련 일화로 시작한 다음, 냉소적이기도 하고 따뜻하기도 한 이야기로 재미를 더한 사회학 연구 내용들을 무미건조하게 죽 나열한다. 그리고 마지막에 가서는 다시 아이러니나 아이러니에 실패할 경우에는 신파를 가미할 요량으로 또 다른 달콤 쌉싸래한 육아 관련 일화로 기사를 마무리한다.[6]

여기에 대해 균형 잡힌 시각을 유지할 수 있게 조금 더 관련 내용을 살펴보자. 퓨리서치센터에 따르면, 미국의 전업주부 남편 비율은 1979년 이후 2퍼센트 수준이던 것이 현재 3.5퍼센트로 늘어났다고 한다.[7] 오스트레일리아의 정치 분야 여론 조사에서라면 이 정도는 통계상 무의미한 변화겠지만, 그래도 변화는 변화다. 그리고 수많은 잡지는 표지 사진을 통해 '아빠 신드롬'에 난리법석을 떨었고, 미국에서 가장 멋진 남자인 지미 팰런이 총감독을 맡은 〈울랄라 대디(Guys with Kids)〉라는 NBC의 시의적절한 코미디 시리즈를 통해 아빠 신드롬을 찬양하기도 했다.

그런데 웃긴 것은 현실의 울랄라 대디들은 시트콤 속 아빠들처럼 그렇게 거리낌 없고 당당하게, 육아의 짜릿함에 푹 빠져서 유명 브랜드의 아기띠를 메고 다니는 전업주부 아빠들이 아니라는 사실이다. 미국의 전업주부 아빠들에게 노동시장을 떠난 이유를 물으면, 다섯 명 중 한 명만이 아이들을 돌보기 위해서라고 답한다. 나머지는 병이나 구직의 어려움 혹은 장애가 주된 이유였다. 남자들도 자녀를 돌보며 살림을 할 수 있지만 남자들이 그렇게 되는 상황은 여자들과는 다르다. 남자들은 아이 이외의 다른 압력이 있어야 직장을 떠났다. 반면 전업주부 엄마들은 전혀 다르다. 똑같은 질문을 받았을 때, 엄마들 중 90퍼센트가 아이들을 기르느라 일을 쉬고 있다고 답했다.[8]

오스트레일리아에서도 이와 패턴이 똑같다. 알다시피 전업주부 아빠도 그렇게 많은 편이 아니지만 그들 중 (질문을 받으면) 아이들을 돌보는 것이 좋아서 집에 있다는 사람은 다섯 명 중에 한 명밖에 되지 않는다. 반면 엄마들은 다르다. 다섯 명 중 네 명이 아이들 때문에 집에 있다고 분명히 밝혔다.[9]

이는 남자들과 아이들 사이에 장벽이 있다는 사실을 보여준다. 좌우지간 집에서 육아를 책임지고 떠맡을 남자는 거의 없으며, 육아를 맡았다고 해도 다섯 명 중 네 명이 다른 이유 때문이다. 바꿔 말하면 남자를 일터 밖으로 나오게 하는 충분한 동인이 아이만이 아니라는 뜻이다. 정리해고든 사고든 남자들을 일터에서 밖으로 끌어내기 위해서는 다른 뭔가가 필요하다.

　모든 형태의 인간 행동과 마찬가지로 이것 또한 다수의 요인이 모여 만든 하나의 탄탄한 매듭과 같다.

재택근무를 희망하는 젊은 아빠들, 그러나 현실은?

남자들은 진심으로 일터에서 지금보다 좀 더 탄력적으로 일하고 싶어 한다. 2012년 다양성위원회가 실시한 한 연구를 보면, 젊은 아빠 79퍼센트가 압축 근무제*를 시도해보고 싶다고 밝혔다. 그러나 그중 실제로 압축 근무를 하고 있는 비율은 24퍼센트밖에 되지 않았다. 이미 다 아는 이야기지만 새내기 아빠들은 주당 근무시간을 줄이기는커녕 4시간 더 늘린다. 한편 젊은 아빠들의 56퍼센트는 정규 근무시간 중 일부를 재택근무로 하고 싶다고 말했지만 실제로 그렇게 하는 비율은 13퍼센트밖에 되지 않았다.[10]

　통계 자료는 아무리 봐도 이해하지 못하겠다는 사람이라도 이

---

* 주중 근무시간을 늘리는 대신 하루를 더 쉬는 제도이다.

내용은 금세 이해할 것이다. 근무 형태를 바꾸고 싶어 하는 남자들의 수와 실제로 근무 형태를 바꾸는 남자들의 수 사이에 적잖은 격차가 존재한다는 사실을 말이다. 이 사실은 네 가지 가능성을 시사한다.

첫 번째는 다양성위원회의 어떤 일벌레가 하필이면 남자들이 저녁을 먹고 집에 있을 때 전화를 걸었을 수 있다. 즉, 남자들이 아내 눈치를 보느라 사실대로 말하지 못했을지도 모른다. "여보세요? 그럼요. 저도 아이들과 좀 더 많은 시간을 보내고 싶은 마음이야 굴뚝같죠. 매일 아침 조용하고 쾌적한 사무실로 출근할 때마다 아이들을 두고 가야 해서 마음이 무겁습니다. 애들의 유치한 싸움이나 짜증 나게 꽥꽥거리는 장난감을 옆에서 볼 수 있게 집에서 일하고 싶은 마음이야 굴뚝같죠. 이렇게 전화를 주셔서 감사합니다!"

두 번째는 남자들이 근거 없는 걱정을 하고 있을 수 있다. 즉, 탄력 근무를 요구했다가 야망도 없고 능력도 없으며, 승진에 부적합한 사람으로 찍힐지도 모른다는 것이다.

세 번째는 (두 번째 가능성과 밀접하게 관련이 있는데) 남자들이 근거 있는 걱정을 하고 있을 수 있다. 즉, 탄력 근무를 요구했다가 정말로 야망도 없고 능력도 없으며, 승진에 부적합한 사람으로 찍힐지도 모른다는 것이다.

네 번째는 진심으로 탄력 근무를 원하고, 혹시 있을지 모를 비난도 감수할 각오가 되어 있지만 경제적 타격을 감당할 여유가 없을 수 있다. 바로 이 지점에서 아내 가뭄의 악순환이 완성된다. 여자들은 아이들 때문에 직장을 그만두거나 앞으로 그럴 거라는 예상 때문에 소리 없이 감점을 당한다. 그래서 평생 더 적게 번다. 아버지들은 자발적으로 사표를 쓸 가능성이 훨씬 낮다고 여겨 임금을 더 많이 받는다. 그리고 임금을 더 많이 받기 때문에 사표를 쓸 가능성도 더욱 낮아지고, 앞으로도 계속 아내들보다 임금을 더 많이 받게 된다. 반면 아내들은 그만둘 가능성이 더욱 높다고 여기며 (자신들이 이미 적게 받고 있다는 사실을 알기 때문에) 곧잘 기대대로 그만두고 그래서 임금도 더욱 적게 받는다.

그럼, 첫 번째 가능성부터 하나씩 살펴보자. 앞장에서 보았듯, 인간은 말도 못하게 복잡한 생물이다. 그래서 우리가 하는 모든 행동과 말이 정반대를 가리키고 있는데도 아주 열렬하게 엉뚱한 것을 사실처럼 믿기 쉽다. 요즘은 남자들도 자식에게 관심을 쏟아야 한다는 압박을 적잖이 받고 있다. 이 말은 집중 양육(Intensive Parenting)* 운동을 통해 자신의 핵심성과지표를 가차없이 올리는 것은 엄마들만이 아니라는 사실이다. 즉, 남자들은

---

* 중산층 이상의 가정에서 학교 정규 교육 외에 개인 비용을 들여서 학원이나 가정교사를 통해 아이들에게 필요한 교육을 집중적으로 시키는 것을 말한다.

사랑해 마지않는 자식들과 좀 더 많은 시간을 함께하고 싶다고 솔직하게 말한다. 하지만 그러한 열망을 가로막는 요인들에 대해 남몰래 신께 감사하는데 그 이유는 여러 가지다.

존 버밍엄은 작가가 된 이후 대부분 집에서 일을 했고, 그러다 보니 어린 두 아이들이 만들어내는 온갖 참기 힘든 상황을 현장에서 볼 수밖에 없었다. 그래서 '신생아가 있는 집은 지옥 같다' 라고 말하기도 했다.

"모든 일이 순조롭게 돌아가고 사방은 고요하며 심지어 한숨 잘 수도 있다면, 그런 사무실에 갈 수 있다면 왜 안 가겠는가? 하지만 이 사실을 인정하기에는 너무 부끄러워서 순순히 그렇다고 말할 사람을 찾기 꽤 어려울 것이다."

어차피 증거도 없으니 남자들의 말을 믿어주자. 그리고 근무시간을 바쳤으면 좋겠다는 그들의 말이 진심이라 생각하고 두 번째 가능성부터 네 번째 가능성까지 모두 살펴보자. 그런데 왜 남자들은 요구를 하지 않을까? 활용 가능한 모든 직장 관련 행동심리학 연구를 살펴보면, 남자들은 승진·임금 인상·전망 좋은 사무실·특별한 감투를 요구하는 데에서 여자들보다 어려움을 덜 느낀다. 그런데 왜 육아휴직에서만 어려움을 느낄까?

그 이유는 모든 부분에서 남자와 여자에게 '더 많은, 더 높은' 것을 향한 사회의 요구가 다르기 때문이다. 더 많은 돈, 더 높은 지위, 더 큰 책임……. 가진 것보다 덜 받고 지금의 자리보다 아래로 내려가는 것은 완전히 다른 차원의 문제이며, 특히 직장에서 남자에게 기대하는 모습이 전혀 아니다. 페이스북의 최고운영책임자인 셰릴 샌드버그는 요즘의 직장 생활을 마라톤에 비유했는데, 구경꾼들이 남성 주자들에게는 분발하라고 재촉하면서("할 수 있어! 잘한다!") 여성 주자들에게는 다른 종류의 응원을 한다는 것이다("꼭 해야 하는 건 아니야. 너도 알지? 시작은 괜찮았어. 근데 하다 보면 그만두고 싶을 거야!").[11]

사실 당연하게 여기는 것을 요구하는 게 훨씬 편하고 쉽다. 사람들은 보통 여자들이 출산 후 탄력 근무제를 요구하거나 복직 후 시간제 근무를 하리라 기대한다. 대개 일이 그렇게 돌아가기 때문에 그런 기대를 한다. 남자들이 그런 것을 요구하리라고는 생각하지 않으며, 남자들 역시 요구하지 않는다. 샌드버그의 요점은 여자들에게는 마라톤 경주에 남아 있으라고 장려하지 않는다는 것이다. 반면 남자들의 문제는 아무도 그만 달릴 방법을 가르쳐주지 않는다는 사실이다.

사람들은 일반적으로 남자들이 일을 줄여달라고 말하지 않을 거라고 생각하는데, 그런 생각은 공적·사적 생활 전반에서 알게 모르게 드러난다. 취임 당시 '일과 가정을 병행하느라 고군분투하는 여성들'을 돕겠다고 공언했던 토니 애벗의 말에 담긴 주된 생각은 이것이다. "여성을 돕자!" 그러나 (분명 고의성은 없었겠지만) 밑바탕에 깔린 메시지는 등대의 불빛 신호처럼 분명하다.

"이것은 여자들이 직면한 문제이다. 남자들의 문제가 아니다. 그리고 거의 입 밖에 내지는 않지만 남자에게 거는 범국가적인 기대감이 있다. 그러니 그 거대한 기대감의 물결에 반하여 노를 젓는 남자들은 아마 힘이 빠질 것이다."

탄력 근무제는 21세기 성희롱 정책

탄력 근무제는 거의 모든 대기업에서 앞다퉈 시행하고 있는 것처럼 보인다. 그런 점에서 탄력 근무제는 21세기의 성희롱 정책이다. 탄력 근무제 열풍에는 몇 가지 이유가 있다. 첫째, 기업들은 여성을 교육시켜 일정 수준으로 끌어올려놓고는 출산 후 복귀를 못하게 만들어왔다. 그런데 그 손해가 얼마인지 계산기를 두드려본 뒤, 여성 인력들을 계속 붙잡아둬야겠다는 쪽으로 생각이 바뀐 것이다. 둘째, 비싼 업무 공간에 들어가는 돈을 절약하고 대신 직원에게 개인 사무실이나 집의 식탁을 사용하게 하는 것이다. 즉, 인적 자원 관리 분야에서는 이것을 거저먹기라고 부른다.

게다가 탄력 근무를 허용하면 업무에서 직원들을 더 쥐어짤 수 있다는 유력한 증거도 있다. 가끔씩 잠옷 바람으로 일하게 해주면(실제로 그러면서 아니라고는 하지 마시길!), 직원들은 마치 휴 헤프너가 된 것 같은 전율을 살짝 맛보면서 회사가 자신한테 선심을 베푼다고 느낀다.

2010년 일단의 학자들은 75개국 2만 5,000여 명의 IBM 직원들을 대상으로 연구를 실시했다. 사람들의 근무시간과 생활 속에서 다른 할 일을 처리한 시간을 살펴본 끝에 학자들은 소위 '구획점'을 찾아냈다. 그들이 내린 구획점의 정의는 '일과 일상생활의 문제'가 직원의 업무 효율에 부정적인 영향을 미치기 시작하는 근무 시수(時數)다(나라면 '구획점'을 가족과 의사소통을 고성으로만 하고 술에 취했을 때만 일하는 시점이라 규정하겠지만, 여기에서는 가방끈 긴 사람들의 정의를 받아들이자).

어쨌든 남자들에게 집에서 일할 수도 있고 근무시간도 선택하게 하자, '구획점'이 20시간 올라갔다. 이 말인즉슨, 남자들은 미치기 직전까지 일주일에 20시간을 더 일할 수 있다는 뜻이다. 다섯 살 미만의 아이가 있는 남자들은 탄력 근무를 할 경우 '구획점'이 30시간이나 치솟았다.[12]

그런데도 부모를 위한 탄력 근무라고 하면 여전히 여성을 먼저 떠올린다. 더욱 구체적으로 말하면 어머니들을 먼저 떠올린다. 탄력 근무제는 연례 보고서 어느 항목에 들어갈까? 십중팔구 '직장 내 다양성' 항목일 것이다(혹시 기업계 전문용어가 생소할지 몰라서 말하는데, 보통 '직장 내 다양성'은 '여성'을 뜻한다. 이유는 알 수 없지만 2014년에도 여전히 여성을 데려다놓기만 하면 '다양성'을 갖춘 직장이라는 말을 듣고 있다).

그레이엄 러셀은 근무 환경 유연성이 거의 여성을 위한 제도로만 인식되고 있다고 말했다.

"제가 일해본 조직들 중에서 근무 환경 유연성을 여성뿐만 아니라 남성에게까지 진지하게 확대 적용하는 곳은 한 군데도 없었습니다. 어쩌다가 확대 적용을 한다고 해도 아마 아이가 있는 여성에서 아이 외 다른 구성원을 돌봐야 하는 여성에게로 확대 적용될 겁니다."

대니얼 페트르에 따르면 직장 안에서는 어느 정도 간접적인 메시지가 돌고 있다고 한다. 마이크로소프트사의 부사장이었던 대니얼 페트르는 근무 방식을 바꿔서 가족과 아이를 우선으로 두는 적극적인 결정을 내렸으며, 그 내용을 『아버지의 시간(Father Time)』이라는 책에 담았다.

비난을 받아야 할 사람이 있다면 그건 CEO를 임명한 이사회일 겁니다. 그 CEO는 "아무렴 일과 가정의 균형, 그거 좋지"라고 말하면서 6시까지 남아 있거든요. 그 말은 나머지 직원들은 7시까지는 자리를 지키고 있어야 한다는 뜻이죠. 승진은 회사에서 보낸 시간과 근무한 시간의 함수라는 인식이 뚜렷한 환경에서 사람들에게 선택의 자유를 준다면, 과연 무엇을 선택할까요?

저는 여러 곳에서 고문으로 일합니다. 그래서 CEO들, 고위 간부들을 많이 만나죠. 그 사람들은 다들 똑같아요. 대개는 일에 미친 나이 많은 남자들이죠. 자기 가족이나 자기 밑에서 일하는 여성들에게 허울뿐인 몸짓을 취하는 사람들입니다.

아버지 노릇에 대해 진지하게 접근하는 남자들은 그런 문화에서 승진하고 두각을 드러내기가 매우 어렵죠.

남자들이 아버지 역할을 정말로 하고 싶을 때, 그들은 거짓말을 합니다. 딸아이의 수영 대회에 가면서 신경 치료를 받으러 가는 척하는 거죠.

아빠들이 왜 육아휴직은 안 쓰냐고요? 대부분의 조직에서 해서는 안 되는 일로 간주하기 때문입니다. 그럼, 어떻게 바꿔야 할까요? CEO부터 육아휴직을 써야 합니다. 그럼 달라질 겁니다. 정말로 일과 생활의 균형이 중요하다고 믿는다면, "9시 전에는 출근하지 마라. 오후 5시 이후에는 회의를 잡지 않는다"고 말하세요.

일반적으로 남자든 여자든 모두 과중한 업무에 시달린다고 느낀다. 사우스오스트레일리아대학교의 일과 가정을 위한 센터(Centre for Work and Life)에서 3,000여 명의 오스트레일리아인에게 딱 이런 질문을 했다. 그러자 남녀 모두 일주일에 반나절만이라도 근무를 덜하면 더할 나위 없이 좋겠다고 답했다. 하지만 가족을 이유로 탄력 근무제를 요청하여 받아들여진 쪽은 남자보다 여자가 많았다. 남자들이 탄력 근무제를 요청하는 이유는 공부나 지금과는 다른 좀 더 도전적인 일을 하려고 할 때였다. 그리고 탄력 근무를 신청한 사례를 살펴보면 거절당한 건수가 남성이 여성보다 두 배 많았다.[13]

불공평한
유급 육아휴직 제도

일할 수 있을 때 일하고 집에서 일이 더 잘될 때는 집에서 일할 수 있다면, 부모뿐만 아니라 모두에게도 가능성이 열리는 것이다. 아이가 생기고 사람들이 삶의 방식을 재설계하면서 티격태격 격론을 벌일 때 늘 염두에 두어야 할 게 있다. 바로 때때로 삶에 변화를 주는 게 필요하다는 사실이다.

아이가 없는 사람도 많다. 하지만 아이가 없다고 해서 그 사람의 삶에서 유연성이 필요 없는 것은 아니다. 취미나 자기 계발, 혹은 다른 가족 구성원을 돌보기 위해 시간을 낼 수도 있다.

하지만 우리에게는 딱 한 종류의 휴가만 존재한다. 앙앙 울어대는 신생아를 이제 막 세상에 내놓은 사람들만을 대상으로 하는 휴가, 바로 육아휴직이다. 오스트레일리아에는 꽤 오랫동안 국가적 차원의 유급 육아휴직 제도가 없다가 2009년 케빈 러드가 도입했다. 그리고 그다음 선거에서는 토니 애벗이 또 다른 제도를 공약으로 내걸었고 선거에서 승리했다. 이런 식으로 예비 부모들은 애들레이드에서 버스를 기다리는 것 같은 경험을 하게 되었다. 즉, 109년 동안 아무것도 없다가 난데없이 두 대가 한꺼번에 온 것이다.

케빈 러드가 도입한 제도는 18주 휴가 기간 동안 최저임금을 지급하는 것이다. 이 육아휴직 수당은 '육아휴직'이라는 신중을 기한 중성적 색채의 이름 아래 주정부가 지급했고, 엄마든 아빠든 모두 청구할 수 있었다. 하지만 누가 육아휴직 수당을 받았는지 알아내는 것은 전혀 어려운 일이 아니었다. 제도가 실시된 지 2년 반 후, 관료들은 2013년 연방 상원 세출입심의위원회에 육아휴직 수당을 매달 1만 명의 여성들이 받아갔으며 남성은 스무 명에 조금 못 미쳤다고 보고했다. 그렇다. 남녀 비율이 무려 500 대 1이었다.[14]

남자들은 2주의 휴가와 최저임금을 지급하는 일종의 보조 정책인 '아버지/배우자 수당'에 좀 더 관심이 많았다. 아마도 자신들의 이름이 구체적으로 언급되었기 때문인 듯하다. 휴가 기간도 짧아서 부담이 없었고 정책의 명칭도 남자다운 '아버지/배우자 수당'이라니, 공짜 맥주라도 한 박스 받는 것처럼 신청자가 쇄도했다. 시행 후 3개월 만에 신청자가 2만 명에 이르렀다.

토니 애벗의 유급 육아휴직안은 훨씬 더 큰 논란을 불러일으켰는데, 2002년 그가 자유당의 유력 인사들에게 했던 잊지 못할 요청 때문만은 아니었다. 2002년 토니 애벗은 자신이 육아휴직 법제화 같은 것을 심사숙고할 정도로 어리석다면 당장 거세해달라고 했었다. 혹은 그런 비슷한 의미의 발언을![15]

토니 애벗이 2013년 대선 때 내건 유급 육아휴직 제도는 대기업의 추가 부담금으로 재원의 일부를 충당하기로 했는데, 어머니들에게 26주 동안 실질임금을 지급하고 지급 금액의 최고한도를 7만 5,000달러로 정했다(이후 자유국민연립당의 최초 예산안에 따라 5만 달러로 조정되었다). 아버지들이 대신 육아휴직을 신청할 수 있지만, 만약 부인이 직장을 다니면 부인의 임금에 만족해야 했다. 그리고 부인이 직장을 다니지 않으면 최저임금에 만족해야 했다. 경제학자들에게 이는 합리적인 예방책으로 보일 것이다. 예를 들면 (토니 애벗의 정책으로 유급 육아휴직 신청 자격을 얻은) 클라이브 파머*의 가족은 클라이브의 급여 6개월분을 신청할 수 없기 때문이다. 만약 클라이브가 급여 6개월분을 신청한다면 그동안 러드 행정부가 사용한 6개월 예산보다 더 빨리 연방 예산이 바닥날 것이다.** 그러나 일반인의 눈에 이는 은근하면서도 노골적인 메

---

* 오스트레일리아의 광산 재벌이다.
** 러드 정부는 방만한 예산 운용으로 발생한 재정 적자 규모를 제대로 공개하지 않아 비난을 받은 바 있다.

시지를 간접적으로 전달한다.

"남성 여러분, 주 양육자가 되어볼까 생각 중이라면 아이를 기르는 것뿐만 아니라 아마 프릴 달린 앞치마도 입어야 할 겁니다."

(이 책을 쓸 당시, 상원의 무소속 의원들과 그의 동료 의원들은 잡아 죽일 듯이 거세게 토니 애벗의 유급 육아휴직 제도를 반대했다. 그러니 어떤 형태로든 제도가 살아남을 수나 있을지 모르겠다.)

그리고 기존의 아버지/배우자 수당 휴가를 택한 남성들(그중 상당수가 4주 이하로 쉬었다)조차 휴가를 받기까지 직장에서 논란이 없지는 않았다.

성차별위원회 위원장인 엘리자베스 브로더릭은 임신과 복직에 대해 조사하면서 아버지/배우자 수당을 받은 아버지 1,000명을 대상으로 설문 조사를 실시했는데, 그중 27퍼센트가 휴가 신청으로 상사와 동료들에게 역풍을 맞았다고 밝혔다.[16]

이처럼 괴로움을 당한 응답자 중 절반이 부정적인 태도와 지적을 당했다고 답했고, 나머지 절반은 임금 결정과 근무 조건, 업무 분장 등에서 불리한 대우를 받았다고 말했다. 그래서 그들 중 4분의 1은 다른 일을 알아보았고, 열 명 중 한 명은 실제로 사표를 냈다. 이제 조심스럽게 접근해보면, 이 설문 조사는 아버지/배우자 수당을 받은 남자들의 기억만을 포함하고 있다. 상사나 동료들이 정확히 무슨 말을 왜 했는지를 비롯하여 그들의 고용주가 어떤 입장이었는지는 설문 조사에 들어 있지 않다는 사실을 명심해야 한다. 이런 통계치를 실제 차별에 대한 믿을 만한 통계 수치로 받아들여서는 안 된다. 다만, 여기서 중요한 것은 인식이다. 아이가 생겼을 때 남자들은 자신의 근무 방식을 바꾸는 데 소극적이다. 그런데 불리한 대우를 받을지 모른다는 두려움이 거기에 조금이라도 영향을 미친다면, 아버지/배우자 수당을 신청한 남자들의 경험은 분명 타산지석이 될 것이다(어떤 일이 벌어지는지 지켜보고 거기에서 뼈저린 교훈을 얻은 무수히 많은 동료들이 있을 것이다. 그리고 거기에 영향을 받은 한 명 한 명을 통해 아버지/배우자 수당을 신청한 남자들의 경험은 증폭될 것이다).

아버지의 육아에는 알리바이가 필요하다

나는 첫아이를 런던에 살 때 낳았다. 당시 나는 특파원이었고 남편 제레미는 대형 로펌에서 노예처럼 일하고 있었다. 남편이 근무하던 로펌 건물에는 층마다 엄청나게 많은 아방가르드 미술품과 흡연실이 갖춰져 있었다. 첫딸 오드리가 태어나자, 나는 오드리와 함께 집에서 6개월을 즐겁게 보냈다. 그러다 시드니에 와서 일을 해달라는 〈시드니모닝헤럴드〉의 요청을 받았다. 의회 보도 기자가 되어달라는 것이었다. 남편과 나는 그동안 서로 돌아가면서 집안일을 처리해왔다. 우리는 오스트레일리아로 돌아가기로 결정했는데, 이번에는 내가 새로 일을 시작하고 남편이 6개월 동안 집에서 아이를 보기로 했다. 제레미는 그동안 전에 다니던 오스트레일리아 로펌에서 계속 와달라는 제안을 받고 있었다. 그런데 시드니에 있으면서도 일을 하기 힘들다고 남편의 전 회사에 어떻게 얘기해야 할까?

우리는 반쯤 장난삼아 그럴듯한 알리바이를 잔뜩 만들어보았다. 제레미가 심각한 처방약 중독*에 걸렸다고 말할까? 아니면 6개월 동안 멀리 떨어진 오스트레일리아 해안을 돌며 서핑을 할 계획이라고 할까? 물론 반은 장난이었다. 하지만 남편 제레미가 아이 양육은 부부가 협력해야 한다는 믿음이 제아무리 굳건해도, 자신이 일하는 분야에서 어떤 모습으로 비칠지 불안해하는 것은 당연했다. 아무튼 결과적으로 제레미는 집에 있었고 회사도 받아들였다. 그리고 둘째와 셋째가 태어났을 때에는 아버지의 육아 개입이 전보다 훨씬 일상화되어서 그 덕을 보았다. 한 아이당 2주씩 육아 휴가를 받았는데, 그 기간 동안 약국을 한 서른 번은 오갔고 적어도 일주일은 조립식 정원 창고를 짓느라 헛되게 시간을 보냈다. 티격태격할 일이 전혀 없었다.

---

* 약국에서 쉽게 구할 수 있는 처방약에 중독된 상태로, 처방약 중에서 가장 많이 남용하는 의약품은 주로 진통제, 진정제, 흥분제 등이다.

소신을 굽히지 않은
남자들이 일궈낸 가능성 ①

누구에게나 아이가 생겼을 때 겪는 자신만의 이야기가 있다. 온라인 세상에는 이런 체험들을 활력소로 삼아 많은 이야기가 올라온다. 트위터로 남자들에게 각자의 이야기를 들려달라고 하자, 여기저기서 체험담이 올라왔다. 공감해준 상사나 처음부터 끝까지 응원해준 동료들에 대한 눈부시게 아름다운 이야깃거리를 들려준 이들도 있었다(그런 남자들은 대부분 공공 부문이나 예술계 종사자였다). 반대로 공포 영화가 따로 없는 사연들도 있었다. 내가 들은 내용 중에 여기 소개하는 두 가지 사연은 매우 흥미롭다. 내가 보기에 소신을 굽히지 않으면 남자들이 어떤 일을 해낼 수 있는지 그 가능성을 보여주는 사연이다.

그럼, 찰리의 경우부터 살펴보자. 그는 대형 공기업의 콜센터에서 일하고 있다.

"콜센터는 이상한 곳입니다. 블루칼라인데, 거의 화이트칼라의 끝자락 정도라고 보는 게 좋겠죠. 그래서 물건을 파는 소매업이나 접객업보다는 점잖지만 공공 서비스 분야나 최첨단 민간 기술 분야처럼 임상적, 정치적으로 정확한 역학은 없습니다. 질책을 당할지도 모른다는 두려움 없이 외설적인 대화가 여전히 (어느 정도) 허용되는 강력한 집단 역학이 존재하죠. 예의와 존중을 지키는 기준은 전적으로 경영진의 태도에 달려 있습니다. 그래서 사람들은 입에 재갈을 물린 것 같은 느낌 없이 자기 생각을 자유롭게 말할 수 있습니다. 그곳은 차고도 아니지만 그렇다고 이사 회실도 아니죠."

찰리는 결혼을 했다. 그리고 찰리 부부는 아이를 갖기로 결정했는데, 그 결정은 거의 번갯불에 콩 볶을 정도로 신속했다. 찰리는 압축 근무자(주 5일 8시간 근무가 아닌 주 4일 10시간 근무) 명단에 거리낌 없이 이름을 올렸다. 예약 시간에 맞춰 병원에 가고 아기용품을 사러 가고 그 밖에 자기 인생에 곧 닥칠 크나큰 변화에서 중요한 부분을 담당하기 위해서였다. 압축 근무자들은 관리자들에게 피곤한 존재들로 일종의 특별 관리 대상이었다. 왜냐하면 관리자들은 압축 근무자들이 근무시간을 제대로 지켜서 일하는지 확실하게 확인해야 하기 때문이다.

"일에 목숨을 거는 타입은 아니지만 그동안 성실하게 일했고 실적도 늘 좋았기에 다른 직원들보다 탄력 근무를 신청하는 데 좀 더 자유로운 편이었습니다. 실적 때문에 질책을 당하거나 충고를 들은 적이 없기 때문에 사장에게 뭔가에 대한 '동의'를 구하러 갈 때 자신 있게 가고는 했죠."

찰리의 압축 근무 요청은 받아들여졌다.

"제가 하루를 어떻게 보내느냐면, 남자 동료들이 '여자들이 할 일을 한다'며 핀잔을 주는 경우도 많죠. 하지만 전 신경 쓰지 않습니다. 직장에서 우두머리로 올라서는 것보다는 아내와 제 행복이 더 중요하니까요."

찰리는 아버지/배우자 수당을 신청할 자격이 있다는 사실을 알고 상사에게 신청하겠다고 말했다.

"제 말을 듣고 여자였던 제 상사는 총이라도 맞은 것처럼 얼굴이 어두워지더군요."

찰리는 이해하기 쉽게 앞뒤 상황을 좀 더 설명했다.

"회사의 경영진은 일반 직원들에게 얼마나 효과적으로 리더십을 발휘하는지에 따라 핵심성과지표의 등급이 매겨집니다. 예를 들어 일반 직원들이 '계획에 없던' 휴가나 무급 휴가를 많이 쓰면 경영진은 감점을 받게 되는 식입니다. 부하 직원을 효과적으로 통솔하지 못했다는 이유죠. 그런데 제가 다짜고짜 제 상사를 찾아가서 상사가 예상하는 연간 보너스 액수에서 상당 금액이 구멍 날 일을 요구한 겁니다! 그래도 다행히 제 상사는 잘 생각해보겠다고 침착하게 말하더군요."

나중에 보니, 그 상사의 두려움은 쓸데없는 것이었다. 아버지/배우자 수당과 휴가는 새로운 범주의 휴가였고, 다른 유형에 속해서 찰리 상사의 목표에는 아무런 영향을 끼치지 않는 거였다. 눈에 띄게 표정이 밝아진 상사는 찰리에게 고마워했고 모든 게 원만하게 해결되었다. 아기가 태어났을 때, 찰리가 가장 먼저 전화한 사람 가운데 한 명도 그 상사였다.

"그 상사에게 도움을 굉장히 많이 받았어요. 그래서 가장 먼저 알리고 싶었습니다."

콜센터가 문을 닫게 되어, 찰리는 아내의 출산 휴가 기간이 반쯤 지났을 무렵 정리해고되었다. 하지만 하루치 수당도 손해 보지 않고 또 다른 콜센터에서 바로 일하게 되었다. 그 콜센터는 함께 일했던 동료들을 여럿 영입했는데, 먼젓번 고용주에게서는 쉽게 받아내지 못한 아버지/배우자 휴가도 바로 주기로 했다. 또한 압축 근무에도 동의해주었다.

찰리의 사연은 성공 스토리다. 하지만 자신이 유연하게 활용할 수 있는 부분들을 찾아내고 추구하면서 동료들의 가벼운 저항을 무시하는 데에는 나름의 고집이 필요했다.

"사회적 여건상, 남자들이 가장 말이 많았습니다. 노골적으로 악의적인 말을 하지는 않았지만 우두머리 수컷들은 전체 구성원에게 자신을 광고할 좋은 기회로 여겼죠. 일을 부풀려서 자신의 지배력을 확고히 하고 자신이 남들보다 많은 일에 얼마나 헌신적인지 알리려고 했습니다. 경영진도 그런 부류에 대해 이미 알고 있을 겁니다. 하지만 최소한 승진할 마음이 있다면 저처럼 행동하는 게 쉽지는 않을 겁니다. 특히 출세에 목숨 건 사람이라면 말이죠."

소신을 굽히지 않은
남자들이 일궈낸 가능성 ②

브랜든은 자원 산업 분야에서 계약 행정직으로 일하고 있다. 그는 일을 시작할 때 일주일에 하루는 오전에 반차를 내고, 반차를 낸 만큼의 시간은 다른 날 메우기로 합의를 봤다.

"미국인인 제 상사는 제가 내건 조건에 불만이 없었고, 다른 간부들도 제 상사를 어려워했기 때문에 저는 1년 정도 아무 문제없이 잘 다녔습니다. 첫째 딸아이(현재는 일곱 살이다)가 사랑스러운 꼬마였을 때 많은 시간을 함께 보낼 수 있었죠. 제 평생 그 무엇과도 바꿀 수 없을 만큼 소중한 순간이었습니다."

그러다 브랜든의 상사가 해고를 당했다.

"갑자기 새로운 상사가 왔습니다. 그리고 저한테 제 근무시간과 회사에서 더 큰 책임을 맡을 방법에 대해 이야기했습니다. 직장에 좀 더 헌신해야 한다는 따위의 이야기였죠. 출세를 해서 가족을 지금보다 더 잘 먹여 살리고 싶다면 오전 반차는 바람직하지 않다는 점은 저도 인정했습니다. 하지만 토끼 같은 아이들을 학교에 내려주고 아이들과 조금이라도 일상을 함께하려면 일주일에 한 번 1시간 반 정도는 시간이 필요하다고 주장했습니다. 저희 회사에는 일과 가정의 균형을 비롯해서 이런 문제들에 대한 공식적인 정책이 있습니다. 그런데도 제 직속상관은 회사에서 저를 더 이상 필요로 하지 않을 때를 빼고 월요일부터 금요일까지 매일 오전 8시부터 오후 5시까지 근무하라고 계속 압박을 가했습니다(40시간 중 38시간 일한 보수만 받는데도 말이죠). 회사는 일과 가정의 균형을 표방하고 있으니, 나는 근무시간 외 소중한 시간을 아이들과 보내고 싶다고 주장했습니다. 그러자 제 상사는 딱 이렇게 말하더군요.

'누군 가족 없나요? 왜 혼자 유난을 떱니까?'

그런데 제 상사보다 더 심했던 사람은 재무 담당 최고 책임자(CFO)였습니다. 그는 부끄러움도 없이 아예 대놓고 여성을 혐오하는 개차반이었는데, 말쑥한 차림과 단정한 헤어스타일이라는 신식 갑옷으로 본질을 감추고 있었죠. 그는 제 상사와 같은 방에 있다가 맞장구를 치더군요.

'성공하려면 가족과는 주말만 보낸다는 사실을 받아들여야지'라고요."

브랜든은 신중하게 반 발짝 뒤로 물러서기로 했다. 오전 반차는 그만 내는 대신 일주일에 한 번 아이들을 등하교시키는 것은 포기하지 않았다. 그 후 그는 한 발짝도 더 앞으로 나아가지 못했다. 이따금 그의 상사는 그를 몰아붙이면서 등하교 심부름은 언제 그만둘 거냐고 묻고는 했다. 둘 사이의 대화는 브랜든이 "제가 그 시간만큼 충분히 일하지 않는다고 생각하십니까?"라고 물으면, 그의 상사는 그가 규정보다 더 오래 근무한다는 사실에 동의

하는 식으로 진행되었다. 다시 브랜든이 자신의 일처리에 무슨 문제라도 있느냐고 물으면 상사는 문제없다고 대답했다. 그래서 브랜든이 그런데 왜 자꾸 그런 말을 하냐고 따져 물으면, 그의 상사는 모든 노동자가 근무시간이 동일한 게 좋기 때문이라고 했다.

브랜든은 직장에서 일주일에 단 하루 오전 반차를 쓰기 위해, 그런 쥐꼬리만 한 유연성을 얻기 위해 별 쓸데없는 말을 계속해야 했다. 그리고 그런 상황을 계속 겪으면서 녹초가 되었다.

"그렇게 한 해를 보냈습니다. 감성적인 측면을 내세우는 것이 기업의 새로운 트렌드로 부상하기도 했고, 일과 가정의 균형이니 개인의 삶과 가정을 보살펴야 한다는 등의 입바른 소리도 많이 나왔습니다. 하지만 제 경험에 비추어볼 때 그런 것들은 여전히 빈말일 뿐이더군요. 사실 남자들한테는 상황이 더 안 좋아졌다고 봅니다. 왜냐하면 남자들에게 성공에 대한 고정관념을 그대로 따르기를 기대하기 때문입니다. 다시 말해 출근은 일찍, 퇴근은 늦게 하는 것 말이죠. 그래서 같은 사무실에 있는 여자들을 보면 남자들보다는 고민을 덜 하는 것 같습니다. 여자는 원래 양육을 담당하고 모두 그럴 거라고 기대하기 때문이죠. 그렇지 않나요?

여기 사람들의 가치관요? 슬프게도 석유나 가스 업계 사람들은 여전히 나이 많은 백인 남성들이 대부분입니다. 전 그냥 제가 맡은 일을 계속할 뿐이죠. 딸아이들을 일주일에 최소 한 번 학교에 데려다주고 수업 시작종이 울릴 때까지 교실에 함께 있다가 9시 30분까지 일터로 향하는 겁니다. 일주일에 한두 번 정도 6시까지 일하고 이틀에 한 번꼴로 아침 7시에 출근하면 모자란 시간을 쉽게 메울 수 있습니다. 하지만 제가 말을 잘 듣지 않아서 윗분들한테는 눈엣가시라는 것을 잘 압니다. 지금처럼 고용이 불안정한 시기에는 위험하다는 것도요."

들볶는 동료들로부터
벗어나는 방법

회사에서 가볍게 들볶이는 정도는 가족을 돌보려고 근무시간을 빼는 남자들한테는 아주 흔한 일이다. 제아무리 따로 시간을 내어 그 시간을 보충한다고 해도 말이다. 남자들한테 더 어려운 일 같다는 브랜든의 느낌은 학문적으로도 어느 정도 근거가 있다. 2013년에 캐나다에서 중산층 노동자들을 대상으로 연구를 실시했는데, 육아를 담당하는 아버지들이 전통적인 아버지들보다 직장에서 더 많이 시달린다고 한다. 일부 일터에서는 육아를 담당하는 어머니들보다 두 배 이상 시달리는 경우도 있었다.[17] 사실 연구 대상 중 여성들의 경우에는 아이가 없는 여성들이 아이가 있는 여성들보다 회사에서 더 많이 들볶였다. 학자들이 밝혀낸 바에 따르면 시달림에는 여러 유형이 있는데, 성별보다는 직장에서 구성원들이 전통적인 기대에 얼마나 부응하느냐와 관련 있었다. 시달림을 가장 적게 받는 부류는 아이가 있지만 아이에 대한 통상적인 책임만 지는 남성과 아이가 있으면서 통상적인 책임 이상을 지는 여성들이었다. 더 큰 어려움이 있는 부류는 아이가 없는 여성들과 아이를 돌보고 있는 남성들이었다. 아이가 없는 여성들은 냉정하고 무심한 사람으로 평가받았고, 아이를 돌보고 있는 남성들은 유약하다고 여겼다.

직장인들은 자신이 직장 생활을 어떻게 하고 있는지 다양한 방법으로 가늠해볼 수 있다. 우선 구조적인 요인들을 보면 명백히 보인다. 해고를 당했나? 최근에 임금 인상이 있었나? 이번이 마지막 공식 경고인가? 다른 가늠 수단이 있는 일터도 있다. 가령 머리가 쭈뼛 설 정도로 두려운 공식적인 성과 평가 절차라는 것이 있는데, 진심으로 피하고 싶은 자리에서 두 사람이 여러 항목을 놓고 어색한 대화를 나누는 것이다. 이런 절차들은 세상을 향한 인사 전문가들의 복수로, 잔인하기 그지없다(지금까지 살면서 가장 마음에 들었던 성과 평가는 〈에이지〉의 캔버라 지사 정치부 편집 위원인 마이클 고든의 평가였다. 마이클은 위대한 저널리스트이며 인격적으로도 훌륭했다. 마지못해 관리자의 자리에 오른 그는 한 2분 정도 아무 말이 없었다. 마침내 그가 내게 물었다. "행복합니까?" 나는 "네!"라고 대답했다. 그리고 우리의 평가는 한결 가벼운 마음으로 마무리되었다).

그러나 직장인이 일터에서 받는 가장 직접적인 피드백은 그보다 훨씬 낮은 수준에서, 훨씬 지속적으로 이루어진다. 바로 고용주와 동료들이 대하는 방식이다. 기획 회의 때 함께 가자고 하는가? 샌드위치를 먹으러 우르르 몰려 나갈 때 함께 가자고 하는가, 안 하는가? 말하는 도중에 꼭 끼어드는 사람이 있고, 다른 사람들도 그것을 별로 대수롭지 않게 여기는가? 놀림을 당하는가? 상사가 미소를 지으면서 함께 농담을 하는가? 이런 것들이 바로 당신이 (직장) 생활을 어떻게 하고 있는지를 알려주는 상태 지표들이다.

인간은 꽤 복잡한 존재이다. 어떤 일련의 행동 때문에 시달림을 받는다는 확신이 들면 피할 수 있는 한 그 행동을 대개 피한다. 따라서 아이를 데리러 가느라 직장에서 일찍 나가는 것과 같은 행동을 할 때, 직장 내에서 보이는 낮은 수준의 반응들은 후속 결정을 하는 데 상당한 영향을 미칠 수 있다.

물론 가끔은 역경을 헤쳐나갈 수도 있다. ABC에서 내 상사인 케이트 토니는 아이가 셋 있는데, 예전에 멜버른에서 프로듀서로 일하던 시절에는 아침 7시에 출근했다가 오후 3시에 퇴근해서 학교로 아이들을 데리러 갔다. 매일 오후가 되면 제프라는 남자 동료가 (어김없이) 한마디 토를 달았다.

"오늘 일과는 끝인가 봐, 케이트?"

그러고는 케이트가 사무실을 나가려고 하면 큰 소리로 외쳤다.

"일찍 퇴근해서 좋겠네!"

어느 날, 꼭두새벽에 출근을 하려고 안전벨트를 매던 케이트는 제프의 휴대전화로 전화를 걸었다. 신호음이 울렸다.

"안녕, 제프! 지금 7시 10분 전이야. 나 지금 출근 중이라는 거 알려주려고. 그럼 한참 후에 보자고!"

케이트는 명랑한 목소리로 제프의 음성사서함에 메시지를 남겼다. 그 후로 제프는 케이트가 일찍 나서는 문제에 대해 입도 뻥긋하지 않았다.

이런 패턴들은 모두 얼마든지 바꿀 수 있다. 마음만 먹으면 된다. 동료들의 놀림을 무시하는 찰리나 노려보는 상사와 눈싸움을 해야 하는 브랜든, 노련한 대응으로 낮은 수준의 괴롭힘 정도는 깔끔하게 정리해버린 케이트. 하지만 인간은 인간이다. 인간은 대개 익숙한 것을 더 편하게 여긴다. 바로 그 때문에 지난 50년 간 여성에게는 많은 변화가 일어났는데도 남성에게는 아연실색할 정도의 아주 작은 변화만 일어난 것이다. 남자들은 여전히 일터에서 지나치게 많은 역할을 부여받고 가정에서는 지나치게 적은 역할을 하고 있다. 한편으로 이는 용납할 수 없는 돈과 권력, 영향력의 결합이 계속되는 거라고 볼 수 있다. 그러나 다른 한편으로는 자신이 선택한 적조차 없는 여러 기대들이 얽히고설킨 복잡한 거미줄 속에 꼼짝없이 갇혀버린 채, 아이들과 남자들 모두에게 비극이 지속되는 것이기도 하다.

‖ 3장 ‖
이 반지로 나 그대를 해고하노라

"아내란 특별한 국가적 자원"

THE
WIFE
DROUGHT

결혼은 강제적 경력 단절의
시작점

결혼은 고대부터 현재까지 이어져 내려오는 전통으로 인류에게
논쟁거리를 제공하는 재주가 있다. 우리는 생물의 한 종(種)으로
서 결혼을 원하는 사람 수가 너무 적어서(치솟는 이혼율) 걱정하기
도 하지만 동시에 결혼을 원하는 사람 수가 너무 많아서(동성 간
결혼) 걱정하기도 한다. 일반적으로 결혼은 삶을 바꿀 만한 경험
이라고 한다. 결혼으로 전보다 더 많은 그릇을 소유하고 4륜 구
동 자동차를 몰게 될 통계적 확률이 높아지니 말이다. 물론 이 부
분에 대해서는 아직 연구 근거가 빈약하기는 하다. 그래도 좀 더

입맛에 맞는 로맨틱 코미디를 만드는 데 결혼이 한몫하지는 않을까 하는 내 의혹을 분명히 뒷받침해주기는 할 것이다. 그런데 50년 전에는 결혼이 〈러브 액츄얼리〉 재방송을 보면서 은밀한 쾌감을 느끼는 것과는 비교도 안 될 정도로 여성들에게 심오한 영향을 미쳤다. 많은 사람들에게 결혼은 갑작스러우면서 강제적인 경력 단절을 의미했다.

요즘 일터에서 벌어지는 불평등에 대해 똑 부러지게 의견을 표현하고 논리적으로 따지며 아는 것도 많은 현대 여성들조차 '모든 여성 공무원은 결혼과 동시에 연방 기관에서 퇴직한다'라는 예전 연방공무원법 49조 2항의 항목을 보면 말문이 막힐 것이다.[1]

하지만 이것은 거짓말이 아니다. 여자들은 결혼하면 자리에서 물러나야 했다. 적당한 신랑감을 찾기 원한다는 이유로 공직에서 열외 취급을 받았고, (그토록 바라 마지않던 신사가 짠 하고 마법처럼 나타나면) 소지품을 챙겨서 가정이라는 새로운 인생을 찾아 집으로 떠나야 했다. 이 법은 '기혼자 퇴직법'으로 불렸지만 여자에게만 적용됐기 때문에 '유부녀 퇴직법'이 더 정확한 명칭일 것이다.

물론 예외도 있었다. 가령 타이피스트는 남자에게 어울리지 않는다는 인식 때문에 여성이 결혼을 해도 계속 남아서 일을 할 수 있었다. 대신 임시직에다가 재정 지원 혜택이나 연금은 없었다.

교사도 약간 다른 적용을 받았다. 교사는 주정부에 고용된 형태였지만, 대체로 연방정부법도 주정부법과 비슷했다. 하지만 교육은 이상할 정도로 여성 의존성이 강한 분야였고, 휘날리는 색종이 조각 속에서 여성이 대거 이탈할지도 모른다는 사실은 한 국가의 교육 시스템 입장에서 받아들이기 힘들었다. 그래서 많은 주에서 결혼한 여교사들은 정교사 자리를 내놓는 대신 '임시' 교사로 재임용되었다.

이는 그동안 근무하면서 쌓아놓은 장기근속 휴가나 연공서열 혹은 승진을 포기해야 한다는 의미였다. 또한 앞으로 진급할 가능성도, 방학 동안에 임금을 받을 거라는 기대도 할 수 없었다. 결혼 계획이 있을 때는 그 사실을 밝히도록 법으로 규제했다. 1898년 웨스턴오스트레일리아 교육부 규정 제14조는 '결혼 계획이 있는 여교사들은 그 사실을 교육부 장관에게 보고해야 하며, 그래야만 교육부 장관의 동의를 얻어 직위를 유지할 수 있다'라고 했다.[2]

기혼자 퇴직법은 연방 정부에서부터 시작되었는데, 그 법의 정신은 웨스트민스터법*에서 시작되었다. 웨스트민스터법은 오스트레일리아 연방 입법 구조를 세우는 데 상당히 많은 영향을 미쳤고, 영국 여성 공무원에 대해서도 비슷한 조항이 있었다. 그리

---

* 영국 의회가 캐나다. 뉴질랜드 같은 자치령과 영국의 상호 관계를 규정한 법이다.

고 1922년에 빌리 휴스 정부가 새로운 수정안을 제정하여 통과시키면서 더욱 세분화되었다.

기혼자 퇴직법에는 몇 가지 취지가 있었다. 차디찬 밥을 먹을지도 모르는 심각한 위험에 처한 오스트레일리아 아동들을 보호하는 것도 그중 하나였다. 그리고 기혼녀들이 남자들이나 노처녀들에게서 훌륭한 일자리를 가로채지 못하게 하려는 목적도 있었다. 기혼녀들에게는 이미 돈을 벌어올 누군가가 있지만 남자들은 자신들이 가족을 부양해야 했다. 그리고 노처녀들은 짐작컨대 고양이 사료도 사야 하고 미혼인 자신의 처지에 절망하지 않으려면 돈이라도 벌어야 했다.

남자도 결혼하면 해고하지 그래요?

이쯤에서 1922년 법안이 통과되기 전에 하원에서 오간 점잖은 실랑이를 한번 검토해보겠다. 당시 하원 의원이 되어 논쟁에 참여하는 것은 신사들이나 하는 일이었다. 그처럼 근엄한 자리에 최초의 여성 의원인 이니드 라이언스가 나오려면 21년은 더 있어야 했다(그 당시 라이언스는 아직 태즈메이니아에 살고 있었고, 열두 명의 아이를 낳았던 그녀의 출산 이력 중에서 절반도 채우지 못한 때였다).

아내 가뭄

연방공무원법 49조는 달링다운스의 국민당 하원 의원이자 법무부 장관이었던 리틀턴 그룸이 발의하여 의회에서 통과되었다. 법안을 두고 벌인 논쟁에서 가장 주목할 만한 부분은 오스틴 채프먼 하원 의원이 해당 조항의 취지에 대해 반대 의견을 쏟아낸 부분이다. 채프먼은 리틀턴 그룸과 같은 국민당 의원으로 이든-모내러 지역구 의원이었다. 그는 무소속이던 시절 이미 캔버라로 의회를 옮기기 위해 강력한 로비를 벌였고, '채프먼 색(Chapman Sack)'으로 알려진 초경량 밀 포대를 만들어서 유명한 상태였다. 뇌졸중 때문에 한쪽 팔을 쓰지 못하게 되었지만 머리는 여전히 멀쩡했다.

법안을 두고 벌인 논쟁이 주목받은 데는 몇 가지 이유가 있는데, 특히 같은 정당 의원이 노골적이고 공개적으로 강력하게 반대 의견을 낸 희한한 광경 때문이었다. 앞으로도 일어나지 않을 희한한 일이었다. 당시 논쟁에서 또 다른 국민당 의원 두 명, 즉 헨티 지역의 프레더릭 프랜시스 의원과 스코틀랜드 출신으로 한쪽 눈을 실명한 빅토리아 주 포크너 지역의 조지 맥스웰 의원의 의견도 주의 깊게 살펴보자. 또한 매리비농 지역의 노동당 의원인 제임스 펜턴의 이야기도 잘 보기 바란다.

채프먼 왜 여성 공무원은 결혼과 동시에 공직에서 물러나야 하죠?

법무부 장관　공무원으로서 담당 업무도 많을 텐데 가정까지 돌보는 건 어려울 겁니다. 분명히 일과 가정 사이에 충돌이 생길 겁니다. 그래서 이 조항은 모든 공무원에게 해당됩니다.

프랜시스　하지만 여성에게 병든 남편이 있다면요?

법무부 장관　'특별한 사정'이 있을 때는 위원회에서 고려해볼 수는 있죠. 부득이한 경우에 한해서 결혼한 여성에게 임시 공무원직을 부여할 수 있을 겁니다. 사실 남편을 잃은 여성 여럿을 청소부로 임시 고용하고 있습니다. 그런데 이 조항은 정식 공무원에 대한 내용입니다. 정식 시험을 통과하여 공무원이 된 정규직들 말입니다. 저는 제가 발의한 조항보다 더 나은 게 있다고 생각하지 않습니다.

채프먼　이 조항대로라면 여성 공무원은 결혼과 동시에 공직에서 면직될 겁니다.

법무부 장관　예전부터 법이 그랬습니다.

채프먼　그런 이상한 법을 왜 계속 유지해야 합니까? 이런 케케묵은 낡은 법은 버려야 하는 거 아닌가요? 제가 아는 한 여성분도 공무원인데 결혼을 하고 싶어 합니다. 하지만 결혼을 하면 사직해야 한다는 말을 들었다고 합니다. 그 여성분은 업무 성과도 좋았고 능력도 있기 때문에 그만두고 싶어 하지 않습니다. 결혼했다고 그만두라고 하는 것은 그 여성분에게 너무 불공평합니다.

아내 가뭄

맥스웰 여성 공무원이 결혼과 동시에 공직에서 물러나는 게
공익을 위한 일 아닙니까?

채프먼 왜죠?

맥스웰 여자가 공직에 남아 있으면 집안일에 소홀해지니까요.

채프먼 여성들이 집안일을 잘 돌보는지를 정부가 감독한다
면, 그건 또 다른 문제입니다. 공직에 있는 여성들에게 월
급을 주는 것은 집안일이 아니라 공무를 보기 때문입니다.
만약 결혼과 동시에 자동적으로 의원직을 상실한다는 법
안이 제출된다면, 지금 이곳에 계신 독신 의원 여러분들께
서는 뭐라고 하실 겁니까? 이 조항은 정부가 어리석은 전
통을 계속 이어가려는 것밖에 되지 않습니다. 이러한 조항
에서 벗어나려면 정치적 영향력을 발휘해야만 합니다. 공
직에 있는 여성이 결혼을 앞두고 받아야 할 질문은 오직
하나입니다. "결혼 후에도 맡은 바 책임을 성실히 이행할
수 있습니까?" 당사자가 그렇다고 답한다면 그 여성에게
공직을 떠나라는 게 말이 됩니까?

펜턴(매리비농) 이든-모내러 지역 채프먼 의원의 말에 동의할
수 없습니다. 연간 1,000파운드를 버는 남자와 결혼한 여
성을 여전히 공무원으로 일하게 해야 한다는 말은 아니시
겠죠?

채프먼 왜 안 되는 거죠?

펜턴 남편이 가정 경제를 책임지고 있는데, 그런 여성이 미혼 여성이나 공직에서 일하고자 하는 남성들의 자리를 빼앗아서는 안 되죠. 제 생각에는 남성들에게 우선권을 줘야 합니다. 결혼할 능력을 갖추고 여성을 부양할 수 있도록 말이죠.[3]

(펜턴은 이후 어느 정도 부드러워졌고 '인구 밀도가 낮은 지역에서는 상점 주인의 아내가 우체국장을 맡을 수 있다' 정도까지는 수긍했다. 우편에 대한 이런 예리한 실용주의는 10년 후, 조 라이언스가 펜턴을 체신부 장관에 임명했을 때 더욱 빛을 발했다.)

채프먼 저는 하위 조항을 삭제할 것을 제안하는 바입니다. 제가 삭제할 것을 요구하는 하위 조항은 '모든 여성 공무원은 결혼과 동시에 공직에서 사퇴해야 한다'는 부분입니다. 전혀 필요 없는 조항이며, 장관께서 그 하위 조항을 포함시킨 이유는 단지 여성들이 과거에 결혼하자마자 그만두었던 관습 때문입니다. 왜 여성들이 불이익을 당해야 합니까? 왜 똑같은 일을 하고도 남성보다 임금을 적게 받아야 합니까? '동일노동 동일임금'을 적용해야 합니다. 법조계와 의료계에서는 여성이나 남성이나 동일한 조건에서 일합니다. 그런데 왜 공직 분야에 발을 들여놓으면 부당한 대우를 당해야 하는지 모르겠습니다. 저는 '특별한 사정'이 있을 때는 위원회에서 그 상황을 고려할 거라는 장관님의 장담을 받아들일 수 없습니다. 어렵고 못사는 사람들, 아무런 힘도 없는 사람들은 영향력을 가진 사람들에게 차별을 당할 겁니다. 본 하위 조항을 계속 유지하고 싶다면 타당한 이유를 제시해야 합니다. 일 잘하는 여성을 결혼했다는 이유만으로 해고할 수는 없습니다.

프래튼　그건 독신을 부추기는 꼴이 될 겁니다!

법무부 장관　채프먼 하원 의원께서는 결혼한 여성도 공직에서 계속 일하게 해야 한다고 하지만, 저는 바람직하지 않다고 생각합니다. 경험상으로도 이미 입증되었고요. 채프먼 하원 의원께서 이의를 제기하신 조항은 일반적으로 공직에서 적용되고 있는 조항입니다.

채프먼　그럼 남자도 결혼하면 해고하지 그래요?[4]

채프먼 하원 의원이 마지막에 던진 돈키호테 같은 반격을 끝으로 해당 법안은 표결에 부쳐졌다. 채프먼이 낸 수정안은 35 대 6으로 대패했고, 결국 기혼자 퇴직법은 통과되었다. 채프먼의 무덤을 알아내서 이 사랑스러운 양반 무덤에 엄청 큰 꽃다발을 하나 놓고 올까 하는 생각을 했다. 바로 의회 회의록에 있는 이 부분 때문에 말이다.

그런데 1923년 무역관세부 장관에 임명된 것을 보면, 남다른 생각을 했다고 해서 채프먼의 출셋길이 막히지는 않았던 모양이다. 하지만 장관으로 일한 기간은 매우 짧았고 불행했다. 1924년에 건강 악화로 사임했다가 1926년에 죽었기 때문이다. 저세상에서 평안하시기를!

당시 이와 유사한 여러 토론회에서 여성의 동일임금 지급에 대한 사안이 자주 등장했다. 단, 동일임금을 찬성하는 쪽들은 여성이 임금을 적게 받는 게 불공평하다고 느껴서가 아니라는 점을 짚고 넘어가야겠다. 이들은 여성의 값싼 노동력이 남성의 임금을 헐값으로 떨어뜨릴까 봐 두려워서 동일임금을 주장한 것이다.

엉터리 법이
시민불복종을 일으키다

기혼자 퇴직법은 44년간이나 유지되었다. 미국과 캐나다는 1946년에 영국과 마찬가지로 각각 기혼자 퇴직법 관련 조항을 폐지했다. 하지만 오스트레일리아의 아내들은 1940년대부터 1950년대 내내 공직과 결혼 중 하나를 택해야 했다. 여성들은 대부분 못마땅하지만 어쩔 수 없이 받아들이고 군말 없이 떠났다. 하지만 법이 개인의 능력을 무시하고 억압한다고 생각한 여성들도 있었다.

아내 가뭄

이제 80대에 접어든 머를 손턴 할머니는 1952년 연방 사회복지부에 취직했다. 할머니는 시드니대학교에서 영문학 학위를 받았다.

"기계적인 일들만 해야 해서 일하는 내내 힘들었지. 대졸 사무직으로 일을 시작했는데, 거기 사람들은 나를 앉혀놓고 타자로 친 목록하고 주소를 입력해야 할 봉투를 한 무더기씩 줬지. 마치 내가 벌을 받아 마땅한 사람이라고 여기는 것처럼 말이야."

그렇게 반복적인 일만 하다 보니, 당연히 다른 재밋거리에 쉽게 마음을 빼앗길 수밖에 없었다. 얼마 후 머를 할머니는 닐이라는 남자와 사랑에 빠졌고 후다닥 결혼을 결정해버렸다. 하지만 곧 자신의 행복한 인생사가 경력을 얼마나 망가뜨릴지 깨닫게 되었다. 자신의 옆자리에 앉던 여성이 어느 날 갑자기 그 자리에서 바로 해고당하는 것을 보고서 말이다. 그 여성은 대외적으로는 미혼이었는데, 해고당한 그날 어떤 사람이 전화를 걸어서 여성의 남편 성을 대면서 바꿔달라고 한 것이다. 머를 할머니는 간담이 서늘해졌다.

"그때 든 생각은, '그래! 좋아! 노조에 알려야겠어'였지. 하지만 노조도 기혼자 퇴직법을 열렬히 지지하는 조직이었지."

그래서 머를 할머니는 '면사포 범죄자'가 되었다. 비밀 결혼을 한 것이다.

"그냥 아무한테도 말을 안 한 것뿐이야. 지금 이게 무슨 짓인가

하는 생각도 들었지. 무슨 영화를 보자고 이렇게까지 해야 하나 싶기도 하고. 내가 스파이도 아니잖아? 정말 힘들었어. 그 당시에는 결혼하지 않은 채 동거를 하면 그 대가가 엄청났거든. 사회에서뿐만 아니라 직장에서도 노골적으로 반감을 사고 차별을 당했어. 살 집을 알아볼 때도 마찬가지였고.”

머를 할머니는 ‘일에 적응을 못하겠다고 둘러대며’ 전근 신청을 했고, 다행히 받아들여져서 ABC 상무이사 찰스 모지스의 사무실에서 개인 비서 겸 서신 담당으로 일하게 되었다. 그 일은 머를 할머니 마음에 쏙 들었다. 그러나 첫아이(아들)가 이미 배 속에 있었고 제아무리 옷으로 가려도 얼마 못 갈 게 뻔했다. 결국 머를 할머니는 결혼 사실을 털어놓았고 오히려 사직을 하자 마음이 놓였다.

그런데 일단 시민불복종에 맛을 들이고 나면 참기가 힘들다. 1965년 머를 할머니는 퀸즐랜드로 이사한 뒤 한 친구와 함께 브리즈번의 레가타 호텔 바 앞에서 사슬로 온몸을 묶고 시위를 벌였다. 당시 오스트레일리아의 모든 바는 여성의 출입을 금지했고, 레가타 호텔 바도 마찬가지였다. 이 일은 국제적으로 큰 반향을 일으켰고, 언론과 사람들의 관심을 기회로 머를 할머니는 ‘여성을 위한 동등한 기회 협회(Equal Opportunities for Women Association)’를 결성했다. 협회는 기혼자 퇴직법 폐지를 요구하며 멘지스 정부에 열심히 로비를 했다.

이 협회는 오스트레일리아 전역에서 기혼자 퇴직법 때문에 발생한 고통과 부조리한 사연들을 수집했다. 사연은 읽기에도 딱했다.

> 제 이름은 리타 그레이예요. 웨스턴오스트레일리아 주정부 공공 기관에서 물리학자로 근무했죠. 한 남자를 만나 정말 좋아하게 되었지만 그와 결혼하면 직장을 그만둬야 한다는 걸 알게 됐습니다. 일을 그만두면 좌절감이 클 거고 그러면 결혼 생활도 행복하지 않을 게 뻔히 보이더군요. 그래서 결혼 대신 '동거'를 선택했습니다. 전 직장에 동거 사실을 숨기지 않았고 8년간 근무했습니다. 그동안 아이도 셋 낳는데, 제가 근무하던 공공 기관은 출산 시기에 맞춰서 연가(年暇)를 낼 수 있었죠. 그런데 아이들을 생각해서 아이 아버지와 결혼하기로 결정하자마자, 사표를 쓰라더군요. 어떤 공무원은 유부녀가 일을 하는 건 도덕적으로 바람직하지 않다고까지 했습니다.[5]

조앤 F라는 또 다른 여성은 비밀 결혼을 했는데, 그 때문에 직장에서 편집증 환자처럼 신경을 곤두세우고 지내야 했다.

> 하루하루가 긴장의 연속이었습니다. 혹시라도 직장 생활을 끝장내버릴지도 모르는 말실수를 할까 봐 두려움에 떨어야 했죠. 그러다 보니 친구들이 다정하게 던지는 질문에도 곧잘 답을 피하

게 됐습니다. 그러다 임신을 했는데 당시 저와 남편은 남편의 학비를 모으려고 저축을 하는 중이었습니다. 남편이 일을 그만두고 공부를 해서 더 높은 학위를 따려면 돈을 좀 모아야 했거든요. 그래서 저는 눈에 띌 정도로 배가 부를 때까지 계속 직장을 다녔습니다. 아이가 태어나기 직전까지 그리고 그 후에도 계속 일을 하고 싶었어요. 필요하다면 번 돈을 몽땅 아이를 잘 돌봐줄 사람한테 기꺼이 바쳤을 겁니다. 제가 배운 일, 제게 만족감을 준 그 일을 계속할 수만 있다면 말이죠.[6]

정부는 왜 무관심으로 일관하는 걸까?

결혼이라는 성스러운 결합을 촉진하기 위해 고안된 법안은 간접적으로나마 일부 여성들을 거짓말쟁이로 만들고 동거를 부추겼다. 하지만 그렇다고 해서 이 법안이 연방 의회에서 비판을 받거나 하는 일은 거의 없었다. 그러다가 1958년 보이어위원회의 공직 임용 조사에서 기혼자 퇴직법의 폐지를 권고했다.

노동 및 병무부 장관인 빌리 맥마흔은 자신의 비서관인 해리 브랜드에게서 메모 하나를 은밀히 받았다. 그 메모에는 보이어위원회의 권고를 지지하면 '국제노동기구(ILO) 회의에서 입지가 강화될 것'이므로 권고안을 적극 지지하라고 적혀 있었다.

브랜드는 '정치적 가치를 빨리 간파해야 합니다'라고 휘갈겨 쓰고 나서 교활한 한마디를 덧붙였다. '이 메모는 없애버리십시오. 그리고 동일임금 문제는 좀 더 조용히 넘길 수 있을 겁니다.'[7]

그러나 로버트 멘지스 정권은 무관심했다. 멘지스의 수석 고문 로널드 멘델슨 박사는 1962년 자신의 상관에게 편지를 보냈다.

> 정말 기이한 싸움이 벌어지고 있습니다. 기혼 여성의 고용 문제, 혹은 그와 어느 정도 관련이 있는 '동일노동 동일임금' 문제를 찬반 의견이 균형을 이룬 위원회를 구성하여 회부한다고 해보죠. 그럼 위원회는 페미니스트 관점을 권고할 겁니다. 하지만 국민투표를 한다면 보수적 시각이 압승을 거둘 겁니다. 이 사안은 어떻게 전개되든지 저희한테는 무조건 불리합니다. 계속 지연시키는 것이 최선의 방법 같습니다……[8]

정치적으로 아슬아슬한 수였다. 실업률은 치솟고 있었고 노조도 기혼 여성을 구직 경쟁에 끌어들이는 발상 자체를 탐탁지 않아 했다. 그리고 기혼자 퇴직법이 모두 싫어하는, 그런 인기 없는 법안은 아니었다(는 점은 말해야겠다). 1956년 〈우먼스데이〉는 독자들을 대상으로 설문 조사를 실시했는데, 6 대 1로 기혼 여성이 일하는 것을 반대했다. 어린아이들을 돌봐야 한다는 게 주된 이유였다. 1960년에 실시한 갤럽 여론 조사에서는 오스트레일리아 사람들 중 78퍼센트가 어린 자녀를 둔 어머니들의 사회 진출을 반대했다.[9]

1962년 의회 회의록에 내각 사무처장 존 번팅은 이렇게 기록했다.

> 본 내각은 아무런 관심도 표명하지 않는다. 페미니스트들 외 여러 사람의 심기를 건드리기보다는 현상 유지가 더 낫다고 판단한다. 그래서 당분간 입장을 발표하기보다는 조용히 있기로 한다. 문제는 현상 유지가 앞으로도 적용 가능한 방법인가 하는 것이다.[10]

실제로 정부는 몇 년을 더 조용히 지켜만 보다가, 1966년 10월 홀트 정부 때에야 기혼자 퇴직법을 폐지했다. 이로써 기혼 여성들은 공공 부문에서 자유로이 근무할 수 있게 되었다. 머를 손턴 할머니는 나중에 학자가 되어 오스트레일리아 최초의 여성학 강좌를 만들었다. 레가타 호텔은 일명 손턴 룸이라는 머를 할머니의 이름을 딴 공간을 만들어서 여성들이 다과를 즐길 수 있게 했다. 머를 할머니는 희곡도 쓰는데, 가끔 유명 배우가 된 둘째 딸 시그리드를 염두에 두고 글을 쓰기도 한다.

아내란 국가의
특별한 자원

시시콜콜한 이야기까지 너무 자세히 했을 수도 있다. 하지만 그렇게 한 이유는 거의 50년 전에는 남자에게 아내라는 믿을 만한 존재를 확실하게 제공해줘야 했고, 그게 정부 정책을 결정하는 데 아주 중요했다는 사실을 보여주기 위해서이다. 다시 말해서 진정한 아내란 바깥일에 정신이 팔려서 음식을 태워먹는 정신 나간 직장 여성은 아니었다.

아내란 국가의 특별한 자원이었다. 직업 세계에서 아내는 남자에게 아무런 위협이 되지 않았다. 오히려 그 반대였다. 아내는 가정을 안정적으로 꾸려나갔고, 남자들에게 이런저런 편의를 제공했으며 사랑스러운 아이들도 낳아주면서 남자의 노동 능력을 향상시켜주었다. 여기서 아이의 존재는 열심히 일하고 돈을 모으게 하는 강력한 발전의 원동력이었다. 결혼이라는 행위는 남자를 더욱 귀한 존재로 바꿔주며, 더욱 안정적인 직장에서 승진할 수 있는 탄탄한 도덕적 토대도 만들어주었다.

나중에 직원이 될 수도 있는 누군가를 판단할 때, 가정생활에서 '가정적인 남자'라는 표현은 여전히 든든한 인상을 심어준다. 어딘가 믿음직하고 듬직한 이미지가 떠오르며, 집에는 영양가가 높은 음식들이 넘쳐나고 아이들과 단어 맞추기 게임을 하는 모습이 연상된다. 어쩌면 커다란 래브라도 레트리버 한 마리도 있을지 모르겠다. 남자에게 결혼은 국가 안정에 기여한다는 의미이며, 직장에서 일을 한번 시작하면 앞으로도 계속 그럴 거라고 믿어도 된다는 의미다.

반면 여자에게 결혼은 남자와 정반대를 의미했다. 남자나 여자나 똑같이 가정과 아이가 있지만 여성은 직장에서 믿음직한 인재로 인정받지 못했다. 오히려 그 반대였다. 심한 경우에는 결혼하고도 일을 하려는 여성들은 국가 기강을 흔들고 가정과 일터 모두를 불안정하게 만드는 존재로 취급당했다. 남성의 일자리를 결혼한 여성이 차지하여 한 가정만이 아니라 두 가정을 굶게 한다는 논리였다.

이제는 여성들이 결혼을 한다고 해서 일을 그만둘 필요가 전혀 없다. 어차피 결혼율도 낮아져서 정책적 실효성도 없을 테니까. 또한 가정 있는 여자가 일을 해서는 안 된다는 생각에 공개적으로 반론을 제기하는 사람도 없다. 기혼자 퇴직법은 이미 구시대의 터무니없는 유물이라고 여기기 때문이다. 결혼반지를 빼고 돈 벌러 나가야 했다는 이야기는 남자들이 페니파딩*을 타고 공장에 나갔다는 얘기와 다를 바가 없다.

* 큰 앞바퀴에 매우 작은 뒷바퀴가 달린 자전거로 1880년대에 안전 자전거가 나올 때까지 유행했다.

아내 가뭄

오래전 (혹은 터무니없는) 얘기처럼 들릴지 모르지만, 그러한 역사 또한 우리의 일부분이고 현재 우리의 삶에 뚜렷한 자국을 남겨놓았다. 결혼의 대가로 여성이 해고당하는 일은 이제 없다. 기혼자 퇴직법은 '투표권 불허'나 '마녀 화형식' 같은 요즘은 없어진, 말도 안 되는 낡은 관습을 열거할 때 함께 올려도 될 것이다. 그런데 남자들의 상황과 비교해보면, 결혼과 아이는 (일터에서) 여전히 여성에게 그다지 도움이 되지 않고 있다.

결혼 프리미엄을 누리는 남자들

남자에게 결혼은 소득 증가를 의미한다. 이런 현상을 '결혼 프리미엄'이라고 하는데, 여러 국가에서 나타나는 현상으로 오스트레일리아에서도 결혼한 남자들은 미혼인 남자들보다 평균적으로 약 15퍼센트 더 많이 번다.[11]

그 이유가 무엇일까? 일단의 사회학자들을 불러 모아놓고 흥미진진한 긴 토론을 시켜보면 되겠지만, 내가 아는 한 그 원인은 기본 딱 두 가지로 귀결된다.

첫 번째는 '자연선택'으로, 직장에서 성공한 남자가 배우자도 더 쉽게 구한다는 이론이다. 잘생기고 자신감 넘치는 사람들이 직장에서 일도 더 잘하고 승진도 더 빠르며, 모두가 가고 싶어 하는 컨퍼런스에도 매번 파견된다는 증거는 많다. 역사적으로 살펴봤을 때, 이는 남성이 좋은 결혼 상대가 되는 데 필요한 특징들이다. 그러나 여기에는 태생적인 한계가 있다. 아주 훌륭한 직원으로 만들 수도 있지만 아주 짜증 나는 남편으로 만드는 요소도 공존하기 때문이다. 예를 들어서 밤 11시까지 야근을 한다거나 회사와 아무 관련도 없는 모임에 회사 로고가 찍힌 옷을 입고 가는 경우가 그렇다.

인간관계는 언제나 알 수가 없다. 우리는 왜 지금 이런 행동을 할까? 하나의 행동이 패턴으로 자리 잡는 것은 언제일까? 결혼 프리미엄이란 무엇일까? 좋은 일자리와 좋은 여자들을 차지하고 있는 남자들끼리만 모인 집단에만 해당하는 걸까? 아니면 그런 것과는 상관없이 또 다른 뭔가가 있을까?

1990년대 말, 미국 애틀랜타의 연방준비은행에 다니던 용감무쌍한 연구원 두 명이 연구를 실시했다. 두 사람은 결혼 프리미엄이 유효한지 알아보기 위해 '속도위반 결혼'을 한 남자들을 연구 대상으로 삼았다.[12] 두 연구원은 여자들이 엄격한 선발 과정을 통해 남편을 구하려고 할 때는 고용주와 유사한 행동 양식을 보일 것으로 추론했다. 반면에 스포츠카 뒷좌석에서 벌인 한 차례의 무모한 불장난 때문에 억지로 맺어진 결합은……, 전통적인 배우자 간택의 기법에 덜 영향 받을 거라고 봤다.

연구 결과, 속도위반 결혼일지라도 결혼 프리미엄의 90퍼센트는 여전히 유효했다. 예기치 못한 일 때문에 결혼을 했더라도 기혼남은 임금을 더욱 많이 받았다. 이는 여자에게 매인다는 것, 즉 결혼에는 남자를 더욱 (세상 사람들이 생각하는) 유능한 존재로 만들어주는 뭔가가 있다는 의미였다.

유부남들이 임금을 더 많이 받는 두 번째 이유는 '전문화'이다. 여기서 전문화란 남녀가 결혼해서 함께 살게 되면 생활 속에서 일을 분담하게 된다는 의미다. 가령 한 사람이 요리를 담당하게 되면 상대방은 요리에서 벗어날 뿐만 아니라 다른 일을 능숙하게 익힐 시간을 벌 수 있다. 그래서 한 사람이 돈을 벌어 가계를 부양할 책임을 맡으면 다른 사람은 집안일을 도맡을 수 있다. 전문화는 거창한 일뿐만 아니라 자질구레한 일에도 해당한다. 예를 들어, 우리 집에서 선물 포장은 내가 도맡아한다. 내가 그 일을 아주 잘하기 때문이다. 이유는 알 수 없지만 나는 아주 어렸을 때부터 리본을 보기 좋게 묶었고, 어울리는 리본과 포장지를 골라서 선물을 멋지게 포장했다. 카드도 대개는 내가 만든다. 그리고 선물을 누구한테 주고 누구한테 안 줄지도 내가 챙기기 때문에 우리 집에서 선물과 관련한 일은 모두 내가 도맡고 있다. 그러다 보니 나의 선물 포장 실력은 꾸준히 느는 반면, 남편 제레미의 실력은 꾸준히 녹이 슬어서 그가 포장한 선물 꾸러미는 마치 살인마가 급하게 숨겨놓은 살인 무기처럼 보였다.

제레미가 게을러서 그렇게 된 것은 절대 아니다. 제레미는 여유 시간을 다른 방식으로 사용했는데, 선물 포장에 매주 시간을 투자하는 대신 나보다 더 잘하는 다른 분야에 집중했다. 이를테면 우리 집의 IT 도우미가 되는 것 말이다. 소프트웨어, 하드웨어뿐만 아니라 어떤 전선을 어디에 꽂아야 하는지 등 그는 나보다 훨씬 아는 게 많았기 때문에, 나는 그 분야에서는 능력을 키우려는 최소한의 노력도 하지 않았다. 그래서 제레미가 이상 망측하게 생긴 선물 꾸러미 앞에서 무기력해지듯이, 나는 애플 TV 앞에서 그렇게 된다.

이것이 바로 전문화인데 경제적 관점에서 볼 때는 매우 효율적이다. 한 팀인 우리는 선물 포장과 정보 통신 기술 두 분야에서 뛰어난 존재가 되었다. 하지만 우리가 만약 헤어지게 되면 나는 영화를 영영 못 보고 제레미는 실망스러운 생일 파티 손님이 될 것이다. 이혼이 그토록 고통스러운 이유는 무심코 시작했다가 세월이 흐르면서 절대적인 능력이 되어버린 전담 노동을 더 이상 이용할 수 없기 때문이기도 하다. 끝나버린 사랑 때문에도 괴롭지만 아주 기본적인 것부터 다시 배워야 할 때 삶은 더욱 구차해진다.

변화 속의
무변화

그러나 전문화는 중대한 일에도 적용된다. 지난 몇십 년간 오스트레일리아에서는 많은 변화가 있었다. 하지만 그 와중에도 이성애자 커플(특히 아이가 있는)이 노동을 분담하는 방식에는 뚜렷한 변화가 없다. 과거와 마찬가지로 주로 남자들이 유급 노동을, 여자들이 무급 노동을 담당한다. 그래서 남편들은 일터에서 더욱 잘나가게 되고 지루하고 고된 그 모든 허드렛일을 직접 하지 않아도 된다. 그 대신 깔끔하게 정리된 가정에서 영양가 높은 음식, 깨끗한 옷, 안정감과 목표 의식, 아이들, 엘리베이터의 어색한 분위기 속에서 상사와 무리 없이 나눌 수 있는 대화 주제 등을 모조리 얻는다. 그동안 이러한 합의를 통해 밥벌이에 나설 필요가 없어진 아내들은 아이들을 키우면서 학예회가 오늘 밤인지 다음 주인지 알아두고, 우유가 떨어지지 않았는지 확인하는 등 무급 노동에 능숙해진다.

모든 게 꽤 진부하게 들릴 것이다. 1950년대식 남편과 아내의 역할을 받아들일 사람은 이제 없지 않을까? 하지만 현실은 여전히 받아들이고 있다는 것이다. 아이가 있는 오스트레일리아 가정에서 나타나는 가장 보편적인 합의는 아빠가 하루 종일 밖에 나가 일하고 엄마는 시간제 근무를 하거나 가정주부 역할을 맡는 것이다. 다만 엄마는 아빠보다 집안일을 약 두 배 더 많이 한다.

결혼이 여성의 취업 전망에 영향을 미칠까? '별 영향이 없다' 가 가장 맞을 것이다. 오스트레일리아 남성은 결혼이라는 행복한 사건 이후 소득 부문에서 결혼 프리미엄을 기대할 수 있지만, 여성의 경우에는 전혀 없다. 그리고 여성에게 획기적이고 중대한 변화는 결혼이 아니라 출산 이후에 찾아온다.

원칙 없는
이중 잣대

아이는 남자와 여자 모두의 인생을 바꿔놓는다. 평범한 스물다섯 살의 오스트레일리아 남성은 40년 동안 직장 생활을 하면 총 200만 달러를 벌 것으로 예상하는데, 아이가 없는 경우에 한해서 그렇다. 만약 아이가 있는 경우에는 250만 달러로 올라간다.[13]

반면 여성에게 부모라는 입장은 역효과를 가져온다. 사실 아이가 없는 여성은 아이가 없는 남성만큼 돈을 번다(재직 기간 40년 동안 190만 달러를 벌 수 있다). 하지만 아이가 있으면 소득은 130만 달러로 떨어진다. 아이가 없는 여성보다 60만 달러, 아이가 있는 남성보다는 총 120만 달러나 적게 벌게 된다.

여기서부터 아내 가뭄의 경제 구조가 상당히 잔혹해진다. 남성은 아내가 있으면 온갖 경제적 이득을 누리게 되는 것이다(더 열심히, 더 오래 일할 수도 있고, 짜증 부리는 아이를 수영 강습에 데려다주지 않아도 된다). 그러나 아내가 되면 온갖 경제적 불이익을 당하게 된다. 위에서 언급한 일 중 그 어느 것 하나 보수를 받지 못한 채 해야 한다.

이 분야에서 괄목할 만한 연구가 2007년 스탠퍼드대학교에서 실시되었다.[14] 연구자들은 학부생들을 불러서 캘리포니아에 기반을 둔 한 신규 통신 업체가 학생들의 도움을 받고 싶어 한다고 말했다. 동부에 새로운 지사를 세우려고 마케팅 담당자를 찾는데 그 일을 도와달라는 거였다.

마케팅 담당자의 급여는 13만 5,000달러에서 18만 달러 사이라고 알려준 다음, 학생들에게 두 명의 지원자를 보여주고 평가를 부탁했다. 남녀 한 명씩이 아니라 두 명 다 여자이거나 두 명 다 남자로 보여주었다. 그리고 모든 지원자는 사전 검사에서 동일한 자격 조건을 갖춘 사람들로 간주렸다. 단, 한 명은 아이가 있고 한 명은 없는데, 이 점을 추측할 수 있게 '학부모교사협의회 코디네이터'라고 이력서에 분명하게 밝혀놓았다.

자, 이제 어떤 일이 벌어졌을까?

여자 둘이 서로 경쟁 상대인 경우, 즉 한 여자는 아이가 있고 다른 여자는 아이가 없다는 사실을 이력서로 쉽게 추론해낼 수 있을 때 아이가 있는 여자가 모든 부분에서 상대에게 밀렸다. 아이가 있는 여자를 능력 면에서 살짝 떨어지는 것으로 간주했다. 또한 일에 대한 헌신도에서도 상대 여자보다 낮게 평가했다. 아이가 있는 여자를 채용에 적합한 인물로 꼽은 비율은 47퍼센트였지만, 아이가 없는 여자는 84퍼센트가 채용을 적극 권장했다. 아이가 있는 여자의 권장 초봉은 평균 13만 7,000달러였고 아이가 없는 여자는 14만 8,000달러였다. 아이가 있는 여자를 응답자의 69퍼센트가 잠재적인 관리잣감으로 여겼지만, 아이가 없는 여자의 장기적 가능성에는 84퍼센트가 손을 들어주었다.

그러나 아이가 있는 남자와 아이가 없는 남자의 경우에는 실험 참가자들이 전혀 다른 반응을 보였다.

아이가 있는 남자를 아이가 없는 남자보다 능력 면에서 조금 더 뛰어나다고 여겼다. 아이가 있는 남자는 일에 대한 헌신도도 더욱 높을 것으로 기대했다. 권장 초봉은 평균 15만 달러였는데, 두 명의 여자 지원자보다도 높은 액수였고 초봉을 14만 4,000달러로 결정한 아이가 없는 남자보다도 높았다. 아이가 없는 남자는 아이를 빼고는 자격 조건이 모두 동일했는데도 말이다. 그리고 93.6퍼센트라는 압도적인 비율로 아이가 있는 남자를 미래의 관리잣감으로 여겼다. 반면 아이가 없는 남자는 응답자의 85퍼센트만이 승진을 시켜도 된다고 생각했다.

따라서 아이의 존재는 여성이 직업을 가질 확률을 떨어뜨렸고, 신뢰도나 승진 가능성에서도 마이너스 요인으로 작용했다. 전반적으로 적합성이 하락했다. 하지만 아이가 있는 남성은 가정을 이룬 사실이 경쟁 우위로 작용했다. 묘하게도 여성에게는 조심스럽게 밝힌 아이의 존재가 헌신성 부족이나 승진 자격 미달 등의 의혹을 가져온 반면, 남성에게는 아이의 존재가 그런 의혹을 한 번에 해결해주었다.

어째서 '아이'라는 똑같은 요인에도 남성과 여성의 결과가 이토록 다르게 나올까? 물론 처음부터 여성과 남성을 바라보는 전제 자체가 다르기 때문이다. 그리고 사람들은 앞으로도 계속 여성과 남성의 행동 양상을 추측할 때 다른 전제 기준을 가지고 바라볼 것이다. 오스트레일리아처럼 일터에서 남녀를 차별하지 못하게 규제하는 환경이라도 말이다.

남성과 여성은 부모가 된다는 것에 다르게 반응할 거라고 가정한다. 냉혹하지만 엄연한 현실은 그러한 가정이 틀리지 않다는 것이다. 남자와 여자는 정말로 부모가 되었을 때 다르게 반응한다. 남자는 첫아이가 태어나도 자신의 근무 형태를 바꾸지 않는다. 만에 하나 바꾸더라도, 우리가 이미 살펴봤듯이 근무시간을 늘린다.[15]

반면 여자는 아이가 생기면 근무 형태를 바꿀 가능성이 훨씬 높다. 어린아이를 둔 일하는 엄마들 중 43퍼센트가 시간제 근무를 하지만, 어린아이를 둔 일하는 아빠들 중에는 시간제 근무 비율이 겨우 5퍼센트밖에 되지 않는다.[16]

이것이 바로 오스트레일리아의 노동 현장에 있는 남성과 여성의 삶의 형태이다. 아이가 자라서 학교에 진학하고 대학에 다니는 동안 여자아이들이 남자아이들보다 우수하다. 대학 진학을 희망했던 아이들도 성인이 되었을 때 여자들이 남자들보다 졸업도 더 많이 할 것이다. 남학생과 여학생의 취업률은 거의 비슷하고 중간 관리자급으로 승진하는 수도 얼추 비슷하다.

그러나 아이가 생기면 양상이 달라진다. 남자의 직장 생활은 덜컹거릴지언정 멈추지 않는 반면, 여자들은 인생에서 일어나는 다른 일들에 맞춰서 노동 형태를 바꾸는 데 훨씬 유연하다. 남자는 경기 침체 때문에 일자리에 지장을 받지만 여자는 가족 때문에 지장을 받는다.

소리 없이 강화되는 성별적 편견

유급 노동을 하는 기혼 여성에 대한 실제 제약을 아무리 제거해도 사회에 남아 있는 고질적인 편견은 그대로다. 남자와 여자가 각자 더 잘하는 게 무엇인지, 이후 어떻게 행동할지, 또 무엇을 최우선 순위로 삼을지에 대한 편견 말이다. 1장에서 설명했듯이 이러한 편견은 언제나 의식하고 하는 게 아니다. 고용주들은 자신들도 미처 깨닫지 못하는 사이에 왜곡된 판단을 내리게 된다.

이러한 편견들은 근육 기억*처럼 발달하여 경험을 통해 소리 없이 강화된다. 이러한 과정은 사소한 일뿐만 아니라 중요한 일에서도 일어난다. 내 경우 선물 포장 실력이 늘면 늘수록 더 자주 선물 포장을 하게 되고 그럴수록 선물 포장에 적임자라는 명제가 더욱 공고해지고 타당해질 것이다. 반면 〈브레이킹 배드〉** 시리즈를 보고 싶어 하는 사람이라면 제레미에게 조언을 구하면 된다.

사실 일이 이렇게 된 건 내가 의도한 것도, 제레미가 의도한 것도 아니었다. 선물 포장은 너무 여성스러운 일이고, 비디오 녹화도 제대로 못하는 것은 나의 페미니스트적 자아에 실로 창피한 노릇이다. 하지만 우리의 모습이 그러하다. 그냥 그렇게 되어버렸다. 내 입장을 방어하고자 한마디 덧붙이자면 제레미가 세탁과 정리 정돈은 나보다 잘한다. 그래도 나와 제레미가 가진 이런저런 기술의 성별적 특징을 부인할 수가 없다. 단추를 달아야 할 때, 먼저 찾는 사람은 제레미가 아니라 나일 것이다. 치우기 힘든 쓰레기가 있을 때는? 우리 남편을 찾을 것이다.

---

* 반복적으로 하는 행동을 뇌에 저장하여, 다양한 근력 동작을 수행할 때 꺼내 쓸 수 있다. 운동 학습과 반복을 통한 절차 기억의 한 종류이다.
** 폐암 말기 판정을 받은 화학 교사 월터 화이트가 가난한 현실에 회의를 느껴 고품질 마약 생산 사업에 뛰어들면서 벌어지는 일을 다룬 드라마다.

직장에서는 이런 생물학적 행동 패턴을 훨씬 광범위하게 해석한다. 남편이자 아버지가 되면 만인이 흠모하는 특징을 가지게 된다. 누군가에게 선택을 받고 사랑받았다는 사실이 확실히 증명되는 것이다. 또한 은연중에 보증을 받는 게 하나 더 있다. 어린이집에 가야 할 상황에서도 군소리 없이 회사에서 버틸 수 있는 것이 그것이다. 여성의 최우선 순위는 집이라는 생각(1922년 의회 회의록에 노골적이고 공공연하게 드러났던)은 요즘도 여전히 암암리에 퍼져 있다.

그럼, 문제를 대하는 태도가 달라지고는 있을까? 다들 그렇다고 생각할 것이다. 기업 내 성비 불균형을 '해소하겠다'는 남성 CEO나 근무 형태를 완전히 바꿔놓을 탄력 근무제 관련 기사가 하루가 멀다 하고 나오니까 말이다. 하지만 최소한 일반 가정에서 누가 무슨 일을 할지에 대한 문제에서는 별로 바뀌는 게 없다. 아무리 사회적으로 남녀 문제를 대하는 태도가 바뀌어도 우리가 각자에게 기대하는 역할은 잘 바뀌지 않는다.

"남편이 밖에 나가 돈을 벌어오고 아내가 살림과 육아를 책임지는 가정이 더 낫다."

오스트레일리아 국민들에게 이 내용에 동의하는지를 물었다. 1986년에는 55퍼센트 조금 넘는 남성들이 동의했다. 2001년에는 그 비율이 약 30퍼센트로 곤두박질쳤다가, 2005년에 41.4퍼센트로 다시 상승했다. 전반적으로 여성이 남성보다 여기에 부정적인 반응을 보이기는 하지만, 여성들도 지난 30년 동안 열성적으로 지지했다가 시들해졌다가 했다. 남자가 일하고 여자가 살림을 하는 편이 낫다고 생각한 여성은 1986년에 33퍼센트였다. 2001년에는 19퍼센트까지 떨어졌다가, 2005년에 다시 36.4퍼센트로 급등했다.[17]

이게 대체 어떻게 된 일일까? 기혼자 퇴직법이 존재하던 과거와 성 역할에 대한 구시대적 사고방식을 관대한 시선으로 회상하는 것, 그리고 국가적 차원에서 일종의 방향 전환을 실시하여 올바른 방향으로 돌려놓는 것은 전혀 별개의 문제이다. 내가 느끼기에 여성의 사회 진출이 현저히 늘어나는 동안, 가정으로 회귀한 남성이 적었다는 것은 일과 가정의 병행이 여성에게 필요 이상으로 어렵다는 의미라고 본다. 자신의 아버지보다 더 나은 아버지가 되고 싶어 하는 남자들에게도 어렵기는 마찬가지다. 그러니 구시대의 모델이 가장 손쉽고 스트레스가 적은 해결책으로 떠오른 것도 이상할 것은 없지 않을까?

머를 손턴 할머니는 포연이 자욱한 젠더 전쟁의 최전선에서 살아온 인생을 돌아보면서 이렇게 말했다.

"그동안 남녀 역할에서 일어난 변화의 속도는 인류 역사상 가장 빨랐지. 하지만 마지막에 가서는 결국 남녀 사이의 개인적인 문제로 바뀌어버리는 거야. 그러니 아직도 갈 길이 아주 멀지."

우리는 일터가 외부와 전혀 무관하게 돌아가는 것처럼 여기지만, 사실 일터는 진공상태에서 돌아가는 곳이 아니다. 사무실이며 작업장, 공장, 병원, 학교, 농장, 상점을 샅샅이 뒤져도 소용없다. 남자와 여자가 어떻게 일하는지 그 양상을 알고 싶다면, 한 걸음 더 가까이 다가가야 이해할 수 있을 것이다. 그리고 남자와 여자가 집에 있을 때 무엇을 하는지를 살펴봐야 한다.

‖ 4장 ‖
가사 노동 불변의 법칙
"일하지 않는 남성이
가사 노동을 더 안 하는 이유"

평균에는
한계가 있다

오스트레일리아인의 평균을 내보면, 서른일곱 살 여성으로 오스트레일리아에서 오스트레일리아 부모에게서 태어났으며 앵글로 켈트 혈통이다. 남편과 아홉 살짜리 아들, 여섯 살짜리 딸이 있고 그들과 집에 함께 있을 때는 영어만 사용한다. 집은 수도 외곽에 위치해 있으며, 침실이 세 개에 매달 대출금 1,800달러를 남편과 함께 갚는다. 부부는 그 집에서 5년 넘게 살았고 자동차는 두 대 있으며, 매일 그중 한 대를 끌고 나가 판매 사원으로 주당 32시간 근무한다. 또한 경영학 수료증을 가지고 있지만 육아와 일을 병행해야 하기 때문에 탄력 근무가 가능한 소매업종에서 일하는 것이 안성맞춤이라고 여긴다.

평균 오스트레일리아인에 대한 초상은 2011년 인구 조사 후 오스트레일리아 통계청이 발표한 내용이다.[1] 평균 오스트레일리아인은 전국의 내로라하는 통계학자들이 2011년 8월 9일 저녁에 인구 조사를 실시하여 2,200만 명의 삶과 습관, 가족 구조, 종교, 소득, 교육 등을 종합하여 내놓은 정보의 요체이다. 통계청은 오스트레일리아 사람의 몽타주를 완성하기 위해 먼저 최다수 성별(1979년 이후 여성)의 가장 흔한 직업(판매 사원)을 접목시켰다. 그다음에 가장 일반적인 자녀 수를 그 인물과 묶어서 보통의 관계 속에 툭 던져놓은 것이다.

요즘 우리 사회는 인구가 증가하고 구성원이 다양해질 뿐만 아니라 한 세대 전에는 상상도 못했던 형태로 발전하고 있다. 그래서 평균 오스트레일리아인은 인구 조사 때마다 바뀌고 있다. 가령 1911년, 평균 오스트레일리아인은 스물네 살의 영국 성공회교도 남성이었다. 1961년이 되자 스물아홉 살의 사무원으로 바뀌었다.

하지만 평균이라는 게 좀 웃기는 면이 있다. 평균이 모두를 대표하는 것은 아니다. 우리 모두 그 점은 익히 알고 있다. 오스트레일리아 통계청에 따르면, 흥미롭게도 평균 오스트레일리아인은 사실 아무도 대표하지 못한다고 한다. '오스트레일리아 사회

동향(Australian Social Trends)' 2013년판에서 통계청은 얄미울 정도의 관료주의적인 자세로 다음과 같이 발표했다.

"평균 오스트레일리아인과 어느 정도 공통점이 있는 사람도 많겠지만, 인구 조사 당일 밤 오스트레일리아에서 집계된 약 2,000만 인구 중 이러한 기준을 모두 충족시킨 사람은 단 한 명도 없었다."[2]

아, 통계라는 게 이렇다. 아주 유용하고 흥미진진하지만 허점투성이다. 통계는 어떤 일이 일어날 가능성을 우리에게 알려준다. 그리고 인간이 기울인 노력에 형체를 만들어준다. 그 형체는 통계 자료를 통해 예측한 것으로 한순간에 사라져버릴 수도 있다. 그러나 이런 허점들은 희망에 대한 우리의 대담한 표현이자 예외를 기대하는 가냘픈 외침이다. 우리의 자율성, 독창성, 하루 한 갑 피우는 골초면서도 암에 걸리지 않는 능력 또는 결승선을 걸어서 들어오는 우승 가능성 없는 말에게 돈을 거는 배짱에 대한 우리의 믿음 말이다.

아주 가까이에서 보면 우리는 모두 다르게 보인다. 우리 모두는 기존 체제를 거부할 수 있다. 각자에게 자신은 유일무이한 존재이다. 우주에서나 (혹은 캔버라 고층 빌딩 꼭대기 방에 산처럼 쌓인 인구 조사 서류에서) 봐야 반복되는 형태가 희미하게나마 나타날 것이다.

따라서 평균 가정이 어떻게 돌아가는지, 다수의 인간 생명체가 함께 살아갈 때 어떤 일이 벌어지는지 살펴볼 때 명심해야 할 것이 있다. 바로 개개인에게 그리고 그 개개인이 사랑하는 사람들에게 평균 같은 것은 없다는 사실이다. 평균이라는 것은 한참 지나고 나서야, 아니면 현상에서 멀리 떨어져 있을 때, 또는 온갖 방대한 정보를 우걱우걱 먹어치우는 기계에 개인 100만 명의 자료를 입력하여 그 결과가 소시지처럼 줄줄이 나올 때에야 드러난다.

두 사람이 만나 아이가 생겼을 때, 직장에서 어떤 일이 벌어지는지는 이미 살펴보았다. 그러나 남자와 여자가 (A) 사랑에 빠져서 (B) 동거를 시작하고 (C) 결혼을 하고 (D) 자식을 낳을 때 가정에서는 어떤 일이 벌어질까? 나는 우리가 사는 현대에서 가장 보편적이라고 여기는 이러한 사건을 연대순으로, 즉 순차적으로 이야기했지만 다른 순서로 일을 진행하는 커플도 있다. (A)를 가장 먼저 하고 (C)를 한 다음 (D)로 가는 커플도 있다. (A) 다음 (B)로 갔다가 (D)로 가는 커플도 있다. 그냥 (A) 상태에 머물러 있거나 (A) 다음 (B)로 가거나 (A)에서 (C)로 가는 커플도 있다. 심지어 (우디 앨런과 미아 패로를 보면 언제나 성공한다고 할 수는 없지만) (A)와 (D)만 하고 중간 과정은 몽땅 건너뛰는 것도 가능하다.

가사 노동
불변의 법칙

그런데도 수많은 오스트레일리아 국민들은 엄마, 아빠에 몇 명의 아이가 있는 집에 그럭저럭 안착하고 있다. 그러한 가정에서는 누가 무엇을 할까?

먼저 멀리서부터 시작해보자. 이 주제에 대해 구할 수 있는 전 세계적으로 뻔한 내용부터 살펴보자. 여성은 가정에서 남성보다 일을 더 많이 한다. 이러한 현상은 국가마다 극과 극을 달리지만 기본적인 틀에서는 진리다. 무작위로 골라 조사해보니, 설거지를 할 때 아내가 남편의 도움을 받을 가능성이 가장 높은 국가는 노르웨이였다. OECD에 따르면 노르웨이는 아내가 3시간 반 일하면 남편도 하루에 3시간 가사 노동을 한다고 한다.[3] 그건 그렇고 노르웨이는 세계에서 가장 후한 배우자 출산 휴가 제도가 있는 나라이다.

이와 달리 일본 같은 나라도 있다. 일본은 보통 남편들이 허드렛일, 청소, 육아 등을 겨우 1시간밖에 하지 않는다. 하지만 아내들이 가사 노동을 하루 5시간이나 하기 때문에 집은 아무 탈 없이 돌아간다.

오스트레일리아 여성은 가사와 육아를 유독 많이 한다. 하루에 5시간 11분이나 하는데, 이는 바로 앞에서 우리가 딱하게 여긴

일본 여성들보다 11분이나 많다. 불행 중 다행은 오스트레일리아 여성들은 일본 남자와 결혼하지 않았다는 것이다. 오스트레일리아 여성과 결혼한 오스트레일리아 남성들은 집에서 하루에 거의 3시간 일을 한다(물론 아내보다는 턱없이 부족하지만 멕시코나 한국, 이탈리아의 동지들보다는 훨씬 많다).

오스트레일리아의 남녀가 전 세계 남녀보다 집에서 일을 많이 하는 이유는 오스트레일리아에는 저임금 가사 노동 서비스 문화가 존재하지 않기 때문이기도 하다. 미국은 남녀 모두 오스트레일리아보다 가사 노동을 적게 하지만 사회 최하위 계층의 도우미 서비스를 이용할 공산이 훨씬 크다. 어쨌거나 미국의 가사 노동자 중 여성의 비율이 94퍼센트이므로 성 인지 통계에는 영향을 미치지 않지만 가사 도우미 고용은 수많은 변수를 초래한다. 인종 변수가 그중 하나이다. 예를 들어 전미가사노동자연맹이 2012년 실시한 연구에 따르면, 백인 가사 도우미가 시급 12달러의 중위임금*을 번다고 하면 흑인 및 라틴계 가사 도우미들은 10달러, 아시아계는 8.33달러를 번다.[4]

미국 여성들이 가사 노동에서 어느 정도 해방되어 여유를 누리는 것을 보니 다행이라는 생각도 든다. 하지만 한편으로는 그

---

* 전체 노동자의 임금을 금액순으로 나열했을 때 한가운데에 있는 임금을 말한다.

아내 가뭄

런 여유가 일정 정도 피부색에 따른 시급 차이 덕이라니 꽤 씁쓸하다.

여성은 남성보다 집안일을 더 많이 한다. 세계 어디서나 마찬가지다. OECD 회원국 전체의 평균을 냈을 때, 남자는 하루 141분 집안일을 하고 여자는 273분을 일한다. 거의 두 배의 시간이다.[5] 이는 지역별 통계 수치가 아니라 글로벌 통계 수치다. 여러분을 우울하게 하려고 하는 말이 아니다. 사실 집 밖의 변화 속도가 아무리 빨라도 집 안의 변화 속도는 그다지 빠르지가 않다.

지역 현황을 좀 더 자세히 들여다보기 위해 이제 오스트레일리아 정부가 지난 30년 동안 컴퓨터광들에게 한 일 중 가장 잘한 일을 하나 소개하겠다. 바로 생활시간조사로, 오스트레일리아 가정의 광범위한 단면을 파악하기 위한 거였다. 이를 위해 오스트레일리아 통계청은 사람들에게 시간을 어떤 식으로 사용하는지 그 내용을 기록해달라고 요청했다.

생활시간조사는 지나치게 꼬치꼬치 캐물었다. 조사 대상 인물이 마지막까지 무엇을 하는지 철저하게 추적했고 그 사람이 동시에 두 가지 일을 할 때를 기록하게 했다. 하지만 세대주들에게 여러 가지 활동에 사용하는 시간을 계산해서 알려달라고 하는 통상적인 조사보다 훨씬 신뢰가 가는 조사였다. 사람들에게 전화로 집안일을 얼마나 하느냐고 물으면 대부분 과장을 하기 때문이다.

21세기로 바뀔 무렵, 미국에서 '전미일지연구(A national diary study)'를 실시했는데 모두가 실제보다 집안일을 더 많이 하는 것처럼 굴었다는 사실을 밝혀냈다. 남자들은 가사 노동을 일주일에 23시간 한다고 주장했지만 일지에 따르면 사실 10시간밖에 하지 않았다. 또한 여자들도 32시간 집안일을 한 것으로 추산했지만 실제로는 17시간 정도 한 것으로 밝혀졌다.[6]

잘 따져보면 이해는 된다. 애들이 온라인 게임에 푹 빠져 있는 동안, 집안일을 내팽개치고 〈왕좌의 게임〉을 몰아 보고 있다고 하자. 그런데 그때 마침 오스트레일리아 통계청에서 전화를 걸어서 지금 무엇을 하느냐고 묻는다면, 당연히 아이들 수학 숙제를 봐주고 있다고 할 것이다. 특히 배우자가 통화 내용을 들을지도 모른다는 의심이 든다면 더더욱 그렇다. 인간은 늘 설문 조사원에게 거짓말을 한다. 선거에서 오스트레일리아 한나라당(the One Nation)*의 득표율이 늘 여론 조사보다 조금 높은 이유도 바로 그 때문이다. 조사 당시에는 보건과 교육 부문 지출을 늘려준다면 기꺼이 세금을 더 내겠다고 답해놓고 투표는 반대로 하는 이유도 바로 그 때문이다.

1992년, 1997년, 2006년에 실시한 오스트레일리아 통계청의

---

* 극우 성향의 폴린 핸슨 상원 의원이 이끄는 정당으로 2015년 7월 총선 당시 지지율은 1.3퍼센트였다.

생활시간조사를 가리켜 미국국립과학아카데미는 '생활시간조사의 벤츠'라고 평하기도 했다.[7] 그 조사 내용이 눈부시게 정밀했기 때문이다. 일지를 통해 어렵게 알아낸 정보는 분명 괴짜들에게는 크나큰 희열을 주었겠지만 희열 이상의 가치가 있는 정보였다. 우리는 가정 내 노동을 사회적으로 통용되는, 예를 들면 '금전적인 보상' 같은 방식들로 설명하지 않는다. 그렇기 때문에 일지를 통해 알아낸 정보는 우리에게 가정 내 노동에 대한 믿을 만한 국가적 추정치를 제공한다.

그런데 비극적이게도 줄리아 길라드 정부의 예산 삭감 때문에 2013년 예정된 연구를 통계청도 취소할 수밖에 없었다.[8] 2019년까지는 연구 계획이 없다고 하니, 내가 이 책에서 인용할 데이터는 2006년 데이터가 되겠다. 그러니 지난 8년 동안 집안일에 꽤 재미를 붙였는데 너무 안 알아준다 싶으면 지역 하원 의원한테 가서 따지시기를.

1992년부터 2006년 사이, 오스트레일리아 사회에서는 꽤 많은 변화가 일어났다. 의미 있는 경제 개혁이 이뤄졌다. 1992년 유급 노동에 종사하는 여성이 48퍼센트밖에 되지 않았는데 이후 여성들의 취업 패턴이 달라졌다. 2006년에 오스트레일리아 여성의 절반 이상(55퍼센트)이 노동 현장에 진출한 것이다.[9]

여성의 노동 현장 진출은 무시하지 못할 정도로 늘었지만, 남성의 가정 진입은 그 수준을 따라가지 못해 균형이 이뤄지지 않았다. 또한 여성들은 1992년부터 빠른 속도로 유급 노동 현장에 뛰어들었지만 새로 맡은 일만큼 가정에서 집안일의 양을 줄이지 못했다. 오히려 1992년과 2006년 사이에 자녀 양육에 쓰는 시간을 20퍼센트 가까이 늘렸다.[10]

일하지 않는 남성이 가사 노동을 더 안 하는 이유는?

전통적인 생계부양자와 전업주부 모델을 옹호하는 이들은 유급 노동과 무급 노동을 각각 한 사람이 전담하는 게 경제적이라고 주장한다. 이것이 바로 '교환 협상'이라는 시스템으로, 한 사람(보통 남편)이 돈을 벌어 다른 한 사람을 부양하면 그 다른 한 사람(보통 아내)이 욕실 타일의 곰팡이나 부활절 모자 퍼레이드와 그외 나머지 모든 일을 책임지는 것이다. 이 합의에는 분명 매력적인 면이 있다. 각자 영역을 나누다 보니 한 사람이 두 가지 일을 하는 일도 없고, 누가 어떤 일을 맡을지 결정할 때 각자 잘하는 일을 한다는 나름 명확한 규칙도 있기 때문이다.

　유급이건 무급이건 가리지 않고 모든 노동을 포함하여 일한 총 시간을 계산해보면, 집 안에서 남자와 여자가 일한 총 시간이 얼추 비슷하게 나온다. 전통적인 가족 구조에서 남자는 돈벌이에

다가 추가로 잔디 깎기, 또 추가로 이런저런 벌레 죽이기를 맡고 있다. 이 시간들을 모두 합해보면 여자가 요리, 청소, 육아에 들이는 시간과 거의 비슷할 것이다.

그런데 진짜 흥미로운 점이 있다. 바로 남녀의 상황이 바뀐 가정에서 벌어지는 일이다. 여자가 유급 노동으로 이동하고 남자가 유급 노동에서 이탈하면 어떤 일이 벌어질까? 교환 협상 모델이 신뢰를 얻으려면 서로 맡은 일을 맞바꿔서 대략적으로나마 동등한 상태를 유지해야 하지 않을까?

하지만 현실은 그렇지 않다. 오스트레일리아 생활시간조사 데이터에 따르면, 남성은 전일제 근무든 시간제 근무든, 또 무직이든 일주일에 평균 15시간에서 20시간 가사 노동을 한다. 직업이 아예 없는 남성은 가사 노동을 약 20시간 한다. 시간제 근무를 하는 남성은 약 15시간, 전일제 근무를 하는 남성은 16시간 가사 노동을 한다.[11] 전일제 근무를 하는 남성이 시간제 근무 남성보다 가사 노동을 아주 조금 더 많이 하는 이유가 뭐냐고? 그건 나도 모른다.

반면 여성으로 넘어오면 얘기가 완전히 달라진다. 직장에 다니지 않는 여성은 당연히 집안일을 더 많이 하고, 유급 노동 시간이 늘어나도 집안일을 하는 시간은 그대로다. 여성의 경우에는 격차가 훨씬 다양한데, 평균적으로 유급 노동에 종사하지 않는 오스트레일리아 여성은 집안일을 주당 42시간(육아 포함) 한다. 하지만 정규직 종사자는 25시간밖에 하지 않는다. 그렇더라도 남성 평균보다 (심지어 유급 노동을 전혀 하지 않는 남성보다도) 여전히 많다.[12]

지금 한 이야기는 모두 평균이라는 사실을 명심하라. 만약 당신이 살림하는 아빠이고 태권도 수련과 다림질, 생야채로 만든 건강한 방과후 간식을 준비하는 사이에 짬을 내어 이 책을 읽고 있다면 부디 나를 욕하지 마시기를. 당연히 집안일을 20시간 이상 하는 남자들도 많다. 그러나 통계를 보면 꽤나 분명하게 드러난다. 유급 노동을 몇 시간 하건 여자는 남자보다 집안일을 더 많이, 꽤나 큰 차이가 날 만큼 한다.

여성의 가사 노동 시간은 살면서 일어나는 다른 일들에 크게 좌우된다. 반면 남성은 사는 동안 눈에 띌 정도로 현저하고 광범위하게 가사 노동 시간에 변화를 주는 사건이 손에 꼽힐 정도로 적다.

남성이 집에서 독립하는 것이 바로 인생의 그런 큰 사건 중에 하나이다. 혼자 살든 누군가와 함께 살든 부모 집에서 나와 독립을 하면, 스무 살에서 마흔아홉 살 사이 남성은 요리와 쇼핑에 쓰는 시간이 크게 늘어난다.[13]

이혼도 그런 큰 사건 중 하나이다. 이 분야를 대표하는 학자인 재닌 백스터는 '니고시에이팅 더 라이프코스'에 전화를 건 수천 명의 오스트레일리아인들을 대상으로 설문 조사를 실시했고 그

데이터를 분석했다. 분석 결과, 이혼 즉시 남자의 가사 노동량은 주당 약 10시간 가까이 증가했다. 그런데 여성에게 이혼은 남성과는 상당히 다른 결과를 가져왔다. 남편과 이혼한 후에 집안일을 일주일에 6시간 덜 했기 때문이다.[14]

아이가 태어나면 어떨까? 당연히 늘어난 그 모든 빨래와 젖병 살균에 마법처럼 재울 수 있다는, 하지만 효과는 하나도 없는 아기용 포대기 쇼핑 등이 가사 노동량에 영향을 미쳐야 하지 않을까?

백스터의 연구에 따르면 첫아이 출산은 여성의 가사 노동을 대폭 증가시켰다. 여자는 첫째 출산 후에 평소 하던 집안일보다 절반 정도를 더했다. 그리고 둘째를 출산한 후에 또 그만큼 집안일을 더했다.[15]

그러나 남자는 첫째가 태어나도 집안일이 늘어나봤자 무시해도 될 정도의 수준이었다. 그리고 둘째부터는 Y 염색체의 공급자인 남자가 집안일에 쓰는 시간은 오히려 줄어들었다. 이게 어떻게 된 일인가 고민하던 백스터는 두 가지 이론을 제시했다.

"첫 번째는 많은 가정에서 첫아이 이후 이미 당연하게 되어버린 가사 분담을 그 후에 태어난 아이들이 더욱 강화시킬 수도 있다. 두 번째는 첫아이 이후에 아이들이 늘어나면서 증가한 지출을 보충하기 위해, 또는 아내의 유급 노동 시간이 줄어든 만큼 남편이 유급 노동 시간을 늘리기 때문일 수도 있다."[16]

따라서 여자들은 정규직일 때 가사 노동 시간을 줄이고 아이가 생기면 늘린다. 다시 말해서 여자들은 살면서 일어나는 모든 변화에 어느 정도 탄력적으로 대응한다. 하지만 남자들은 일종의 비공식 가사 노동 최저 시간 같은 것에 매여 있는 듯하다. 살면서 어떤 일이 일어나든지 일주일에 20시간 정도로 유지해야 한다는 규칙 같은 것 말이다.

수입이 높은 여성일수록 집안일을 더 많이 하는 기현상

오스트레일리아 가정의 가사 분담에 아주 흥미로운 영향을 미치는 요인이 하나 더 있는데, 그것은 소득 분배이다. 유구한 역사를 지닌 남성 생계부양자 모델은 남자가 가계 소득을 전적으로 책임지고 여자는 집안일을 대부분 혹은 전부를 한다고 가정한다.

유급 노동을 몇 시간 하는가 대신 얼마를 버는가에 따라 여자들의 행동이 달라지는 모습을 보다 보면, 아주 흥미로운 사실을 하나 발견할 수 있다.

재닌 백스터와 벨린다 휴잇은 2012년 논문 〈가사 노동 협상: 오스트레일리아 여성의 소득과 가사 노동 시간(Negotiating Domestic Labor: Women's Earnings and Housework Time in Australia)〉에서 오스트레일리아의 가구, 소득 및 노동 역학성

(HILDA: Household, Income and Labour Dynamics in Australia) 조사를 통해 얻은 자료를 분석했다.[17] 백스터와 휴잇은 특히 가구의 주당 총소득에 대한 기여도와 그에 따른 여성의 가사 노동 패턴을 살펴봤다. 당연히 남녀로 구성된 가족의 여성들을 대상으로 했다. 싱글맘이 집안일을 도맡아하는 것에 놀랄 사람은 없을 테니까 말이다.

연구 결과, 평균적으로 여성은 가계 예산에 1퍼센트를 기여할 때마다 집안일을 일주일에 17분씩 덜 했다. 따라서 남편이 9만 9,000달러를 벌고 아내가 밖에 나가서 1,000달러를 받는 임시직을 얻으면, 아내는 일주일에 17분 가사 노동을 덜 할 수 있는 것이다. 기여도가 1퍼센트 더 증가하면 집안일을 추가로 17분 줄일 수 있다. 여기까지는 교환 협상 이론의 아름다운 모습이다. 유급 노동이 무급 노동과 교환 가능하기 때문이다. 둘 중 한쪽을 더 많이 하면 나머지 한쪽을 덜 하게 되는 것이다.

그러나 이러한 패턴은 여성의 기여도가 가계 총소득의 66.6퍼센트에 도달할 때까지만 유효했다. 여자가 그 이상 벌기 시작하면 무급 노동의 양이 다시 늘어났다.[18] 가족의 주요 생계부양자로 확고히 자리매김하게 되면 여성은 교환 협상 모델이 예측한 것과 정반대로 행동하기 시작한다. 즉, 유급 노동으로 돈을 많이 벌수록 여자는 다시 집안일을 점점 늘렸다.

정말 이상한 일이다. 어째서 여자는 유급 노동에 대한 기여도가 커질수록 동시에 무급 노동 시간도 늘려야 한다는 의무감을 느낄까? 그리고 왜 66.6퍼센트가 가정 내 모든 것을 바꿔놓는 유발점이 되었을까? 왜 하필 66.6일까, 세탁소 전화번호도 아니고?

백스터는 그 이유를 이렇게 설명했다.

"한 가지 이유는 오스트레일리아의 남성 생계부양자 문화가 너무 강하기 때문이다. 그런 가정에 속한 여성들이, 뭐랄까, 남은 집안일 일부를 하면서 성 정체성을 재확인하는 것이다."

이처럼 이상한 오스트레일리아의 가사 노동 패턴이 백스터의 연구에서 갑자기 불쑥 등장한 것은 아니다. 2003년 일단의 오스트레일리아 및 미국 학자들이 남녀의 가사 분담에 대해 두 나라의 패턴을 비교하면서 논의가 처음 시작되었다. 이 프로젝트에는 뉴사우스웨일스대학교의 마이클 비트먼이 오스트레일리아 쪽 학자 대표로 참여했다. 그리고 여자 쪽이 남편보다 돈을 더 많이 벌기 시작하는 시점부터 오스트레일리아 커플들의 행동이 눈에 띄게 달라진다는 사실을 발견했다.[19] 비트먼과 동료들은 여성이 가계 재정에 기여하는 부분이 커지면 어떻게 행동하는지 그래프로 그려보았다. 그래프를 보면 여성의 벌이가 남편과 거의 비슷해질 때까지 가사 노동량이 하향 곡선을 그리다가 여성의 소득이 늘어나면 다시 원래 수준까지 상승했다. 그 결과 그래프는 정중앙을 조금 빗겨난 스마일 모양이 되었다. 비트먼 연구팀은 남편의 기여도도 그래프로 그렸다. 그동안 여러 증거를 통해 대충 예상한 대로 남성의 그래프는 시종일관 직선에 가까웠다.

학자들은 당혹스러웠다. 혹시 자신들이 틀린 게 아닐까? 뭔가 다른 이유가 있는 게 아닐까? 사실 여자의 수입이 남자보다 더 많은 경우는 그리 많지 않으니까 말이다. 다른 요인 때문에 연구 결과가 왜곡된 것은 아닐까? 학자들은 집안일을 요리, 청소, 세탁 등으로 세분화했고 남편이 무직인 가구는 연구에서 제외했다. 하지만 연구 방법이 어떤 식이든 결과는 같았다.

그런데 흥미롭게도 미국의 경우는 달랐다. 미국은 아내들이 돈을 많이 벌수록 가사 노동 시간을 줄였다. 오스트레일리아와 달리 미국 여성들에게는 기이한 악마의 숫자, 즉 66.6퍼센트의 반전이 없었다. 대신 미국은 남편들이 집안일에서 손을 놓았다. 아내가 돈을 더 많이 벌면, 미국에서는 남편들이 아내와 소득 수준이 같아질 때까지 가사 노동 비율을 계속 늘려갔다. 하지만 아무리 해도 아내의 소득을 따라잡지 못하면, 남편들은 손을 놓고 다시 가사 노동을 줄여버렸다.[20]

학자들은 왜 두 나라의 연구 결과가 다른지 그 이유를 알아내기 위해 할 수 있는 방법은 모조리 시도해봤다. 혹시 연구 방법과 데이터 분석에서 차이가 있었을지도 모르기에 이렇게도 해보고 저렇게도 해봤지만 두 나라의 차이를 없애지는 못했다. 결국 연구자들은 나라별 현상으로 결론을 지었다.

"오스트레일리아 여성들은 남편보다 돈을 더 많이 벌면 집안일을 더욱 많이 했다. 마치 아내가 가정 생계를 책임지고 남편이 아내의 수입에 의존하게 된 '성 역할 일탈'을 보상이라도 하려는 듯이 말이다. 반면 오스트레일리아 남성들의 가사 노동 참여는 아내의 소득에 영향을 받지 않았다."[21]

따라서 오스트레일리아에서 가사 분담을 설명할 때, '교환 협상 이론'은 국가적으로 확고하게 자리 잡고 있는 암묵적인 가정(假定), 즉 가정의 주요 생계부양자가 남성이라는 사실과 맞아떨어질 때만 유효하다. 이 부분에 대해서는 8장에서 좀 더 자세히 살펴보겠다.

집안일을 대하는 남녀의 자세

여성은 자신이 처한 상황에 따라 가사 노동 시간을 늘리기도 하고 줄이기도 하지만, 남성은 가사 노동 시간이 거의 고정불변이다. 그럼, 여자가 전일제 근무를 시작하여 집안일을 할 수 없는데 남편이 그 일을 나눠서 하지 않으면 어떤 일이 벌어질까?

이는 꽤 의미심장한 질문이다. 열다섯 살 이하의 아이가 있는 가정은 가장 바쁠 수밖에 없는데, 그 가정을 한번 살펴보자. 그런 가정에서 전업주부 엄마는 놀랍게도 집안일과 육아 모두 합쳐 일주일에 65시간을 일한다. 하지만 전일제 근무를 시작하면 41시간으로 대폭 줄어든다. 매주 꼬박 24시간씩 집안일을 안 하는 것이다. 그런데도 남편의 가사 노동은 별로 달라지지 않은 채 국가적으로 합의된 불문율에 따라 일주일에 20시간을 계속 유지한다.[22]

그럼 청소며 먼지 털기, 요리는? 이것들은 누가 하는 걸까? 이 일들은 다 어떻게 되는 걸까?

어떤 집에서는 이런 집안일을 일정 부분 외부에 맡긴다. 청소해주는 사람을 고용하거나 포장 음식을 자주 먹을 수도 있다. 그러나 대부분은 그런 집안일을 그냥 방치한다.

이런 가정의 집이 지저분해질 것은 뻔하다. 여성은 집에 있는 시간이 줄면 제일 먼저 집안일을 포기한다. 대신 육아에는 필사적으로 매달린다. 유급 노동 시간을 늘린 어머니들은 대개 여가 시간이나 수면 시간 등 다른 영역의 시간을 줄여서 육아에 들어가는 시간은 전과 동일하게 유지한다.[23]

그런데 집이 좀 더러워진다고 해서 그게 큰 문제일까? 이 질문은 누구에게 물어보느냐에 따라 대답이 달라진다.

2013년에 〈뉴욕매거진〉의 조너선 체이트는 '페미니스트의 가사 노동 문제에 대한 진짜 쉬운 해결책'이라는 짧은 글에서 이렇게 말했다.

"집안일을 줄여라."[24]

글의 제목대로 아주 단순하다. 전업주부 아빠인 체이트는 가사 노동 분담에 대한 논쟁의 내용들이 너무 거슬린다고 했다.

"가사 불평등 구조에서 남성이 여성을 착취하면서 여성의 가사 노동에 무임승차한다고 주장한다. 하지만 이런 주장이 타당성을 가지려면 남성이 더 깨끗하고 깔끔한 집에서 여성과 똑같이 희열을 느껴야 한다. 자잘한 집안일을 둘러싸고 벌어지는 페미니스트적 논쟁을 보면, 그 속에는 대부분 남녀가 함께 사는 데 필요한 청결도가 있다. 그리고 그 청결도의 적정 수준은 여성이 정한다. 문화상대주의적 관점이 조금만 있어도 그런 논쟁은 해결될 것이다."

체이트는 자신에게도 해당하는 이야기라면서, 대학 시절 '바닥에 카펫 대신 신문지를 깔고 피자 박스가 천장에 닿을 정도로 쌓인 공동 주택'에서 살았다고 했다. 그러나 결혼 뒤 그는 아내와 함께 기준을 하나 정했다. 그가 생각한 것보다 좀 더 깔끔하게, 아내가 생각하는 것보다는 살짝 지저분하게.

캐나다 작가 스티븐 마치는 최근 〈뉴욕타임스〉 기사에서 '쓰레기 사건(The Case for Filth)'이라는 흥미진진한 제목으로 이 주제에 대해 자세히 다루었다. 자신도 집이 조금 지저분해지는 것을 적극 찬성한다고 했다.[25]

마치는 기사에서 '고대 로마인들이 르네상스 시대 유럽인들을 봤다면 참을 수 없을 정도로 역겹다고 했을 것이다. 동시대를 살던

아내 가뭄

이슬람교도들이 그랬듯이 말이다. 그리고 우리 할머니가 우리 집을 보면 두말할 것도 없이 더럽다고 하실 것이다'라고 주장했다.

"기준은 바뀐다. 집 안에서 '반드시 해야 할 일'이라는 공인된 정의는 없다."

마치가 보기에 가사 노동 전쟁의 해결책은 명확하고 가슴이 뻥 뚫릴 정도로 쉽다.

"집안일은 조금 덜 하고 신경을 끊는 게 답인 유일한 정치 현안일 것이다. 집안일을 대하는 가장 혁신적이고 분별 있는 태도가 바로 무관심이라는 얘기다. 50년 전에는 이불보를 다리고 커튼을 진공청소기로 청소하는 일이 100퍼센트 정상적인 일이었다. '꼭 필요한' 일이었다는 얘기다. 하지만 청소 불평등을 해결하려면 청소 일을 분담하는 게 아니라 먼지를 아예 털지 않으면 된다."

가사 노동 전쟁 중 일부는 정의 때문에 시작한다. 집안일이란 무엇인가? 한 가정이 패혈증이나 집의 붕괴, 해충, 청소년 비행 등의 위험 없이 제 기능을 유지하려면 집안일을 최소한 어느 정도까지 해야 할까?

이 문제를 좀 더 깊이 연구하기 위해 존 버밍엄에게 전화를 걸었다. 존은 1994년 베스트셀러였던 『그는 손에 팔라펠*을 든 채 죽었다(He Died with a Felafel in His Hand)』의 저자로, 이 책은 셰어 하우스의 불량한 청결 상태에 대한 바이블 격의 책이다.

"정치적 공정성에 어긋난다는 것은 알지만, 남자들이 여자들보다 더러운 상태를 훨씬 잘 참는 것 같습니다. 당신과 통화 중인 지금, 제 눈에 꽉 찬 쓰레기봉투 두 개가 고주망태가 된 선원들처럼 현관 복도 벽에 기대어 있는 게 보입니다. 오늘 중으로 내다놓을 겁니다. 저는 거대한 쓰레기봉투 두 개가 복도를 가로막고 있어도 아무렇지 않으니까요. 하지만 제 아내 제인은 저런 게 하루 종일 버티고 있으면 미친 듯이 화를 낼 겁니다. 아마 여자들 대부분이 다 그러겠죠."

집이 일터이기도 한 버밍엄은 평범한 남자들이 보기에 집안일을 아주 많이 하고 있다. 그런데 그는 집안일을 하다 보면 자신이 굉장한 일을 하는 것처럼 느껴진다고 한다.

"저처럼 다림질을 좋아하는 남자가 있으니 제인은 굉장히 운이 좋은 거죠. 저는 제 팟캐스트를 틀어놓고도 일을 할 수 있어요. 하지만 쉬운 것, 그러니까 셔츠와 청바지 같은 것만 다립니다. 여성 법복처럼 복잡한 것은 전부 제인이 다리죠. 아예 저는 다릴 생각도 안 합니다. 그런데도 간단한 다림질을 2시간 하고 나면 다른 일을 한 6개월은 한 것 같은 느낌이 듭니다. 아주 뼛속 깊이 말이죠."

---

* 병아리콩 또는 잠두로 만드는 고로케 같은 중동의 음식이다.

아내 가뭄

버밍엄은 어떤 과업을 완수하고 난 후 느끼는 만족도, 혹은 그 모든 일을 겪어내고 나서 느끼는 순교자적 느낌은 완전히 주관적인 개념이라고 했다.

"꽤 많은 남자들이 축구를 할 수 있게 아이들을 공원에 데려가는 것을 집안일로 정의하는 경향이 있습니다. 남자들은 그 일을 아내가 2시간 동안 빨래를 하는 것과 똑같다고 생각할 겁니다."

맞는 말이다. 집안일과 육아에 대한 정의는 짜증 날 정도로 가변적이다. 예를 들어 30분 동안 나는 소파에 누워 책을 읽고 아이들은 옆에서 블록 놀이를 한다면, 그 30분은 일분일초가 의미 있는 자녀 양육의 시간으로 내 생활시간조사 일지에 기록될 것이다. 애들 머리에서 서캐를 잡거나 식용 색소와 식초, 베이킹소다로 실험을 하면서 보낸 것과 다르지 않다고 할 것이다. 엄밀하게 말해서 내가 아무리 재미있게 책을 읽는다고 해도 소파에서만 읽어야 한다. 그냥 차를 끌고 술집 같은 데를 갈 수는 없지 않은가! 왜냐하면 애들을 돌봐야 하고 애들은 돌봐야 할 존재라는 사실에 모두 동의하기 때문이다.

그렇다면 모두가 정말로 중요하다고 동의하지 않는 일은 어떨까? 가끔 나는 친구 집에 갈 때 비스킷을 만들어 간다. 그때 나는 (만약 누군가가 귀띔을 해준다면) 비스킷을 만드는 시간을 집안일로 기록할 것이다. 하지만 비스킷을 왜 가져가야 하는지 이해하지 못하고, 비스킷 굽기 프로젝트도 열렬히 지원해준 적이 없는 제레미는 집안일 일지에 포함시키려 하지 않을 것이다.

대부분의 가정에 존재하는 이런 의견의 불일치는 자잘한 마찰의 원인이 될 수 있다. 서로가 공정하게 분담해야 하는 필수 노동에 대해 서로 다른 생각을 하고 있는데, 어떻게 공정성을 논할 수 있겠는가? B는 창문이 더러운지조차 인식하지 못하고, 인식을 했다고 해도 창문을 닦아서 깨끗하게 해봐야 힘만 들 뿐 쓸데없는 일이라고 생각한다고 하자. 그런데 이런 B에게 A가 창문을 나눠서 함께 닦지 않는다고 짜증을 내는 게 공정한 걸까?

이러니 거센 적대감이 두 진영 내부에 쌓일 수밖에 없다. A는 화형을 당하는 순교자 분위기를 풀풀 풍기며 십중팔구 못마땅한 침묵 속에서 유리창을 닦을 가능성이 크다. B는 A가 청결 문제에 약간 강박증이 있는 것 같다고 의심하면서 더는 논쟁을 벌이지도 않고 그 의심을 확신으로 굳혀버린다.

여자가 집안일에 목숨을 거는 이유

조금 멀리 떨어져서 바라보면 집안일의 세계는 경계가 분명하다. 하지만 가까이에서 보면 집안일은 복작복작 들끓는 사회의 축소판이다. 당연하게 퍼져 있는 관습과 먼 과거로부터 축적된 불만,

일관성이 없어서 도저히 이해하기가 힘든 교환 시스템 등으로 이루어져 있다. 스티븐 마치는 기사에서 이렇게 썼다.

> 우리 집에는 식기세척기에서 그릇들을 꺼내는 데 늘 정교한 메커니즘이 있다. 내가 요리를 하면 아내는 설거지를 맡는다. 하지만 아내는 식기세척기에서 수저 같은 식기 도구를 꺼내는 것을 끔찍하게 싫어한다(그 이유를 알아내려면 수십 년은 심층 분석해야 할 것이다. 아무튼 나는 그 이유를 아직 모른다). 따라서 그런 식기 도구를 꺼내는 것은 내 일이다. 만약 그릇까지 몽땅 꺼낸다면 아내에게 선물이 되겠지만, 수저 같은 식기 도구를 꺼내는 것은 내가 해야 할 의무다. 잘 굴러가는 가정을 보면 이처럼 사소한 광기 어린 행동들이 가득하다.[26]

아! 미적분에 새로우면서도 복잡 미묘한 문제를 더 얻는 격이다. 맡은 책임이 있고 그 일 외에 더하면 칭찬을 받지만, 처음부터 하기로 한 일을 했을 때는 당연하게 여긴다. 그래서 아빠가 아이를 위해 스타벅스 컵과 낡은 축구 점퍼로 동방박사 옷을 뚝딱 만들어내면, 크리스마스에 걸맞게 경외감과 감탄을 쏟아낸다. 하지만 엄마는 아이를 위해 황금과 유향, 몰약에 종이 반죽 당나귀까지 만들어도 무덤덤하게 반응한다. 그것은 엄마의 의무라고 생각하기 때문이다. 만족스럽게 일을 해내도 놀라지 않는다. 하지만 아빠에게는 그 일을 한다는 것 자체가 놀라운 일이다. 그 일을 잘해낼 거라고 생각하지 않기 때문이다.

가정 안에서 누가 무슨 일을 맡아야 한다는 식의 관습적인 행동 패턴은 남녀 모두를 괴롭힌다. 당연하게 그 일을 해야 한다고 정해진 사람만 괴로운 게 아니다. 남녀 모두에게 정해진 행동 방식을 강요하기 때문이다.

그렇다. 일반적으로 여성이 집안일과 육아에 궁극적인 책임이 있다고 생각한다. 물론 사회와 격리된 채 자신들의 독립적인 세계에서만 사는 커플이라면 전혀 해당 사항이 없는 얘기지만. 아무튼 여성에 대한 이런 일반적인 생각은 남자와 여자 사이에 다양한 형태로 무언의 압박을 가한다. 이런 일반적인 생각이 없었다면 두 사람은 아무 탈 없이 잘 살았을 것이다. 혹시 여성에 대한 이런 일반적인 생각에 의심이 든다면, 텔레비전 광고를 한번 보라. 바닥 세제, 화장실용 세제, 유리창용 세제, 지퍼백, 기저귀, 아기용 물티슈, 분유, 식빵 광고에 거시기가 달린 사람이 나오던가?

그런데 여자들이 집안일에 압박을 받을 수밖에 없는 현실적인 이유가 하나 있다. 집안일을 제대로 처리하지 못하면 대부분 여자 잘못으로 몰아가기 때문이다. 아이가 보살핌을 제대로 못 받거나 집이 더러우면, 부주의하다면서 여성을 맹비난한다. 여성과 남성이 청결에 대해 서로 다른 기준을 가질 수밖에 없는 이유이다. 남녀의 득실이 서로 다르기 때문이다.

남자의 경우에 바닥의 청결도는 순전히 개인적인 편의와 실용성의 문제이다. 하지만 여자의 경우에는 남자와 미묘한 차이가 있다. 더러운 집을 보면 사람들은 남자가 아니라 여자를 탓한다. 여자들은 이런 사회적인 인식에 본능적으로 영향 받을 수밖에 없다. 그래서 청결의 기준을 공동체가 정한 대로 하거나, 아니면 믿을 수 없을 만큼 깨끗한 윗동네 친구 집을 기준으로 삼아 인위적으로 높인다. 또는 '스프레이 앤 와이프'*텔레비전 광고를 보면서 기준을 높이기도 한다. 매니큐어를 예쁘게 칠한 엄마가 스프레이 앤 와이프를 뿌리고 정성들여 닦고 나면, 마룻바닥은 믿을 수 없을 정도로 반짝반짝 빛난다.

한편 육아가 궁극적으로 엄마의 몫이라는 인식은 여자의 모든 행동에 영향을 미친다. 잘 생각해보면 그렇지 않다는 것을 알지만 종종 군소리 없이 받아들인다.

* 스프레이 광택 세정제이다.

자기 아이를 돌보는 것은
보모 노릇이 아니다

지난 몇십 년 동안 아버지나 어머니 모두 육아에 쓰는 시간을 꾸준히 늘려왔다. 그 이유는 우리가 육아서를 너무 많이 읽어서도 있고, 우리 사회가 변해서이기도 하다. 우리 사회는 이제 아홉 살짜리 아이가 다른 꼬맹이 다섯 명과 동네 공터에서 불장난이나 하면서 오후를 보내서는 안 된다고 생각한다. 이제 엄마와 아빠에게 원하는 게 훨씬 많아진 것이다.

하지만 엄마와 아빠는 육아의 형태가 다르다. 엄마는 주로 시간에 얽매이는 일을 맡는다. 아이들을 학교나 어린이집에 데려가고 데려온다. 그리고 아침 식사, 저녁 식사, 목욕, 옷 입히기, 학교에 싸갈 점심 도시락 등도 모두 전형적인 엄마의 일이다. 반면 놀이나 동화책 읽기, 스포츠 등은 아빠의 일로 생각한다.

아이를 기르는 것은 당혹스러운 일의 연속이기 때문에 하루하루가 전쟁터인 일반 가정에서 이런 업무 분담을 알아채기는 어렵다. 하지만 뉴사우스웨일스대학교의 린 크레그 교수는 수년 동안 오스트레일리아의 부모들이 육아를 어떻게 하고 있는지 살펴봤고, 결국 육아에서 남녀가 보이는 뚜렷한 행동 양식을 찾아냈다.

여성과 남성의 육아에서 중요한 차이는 여성이 아이하고만 보내는 시간이 압도적으로 많다는 점이다. 크레그와 그의 동료는 2011년 오스트레일리아의 부모들을 이탈리아, 덴마크, 프랑스의 부모들과 비교 연구했는데, 모든 국가에 걸쳐 가장 두드러진 차이점은 엄마들이 단독 육아를 훨씬 많이 한다는 사실이다.[27]

크레그 연구팀이 기준으로 삼은 오스트레일리아 가정은 두부모가족에 아빠가 일을 하고 대학을 졸업하지 않았으며, 4세 미만의 아이가 한 명 있다. 연구 결과, 아빠는 아이와 단둘이 보내는 시간이 극히 적었고 엄마는 그런 남편보다 단독 육아를 18배 더 많이 했다.[28] 여자가 육아를 할 때, 남자는 밖에 나가 다른 일을 하는 경우가 많았다. 그러나 남편이 육아를 할 때는 아내가 곁에 있는 경우가 압도적으로 많았다. 그렇다고 아빠가 하는 일이 쓸데없다거나 무의미하다는 것은 아니다. 절대 아니다! 하지만 '공동 육아'가 지극히 보편적으로 퍼져 있기는 해도, 누가 정확히 무엇을 (언제) 하는지에 대해 세부적으로 들어가면 육아 형태가 여전히 제한적이라는 것을 알 수 있다.

몇 년 전, 나는 남자 동료 한 명이 다른 직장 동료들에게 하는 말을 우연히 들었다.

"미안, 오늘은 같이 술 못 마시겠어. 보모 노릇을 해야 하거든!"

그러자 다른 여자 동료가 싸늘하게 말했다.

"자기 애를 보는 게 보모 노릇은 아니지!"

맞는 말이다. 자기 아이라면 보모 노릇이 아니다. 하지만 오스트레일리아에서는 아이를 보살피는 것은 엄마 책임이고 아버지는 보조라는 인식이 강하다.

월급 이상의 것을 포기하는 여성들

우리의 일상 속에 이런 문제는 수없이 들어 있다. 외출해야 할 때 보모를 구하는 것은 누구 책임일까? 학교에서 아이가 아프면 누가 가서 데려와야 할까? 휴일 일정은 누가 짜야 할까? 아이의 치과 예약일이나 운동경기 날이 회사 일과 겹칠 때, 엄마 아빠 중에 누가 결국 일정을 조정할까? 마지막으로 가장 중요한 문제로는 누가 양육비를 내야 할까?

어머니들이 복직 시기나 복직 여부를 결정할 때 이런 말을 자주한다.

"나도 다시 일하고 싶기는 하지. 근데 내 월급으로는 보육비도 간신히 감당해서 말이야. 그냥 복직 안 하기로 했어."

이런 말을 들으면 나는 미칠 것 같다. 여자들이 아이들을 돌보려고 휴직한다고 해서 화가 나는 게 아니다. 그런 이유 때문이 아니다. 사실 여자들이 그런 결정을 하는 것은 어찌 보면 합당하다. 그 결정으로 따라오는 경제 외적인 이득들을 생각하면 말이다.

또한 이런 결정은 남자 입장에서도 합리적이다. 양육비가 자동으로 어머니의 월급을 저당 잡는 상황을 무시할 수는 없을 테니까. 그런데 이런 식으로 가계 구성원 한 명의 소득 능력과 가계 지출을 묶어서 바라보는 경우가 또 있을까? 양육비 말고는 떠오르는 게 없다. 여자들에게 이런 말을 들은 적은 없을 것이다.

"우리도 집을 사고 싶지. 근데 내 월급으로는 대출금을 감당할 수가 있어야지. 그래서 살림살이가 좀 나아질 때까지 센테니얼 공원에서 노숙하기로 했어."

나도 모르는 것은 아니다. 손익을 따져봤을 거고 당장 닥친 일을 해결하려면 어쩔 수 없었을 것이다. 여성이 복직을 할지 말지 결정해야 하는 순간이 오면, 어느 쪽을 선택할지 알 수 없다. 하지만 만약 복직을 선택한다면 여성의 월급은 고스란히 앞으로 발생할 양육비에 쓰일 것이다. 모든 것은 해당 가정이 어떤 경제적 결정을 내리느냐에 달려 있다. 그것은 나도 안다.

하지만 가계 재무 전략 관점에서 손익을 분석해봤을 때 결과는 거의 비슷하다. 시장이 과열되어 망할 것 같은 상황에서도 사람들은 계속 주택을 산다. 때때로 빚을 내거나 단기간의 고생을 자초하면서까지 사립학교에 어마어마한 돈을 쓰기도 한다. 분수에 맞지 않는 자동차를 사기도 한다. 성공하리라 믿는 소규모 창업을 위해 주체할 수 없을 정도의 빚을 내기도 한다. 왜냐고? 장기적으로 볼 때 앞으로 거둘 이익이 당장의 비용보다 클 거라고 믿기 때문이다. 하지만 여성의 월급에 대해서는 종종 전략적으로 다르게 계산한다. 여성이 아이 때문에 휴직을 했다가 복직하지 않는다면, 복직을 했을 때 받을 월급 이상의 것을 포기하는 것이다. 그 여성은 미래의 승진 기회를 포기했고 승진 기회를 줬을 직장 내 인간관계와 인맥을 포기한 것이다. 즉, 여성들이 단념한 월급은 그런 결정을 내릴 때 계산기로 두들겨본 수치와는 비교조차 안 될 정도로 거액이다. 섣부른 결정에 대한 대가이다.

4장 시작 부분에서 말했듯, 평균에는 어쩔 수 없는 한계가 있다. 모든 가정은 저마다 조금씩 다 다르다. 다림질을 하는 사람이 남자일 수도 있고 식기세척기에서 식사 도구 꺼내는 것을 이해할 수 없을 정도로 싫어하는 여자가 있을 수도 있다. 그러나 오스트레일리아 가정에서 광범위하게 나타나는 행동 양식은 분명히 있다. 여성, 특히 엄마가 남자보다 집안일을 더 많이 한다는 사실이다. 여자들은 전일제 근무를 할 때조차 남자보다 집안일을 더 많이 한다. 그리고 남자들은 백수일 때조차 여자들보다 집안일을 더 적게 한다.

이것이 아내 가뭄의 이상한 현상이며, 표면적으로도 우리를 확고부동하게 움켜잡고 있다. 평균 오스트레일리아 가정에서 여성은 전업주부가 아닌데도 전업주부처럼 행동할 것이다. 그리고 남자는 전업주부와 결혼하지 않았을 때도 전업주부와 결혼한 것처럼 행동할 것이다.

아내 가뭄

‖ 5장 ‖
여성은 본능적으로
가사 노동에 적합한가
"남편의 가사 무능력은 유머,
아내의 가사 무능력은 혐오"

남성의 가사 무능력은 권장 사항
여성의 가사 무능력은 혐오 대상

나는 오스트레일리아 28대 총리가 될 남자의 주방에 서 있었다.
토니 애벗은 가벼운 바비큐로 저녁 식사를 준비 중이었다. 나에
게는 연어를, 자신은 스테이크로 결정하고 서툴지만 열심히 내
가 먹을 연어를 포일로 감쌌다. 그는 나이프로 버터를 떠서 생선
에 발랐다. 그런데 생선에 버터를 다 바르고도 나이프에 버터가
조금 남자, 비린내 나는 남은 버터를 다시 버터 접시에 긁어 담았
다. 그때 샐러드를 준비하고 있던 토니 애벗의 딸들이 아버지의
만행을 뚫어져라 쳐다보다가 휘둥그레진 눈으로 "아빠!" 하고 외

쳤다. 전에 케빈 러드를 촬영할 때 그의 아이들이 찰칵 하는 아빠의 아이폰 셀카 소리에 긴장했듯이, 토니 애벗의 딸들도 아버지의 어마어마한 실수에 잔뜩 긴장했다.

이렇게 저녁 식사를 준비하고 사진을 찍는 것은 '훈훈한 아빠의 순간'을 보여주기 위해서다. 케빈 러드는 촬영할 때 일부러 오스트레일리아 토착 영어를 썼는데, 그것은 그가 〈킹스우드 컨트리〉*의 옛날 에피소드들을 철저히 집중적으로 학습했다는 것을 보여주었다. 그리고 뒤늦게 소셜미디어의 기본인 셀카와 트위터를 애용했는데, 그 모습은 마치 처음으로 페이스북에 가입한 연로하신 부모님을 둔 성인이라면 경험해봤을 애정과 공포 같은 것을 불러일으켰다. 장모님에게 페이스북으로 쪽지를 받아본 사람이면 무슨 말인지 바로 이해가 갈 것이다.

요즘 토니 애벗 진영에서는 하루가 멀다 하고 '훈훈한 아빠의 순간'을 담은 사진들을 업데이트하고 있다. 기자회견장에서 린지** 지역구 후보의 성적 매력을 칭찬하는 토니 애벗, 네트볼 경기를 하는 딸에게 "우리 공주님, 파이팅!"이라고 외치는 토니 애벗, 한 연금 수령자 여자가 입에 풀칠이라도 하려고 성인용 음란 전화 일을 하고 있다고 하자, 윙크를 날리는 토니 애벗……. 사실

---

* 1980년부터 1984년까지 방영한 오스트레일리아 시트콤이다.
** 오스트레일리아 시드니 서부의 지역명이다.

아내 가뭄

이런 건 아슬아슬한 행동이다. 만약 직장에서 이랬다면 공식적인 자리에서 싸늘한 면담을 해야 할 수도 있고, 가족 바비큐 자리에서 감히 이랬다가는 베란다 뒤쪽에서 잠시 반성의 시간을 가져야 할 수도 있다. 그런데도 토니 애벗에게는 크게 문제가 되지 않았다.

시청자들이 〈키친 캐비닛〉을 보고 잡아내는 내용들을 보면 황당할 때가 있다. 프로그램 진행자인 나조차 알아차리지 못했던 것을 찾아내어 분노에 가득 찬 항의 편지들을 보낸다. 이를테면 토니 애벗의 방송이 나갔을 때, 가장 뜨거운 화제가 된 것은 그의 부엌 냉장고의 에너지 등급이 겨우 별 두 개짜리였다는 사실이다(내 눈에는 전혀 띄지 않았다). 그리고 내게는 생선을 주고 자신은 스테이크를 먹었다며 비난이 빗발쳤다. "여자한테는 생선을 주고 남자인 자기는 스테이크를 먹다니! 뭐야, 지금이 1956년이야?"라고 트위터에 글을 올린 사람도 있었다. 내가 고기를 먹지 않기 때문에 토니 애벗이 나를 위해 특별히 생선 요리를 한 거라고 몇 번이나 해명해야 했다.

사실 미래의 총리는 부엌에서 요리를 만들 때 완벽하지 못했다. 하지만 그 실수를 들춰낸 사람은 그리 많지 않았다. 내게는 비린내 나는 버터 사건이 잊으려야 잊을 수 없는 장면이었지만 대중의 의미심장한 의견들로는 만들어내지 못했다.

현대에는 정치적인 이미지를 관리할 때, 대중에게 부정적인 인식을 심어줄 수 있는 위험 요소들에 늘 민감하게 반응한다. 거의 부들부들 떨 정도다. 미디어 담당자는 후보들에게 지나치다 싶을 만큼 보수적으로 접근한다. 생각보다 젓가락질을 못할 수도 있으니 카메라 앞에서는 젓가락을 쓰지 마십시오. 제발 춤은 추지 마십시오. 잘 모르는 운동은 시도하지 마십시오. 아무하고도 팔씨름은 하지 마십시오. 장작을 패지 마십시오.

단, 남자의 경우 주방에서 보이는 무능력은 100퍼센트 면제받는다. 토니 애벗 총리의 비린내 나는 버터 사건은 그에게 전혀 타격을 주지 않았다. 지금은 재무부 장관이 된 조 호키가 우리 프로그램에 출연했다가 실수를 남발했지만 전혀 타격을 받지 않은 것처럼 말이다. 조 호키는 당시 디피티 빅스*를 앙트레**로 내놓았고 나이프가 어느 서랍에 들어 있는지 몰라 헤맸으며, 양상추를 건네받자 어쩔 줄 몰라 하는 게 얼굴에 확연히 드러났다.

이러한 사례들은 줄리아 길라드가 2005년 자신의 주방에서 텅 빈 과일 그릇 옆에 서서 사진을 찍었을 때, 전 국민이 충격과 통탄의 반응을 보인 것과 확연하게 다르다.

줄리아 길라드의 텅 빈 과일 그릇은 위선의 증거도 아니었고

---

* 시중에 판매되는 과자로 찍어 먹는 소스와 비스킷이 들어 있다.
** 서양 요리에서, 생선 요리와 로스트 사이에 나오는 요리다. 코스의 중심이
며 주로 조류 고기를 사용하여 채소를 곁들여 소담하게 담아낸다.

아내 가뭄

감추려다가 꼼짝없이 걸린 것도 아니었다. 줄리아 길라드는 정치 생활 7년 내내 버터 바른 크래커 이외에 제대로 할 줄 아는 요리가 없다고 기꺼이 인정해왔다. 나는 그녀가 예의 그 느릿한 말투로 자신을 한없이 낮추면서 했던 말을 기억한다. 2002년에 자신의 선거 운동원이 일말의 악한 의도를 가지고 정치 자금 모금을 위해 '줄리아 길라드의 집에서 함께하는 저녁 식사 6인권'을 경매에 붙였다고 한다. 줄리아 길라드는 한 친구를 잘 구워삶아 자신의 집으로 불렀고 초대 손님들이 도착하기 전에 식탁 위에 산더미처럼 쌓인 서류 뭉치들을 치웠다. 바로 그때 당시 긴밀한 협력자였던 노동당 대표 사이먼 크린이 전화를 걸었고, 줄리아 길라드는 어깨로 전화기를 받친 채 식탁을 닦을 광택제를 찾아 싱크대 밑을 더듬거렸다. 그리고 가구 광택제라고 생각하고 아낌없이 목제 식탁 전체에 들이부은 뒤에야 자신이 오븐 세척제로 식탁을 뒤덮어버렸다는 사실을 깨달았다(정치적 전략 또는 다른 내용의 질문을 받고 열변을 토하느라 그랬는지도 모르지만).

주방에서 남성의 무능력은 거의 권장 사항이다. 여기서 침착하게 추론해보면 문제의 그 남성에게는 부엌일 말고 더 중요한 일이 있다고 여긴다는 것을 알 수 있다. 나라를 경영하든, 물가안정 실업률*이 무엇인지 공부하든 말이다.

반면 주방에서 여성의 무능력은 모자람이고 어딘가 인간성이 부족하다는 암시다. 줄리아 길라드가 겪은 것처럼. 〈키친 캐비닛)에 출연을 요청했을 때 계속해서 사양한 정치인은 길라드가 유일했다. 그녀는 요리를 못하고, 잘하는 척 연기하고 싶은 마음도, 서툰 모습을 찍히고 싶은 마음도 없었다. 훈훈한 아빠의 순간이 보여주는 관대함이 자신에게도 해당될 거라고는 진즉에 기대하지 않은 것이다.

한낱 수컷들의 무능력함

훈훈한 아빠의 순간은 우리를 현혹시킨다. 그래서 그런 순간에 나타나는 남성들의 무능함을 사랑스럽게 포장하고 찬양한다. 달걀을 못 삶는 것도, 동료에게 가벼운 성희롱 정도는 해준 뒤에야 기자회견을 끝내는 것도 애정 어린 시선으로 바라본다. 그리고 "이런, 짓궂은 사람 같으니!"라고 하면서 안타까움에 이마를 탁 치기도 한다. 훈훈한 아빠의 순간은 어떤 일을 '악' 소리 나게 못해도 괜찮다. 사실 괜찮은 정도가 아니라 오히려 좋은 일이다.

＊ 물가 상승을 가속화시키지 않는 실업률을 말한다. 적정 성장률을 넘어서는 과열 성장은 인플레이션을 유발하기 때문에 경제 안정을 위해서는 일정한 수준의 실업률, 즉 자연실업률을 감수해야 한다는 의미로 쓰인다.

아내 가뭄

훈훈한 아빠의 순간은 전국에 걸쳐 강력한 영향력을 행사하고 있다. 채널 세븐의 아침 방송 사회자인 데이비드 코시는 오스트레일리아 국민이 가장 좋아하는 방송인 가운데 한 명이다. 그는 스마트하기는 하지만 방송 스타일이 시대에 뒤떨어지는데, 트위터에 썰렁한 농담을 계속 올리는 것으로 보완하고 있다.

〈뉴아이디어〉의 칼럼 "한낱 수컷일 뿐(Mere Male)"은 1950년 3월 15일 이후 매주 게재되고 있다. 최근 이베이에서 엄청난 가격 경쟁을 뚫고 『한낱 수컷일 뿐』의 초반 30년 요약본을 손에 넣었는데, 기이하게 중독성이 있었다. 그 책을 읽고 판단한 것은 이 칼럼이 '훈훈한 아빠의 순간을 담은 전국 의회 회의록' 같은 역할을 하고 있으며, 어조와 내용이 지난 몇십 년 동안 별로 달라지지 않았다는 사실이다.

오클랜드에 사는 지니는 이렇게 적었다.

"아파서 누워 있는데 배가 좀 고픈 거예요. 한낱 수컷이 주방에서 달그락거리며 돌아다니면서 저더러 굳이 일어나서 차를 가지러 오지 않아도 된다는 거 있죠. 그러곤 자기가 했어요, 스스로요!"[1]

셰퍼턴에서 보낸 한 편지는 이런 내용이었다.

"남자 친구네 집에서 점심을 먹고 있는데 남자 친구 어머니께서 남자 친구가 샐러드를 만들었다고 하더라고요. 남자 친구 어머니께서 샐러드를 드시자마자 날카롭게 물으셨어요. '애야, 너이 양상추 제대로 씻은 거 맞니?' 그러자 한낱 수컷인 제 남자 친구가 이렇게 대답했죠. '씻었지! 비누칠까지 했는걸!'"

글렌웨이벌리의 아이미*가 맞장구를 쳤다.

"엄청 흥분한 한낱 수컷이 쇼핑에서 돌아온 저를 반기면서 이렇게 말하더군요. '당신이 주문한 신형 세탁기가 와서 내가 대신 빨래해놨어. 이제 다 끝나가네.' 과연 그렇더군요. 딱 하나 아쉬운 점이 있었는데, 이 남자가 옷 넣는 걸 깜빡했더라고요!"

훈훈한 아빠의 순간 중에는 직장 생활과 거의 무관한 분야에서 가끔 범죄에 가까울 정도의 무능함을 보일 때가 있다. 집안일은 물론 대인 관계에서까지도 말이다.

"아빠! 아빠가 스쿨버스 브레이크 패드 고치는 거 까먹어서 지금 애들이 다 다쳤잖아! 정신 나간 아저씨 같으니라고!"

이것은 훈훈한 아빠의 순간이 아니다. 하지만 "아빠! 셔츠를 입고 다림질을 하면 어떡해!"가 가장 확실하게 훈훈한 아빠의 순간이다.

나는 이러한 사연들을 〈뉴아이디어〉에 편지로 보내는 여성들의 열의가 늘 흥미로웠다. 생각이 없거나 집안일에 젬병인 남편을 둔 것이 어떻게 자랑거리가 되는 걸까? 내가 가지고 있는

---

* 에이미의 오스트레일리아식 발음이다.

아내 가뭄

1981년 요약본 『한낱 수컷일 뿐』에는 출판사 서문이 추가되어 있는데, 거기에 이런 글이 있다.

우리 사회 구조 속에 존재하는 하나의 관습과도 같다. 식민지 원주민들이 자신들을 오스트레일리아 국민이라고 부르기로 결정한 이래로 우리 곁에 늘 존재해왔던 사연 속 남성들의 위업은 그들의 아내, 어머니, 친구, 연인들을 통해 31년간 〈뉴아이디어〉에 매주 꾸준히 보고되고 있다. 그런데 그들은 아직까지 건재하다.

"한낱 수컷일 뿐"은 양상추를 비누로 닦고 전기 주전자를 핫플레이트 위에 올려 뺑 터뜨려가면서, 그 세월 동안 주변에서 일어난 어마어마한 사회적 변화에 아랑곳하지 않은 채 60년이 넘는 세월 동안 즐거운 신선놀음을 하고 있다. 페미니즘 때문에 소재 고갈을 겪지도 않았고, 정치적 공정성 때문에 혁신을 단행한 적도 없다. 이 칼럼의 예스러움이 진기하고 감탄스러울 뿐이다.

사실, "한낱 수컷일 뿐"이 아직까지 존속하는 것은 귀중한 인류학적 증거다. 집안일을 하려다 실패한 남자의 이야기가 여전히 웃음을 자아낸다는 사실은 집안일을 여성이 능력을 발휘할 영역으로 굳게 믿고 있다는 사실을 보여준다. 코미디 형식으로 이어져온 이야기에서 '물 떠난 물고기'처럼 웃긴 이야기는 없다.

아빠의 능력 부족은
웃음의 주요 원천

할리우드만 봐도 알 수 있다. 〈빅〉, 〈프리키 프라이데이〉같이 아이가 어른의 몸에 들어가면 웃긴다. 〈크로커다일 던디〉처럼 오스트레일리아 출신의 터프한 시골 사나이가 화려한 대도시 뉴욕에 떨어져도 웃긴다. 아니면 에디 머피의 〈구혼 작전〉처럼 한 아프리카 부족의 족장이 미국 생활에 적응할 수밖에 없는 상황에 놓여도 웃긴다.

그중에서 제일 웃긴 것은 남자한테 아이를 떠맡길 때다. 왜냐하면 그 상황은 여전히 일상적이지 않기 때문이다.

영화 속 전업주부 아빠에는 뚜렷이 구분되는 두 가지 유형이 있다. 홀아비형과 좌충우돌형이다. 할리우드는 옛날부터 자기 자식을 돌보는 남성을 그릴 때 조심스러운 태도를 취했다. 대개 아이 엄마가 곁에 없는 타당한 이유가 있어야만 하므로 작가는 가장 깔끔한 방법을 택할 때가 많다. 바로 영화가 시작하기도 전에 엄마를 죽여버리는 것이다. 이러한 접근법에는 몇 가지 이점이 있다. 두말할 필요도 없이 우선 배우에게 나가는 출연료가 굳는다. 또한 관람객은 영화 속 엄마가 직장에 나가 있거나 그 밖의 다른 일로 부재할 경우 느끼는 어색함을 느끼지 않는다. 아빠가 아무 고민 없이 캐머런 디아스와 데이트하는 것은 덤이다.

사별한 아빠는 할리우드 아버지들 중 단연 으뜸이다. 그런 아빠는 지혜롭고(〈앵무새 죽이기〉의 그레고리 펙), 세심하고(〈러브 액츄얼리〉의 리엄 니슨), 대개 잘생겼다(앞의 두 영화에 더해 〈로맨틱 홀리데이〉의 주드 로). 홀아비 슈퍼맨 아빠 요소는 물고기 같은 동물에게도 확대 적용된다. 이를테면 아들을 찾아 온 바다를 누비고 다니는 니모의 아빠도 아내가 창꼬치에게 치명적인 공격을 받는 바람에 드라마틱하게 홀아비가 되었다.

이렇게 영화 속에서 어머니들은 따뜻하고 세심하며 잘생긴 아버지들에게 간택되었다가 적당한 때에 세상을 떠난다. 그 사망률을 봤을 때 영화 속에서 결혼하는 주드 로는 건강 유해성 경고 문구라도 달고 다녀야 할 지경이다.

그러자 할리우드는 또 다른 실천형 아빠를 내놓았는데 이들은 훨씬 위험천만하다. 이 아빠는 좌충우돌형이다. 좌충우돌형은 1차 양육자 지위가 배우자의 죽음으로 생기는 일은 별로 없다. 대개 불가항력적인 외부 사건으로 일어난다.

정리해고나 경제 불황(〈미스터 마마〉, 〈대디 데이 케어〉)이 가장 널리 쓰인다. 하지만 〈세 남자와 아기〉에서처럼 남자들이 문 앞에 놓인 아기를 우연히 발견하는(관련 기관의 관심을 아주 조금 끌 것 같은) 좀 더 이색적인 상황이 쓰일 때도 있다. 혹은 자신의 사악한 계획에 이용하기 위해 고아원에서 여자 아이 셋을 데려오지만(맙소사, 여기도 죽은 엄마가 있다) 결국 엉뚱한 길로 빠져 그 아이들을 사랑하게 되는 히트작 애니메이션 〈디스피커블 미〉 속의 뜻밖의 아빠, 그루도 있다. 이 아빠들은 심각할 정도로 멍청한데 그들의 능력 부족이 웃음의 주요 원천이다. 이런 영화 속에서 아이들은 그냥 꼭두각시라고 하는 편이 나을 정도다.

남편의 무능함은
아내가 우월하다는 증거

사실 유머는 대단히 유용한 사교 수단이다. 사람들은 육아나 요리에 서툰 남자를 보고 웃어도 문제 삼지 않는다. 그것은 모욕적인 행동이 아니기 때문이다. 누구도 남자가 그 두 가지 중 어느 것 하나라도 잘할 거라 기대하지 않는다.

"한낱 수컷일 뿐"이 웃긴 이유가 다 이런 이유 때문이다. 그러나 자신의 파트너 혹은 아들의 무능을 그토록 기꺼이 폭로하고, 또 그 과정에서 남편에게 세탁기 사용법을 알려주기보다는 자신을 평생 남편의 뒤치다꺼리하는 사람으로 규정해버리는 것은 어떻게 설명해야 할까?

아마도 배우자가 특정 분야에 무능하다는 것은 반대로 상대 배우자가 그 분야에 아주 전문적이라는 반증으로 사용되기 때문일 것이다. 그러니까 달걀 하나도 못 삶는 남편을 둔 여자는 그 남편이 손가락 하나 까딱하지 않고 몇 분 안에 언제든지 달걀을 먹을 수 있을 정도로 살림을 꽉 잡고 있을 것이다. 내 미묘한 직감에 따르면 그렇다. '맞벌이를 할 필요가 없는' 아내는 남자들에게 지위의 상징이었다. 그처럼 쇼핑이나 요리 또는 다림질을 능숙하게 하지 못하는 남편은 오늘날까지도 여전히 여자들에게 어느 정도 지위의 상징으로 남아 있다. 집안일에서 남편의 무능함은 사실 아내가 월등히 우월하다는 증거인 셈이다.

리베카 마이젠바흐는 2009년 발표한 논문 〈여성 생계부양자〉에서 남편보다 소득이 높은 여성은 '비전통적인 방식'으로 가사 문제를 해결하고 있으면서도 강력한 여성성을 드러내기 위해 남편의 무능을 과장할 수도 있다는 이론을 조심스럽게 내놓았다.[2] 마이젠바흐가 인터뷰한 여성 생계부양자들 대다수가 집안일을 자신들이 계속 관리, 감독한다고 밝혔다. 이 여성들은 집안일을 자신이 직접 하거나 남편에게 할 일을 지시했다. 그리고 남편에게 허드렛일을 시킨 경우에조차 남편이 그 일을 제대로 못했다며 여전히 불평할 권리를 가지고 있었다. 혹은 남자들이 얼마나 깔끔하지 못한지, 할 일이 있는데도 알아차리지 못하는지 등 전반적으로 지적할 권리도 가지고 있었다. 마이젠바흐는 이렇게 썼다.

"남자들에게 특정한 집안일을 하라고 어떻게 명령 혹은 부탁해야 할지를 강조한다. 그리고 그런 방식으로 이들 여성 생계부양자들은 집 안과 아이들을 단속하는 존재로서 아내의 젠더 경계에 자신들을 끼워 맞춘다."

이는 여성이 가계 소득에서 더욱 큰 비중을 차지하더라도 다시 집안일을 더 많이 한다는 4장의 내용과도 완벽하게 들어맞는다. 제정신이 아닌 것처럼 보일 것이다. 도대체 왜 귀찮은 일에 일부러 매달린단 말인가?

그런데 나도 똑같이 행동한다는 사실을 깨달았다. 이 글을 쓰는 지금 내 머리 한쪽에는 48시간에 대한 계획이 짜여 있다. 컨퍼런스 때문에 다른 주로 가야 하고 이틀 동안 집을 비워야 한다. 그래서 내가 없는 동안 가족들이 먹을 저녁거리를 이미 준비해뒀다. 모두 먹기에 충분할 정도의 볶음밥을 만들어놓았고, 추가로 다른 음식을 만들어 먹을 수 있게 냉장고에 다른 요리 재료들도 넣어놓았다. 남편 제레미가 아이들 점심 도시락을 쉽게 쌀 수 있도록 만들기 간편한 점심 도시락 재료들도 구해놓았다.

제레미가 요리를 못해서가 아니다. 제레미는 요리를 아주 잘한다. 게다가 내가 알기로 제레미의 뇌에서 '점심 도시락 조립' 부분은 손상 없이 멀쩡하다. 그렇다면 나는 왜 이런 간단한 일에서도 제레미가 특별한 도움이 필요하기라도 한 것처럼 행동할까? 만약 누군가가 작업 중인 나를 졸졸 따라다니면서 나 대신 글을 미리 써놓는다면 십중팔구 20분 안에 그 사람을 한 대 치고 싶을 것이다. 분명 나를 무시한다는 생각이 들 테니까 말이다.

미디어 속 여성에 대한
왜곡된 시선

그러나 세상이 그렇다. 남자에게 집안일에 무능하다고 하는 것은 괜찮다. 하지만 대각선으로 정반대 지점, 즉 직장에서 여성에게 무능하다고 사람들 앞에서 대놓고 말한다면 모욕이 된다.

그래서 〈이코노미스트〉 같은 잡지에 멍청한 여성 중역들에 대한 허황된 이야기를 담은 '향기로운 여류' 같은 여성스러운 주간 칼럼이 실리지 않는 것이다.

상상해보라.

> 향기로운 여류(신임 재무 담당 임원)가 CEO와 함께 이사회에 나타나 그 기업의 확장 계획에 대한 자세한 브리핑을 했다. 그 임원은 노트북 키보드를 탁탁 두드리더니 CEO가 회사의 5개년 계획에 정리해고가 포함될 거라고 말했는데도 "좋았어!"를 외쳤다. 어리둥절해진 이사회 의장이 그녀를 보며 물었다.
>
> "무슨 하실 말씀 없으신가요, 브라운 양?"
>
> 우리의 향기로운 여류께서 발그레한 얼굴로 웅얼거리듯 말했다.
>
> "죄송해요. 방금 이베이에서 너무 예쁜 핸드백을 구했거든요!"
>
> — 헌터스힐에서 존 탑잡

여성이 직장에 일하러 가는 내용이 웃음 포인트가 된 영화도 없다. 왜냐하면 이제 더 이상 일터에 있는 여성을 특이하다고 보지 않기 때문이다. 여성은 예전보다 훨씬 더 많이 일터에 침투해 있다. 물론 고위직으로 올라갈수록 극소수이지만 중간 관리자에는 여성이 꽤 많다. 따라서 대부분의 일터에서 여성의 존재는 전혀 낯설지 않다. 그러니 일하는 여성은 이제 놀랄 만한 일이 아니라고 말할 수 있다. 그러나 어머니들 모임에 남자가 나타나는 것은 여전히 놀랄 만한 일이므로 시트콤에서 써먹기 딱 좋은 소재가 된다.

그런데 영화에서는 아직까지도 여성에 대한 왜곡된 시선을 보여준다. 여성이 하는 일뿐만 아니라 우리 여성 중 있어야 할 자리에 있는 수가 얼마나 되는가에 대해서 말이다. 지나 데이비스 연구소의 연구원들은 미디어 속 젠더에 대해 연구(그렇다, 나도 안다. 하지만 이번 게 재미없다면 내 손에 장을 지져도 좋다)를 하기 위해 2006년부터 2011년 사이에 개봉한 가족 영화 중에 최고 수익을 올린 작품 129편을 살펴봤다. 그런데 여성이 대사가 있는 역할을 맡은 경우가 겨우 28.3퍼센트였다. 연구원들은 영화 속에서 힘이 있거나 중요한 자리를 맡은 여성의 비율을 계산해봤는데, 영화 속 CEO가 3.4퍼센트, 영화 속 고위급 정치인이 4.5퍼센트, 영화 속 의사는 21.9퍼센트밖에 되지 않았다. 투자자나 개발자의 비율은 0퍼센트였다.[3]

영화는 아주 상업적인 장르다. 그래서 경제적 수익을 생각할 때 관객의 편견을 뒤흔들기보다는 그런 편견에 호소해야 한다. 남다른 일을 하는 사람을 조롱하는 것은 안전할 뿐만 아니라 수익까지 올려준다.

유능한 살림꾼이 되고픈 엄마의 욕심

여성이 집안일을 못한다며 남성의 흉을 봐도 되는 다른 이유는 가사 영역이 규제가 거의 없는 영역이기 때문이다. 광범위한 성차별법은 (직장 내에서) '여자들은 가망이 없다'는 식의 의견을 금지한다. 직장에는 규제가 있다. 회사 안에서 상습적으로 여성의 무능에 대한 상스러운 이야기를 퍼뜨리고 다니면, 진상조사위원회와 지리멸렬하고 진땀 나는 만남을 가져야 할 것이다.

반면, 가정은 발언의 자유가 판친다. 다시 말해 어떤 여성이든 양성평등의 광범위한 개념에서 벗어나는 발언을 하면서도 찜찜한 기분을 느끼지 않는다. 남자란 족속은 더러운 빨랫감을 방치한다거나 치약 뚜껑을 안 닫는다거나 아이들 등교 준비를 못 시킨다며 끝도 없이 불평을 늘어놓을 수 있다.

나는 곧 집을 비운다는 생각에 노파심으로 요리를 만들어놓았다. 하지만 여기에는 내가 옆에서 감독하지 않으면 남편 제레미는 베지마이트* 샌드위치도 못 만드는 팔푼이라는 것을 암묵적으로 깔고 있다. 하지만 입장 바꿔 생각해보면 직장에서 여성을 짜증 나게 하고도 남을 독단적이고 재수 없는 행동이다. 인권위원회와 기회평등위원회 앞에서 변론을 하는 내 모습이 떠오른다.

"존경하는 재판장님, 이틀 치 저녁을 미리 준비해놓은 데 대해 제가 원고를 무능하게 여긴다는 추론이 가능하다는 점을 인정하는 바입니다. 다시 생각해보니, 제가 만든 볶음밥(아무리 선의였다고 해도) 때문에 원고가 별도로 세워놓았을지도 모르는 계획에 지장을 주었을 수 있다는 점을 인정합니다. 어쩌면 아이들이 정말로 좋아하는 카르보나라 파스타를 포함해서 다른 계획이 있었을지도 모릅니다. 그러나 저를 변호해보자면, 점심 담당은 늘 저였습니다. 그리고 저는 아무것도 준비된 것이 없는 상태에서 저녁을 만드느라 정신없는데, 아이 셋이 얼쩡거리면서 배고프다고 보채면 얼마나 성가신지 알고 있습니다. 재판장님, 결과는 안 좋았을지 몰라도 저는 좋은 의도에서 한 것입니다."

그럼, 또 다른 이유는 없을까? 내가 저녁 식사를 준비한 이유가 권력을 쥐려는 마이젠바흐식 숨은 노력 때문일까? 내 생각에

---

* 이스트로 만든 검은색 잼 비슷한 것으로 빵에 발라 먹는다.

아내 가뭄

는 그보다는 더 복잡할 거 같다. 솔직하게 말해서 며칠 집을 비우는 일로 야단법석을 부린 데에는 나의 부재가 곧 비상사태라는 그럴듯한 환상을 심어주려는 의도도 있다. 나는 축구 팀원을 먹이고도 남을 만큼의 볶음밥을 만들어놓았고, 집에 돌아올 때 아이들에게 사다줄 선물도 찾아봤다. 내가 집을 며칠 비운다고 아무도 비난하지 않으며 엄마라는 자리가 위태롭지도 않은데 말이다. 그러니 모든 것은 나의 터무니없는 망상이다. 나는 적어도 한 달에 한 번은 일 때문에 외박을 하는데 모두 별 탈 없이 잘 지내왔다. 그런데도 나는 나를 대체할 수 있는 다른 누군가에게 내 자리를 내어주기보다 내가 직접 다하려고 했다. 과도한 스트레스를 받아가면서까지 과시하듯이 수선을 떤 것이다. 한편으로는 대체되고 싶지 않은 마음도 있는데, 나 못지않게 잘하는 사람이 있다는 게 싫기 때문이다. 게다가 집을 비우는 데 대한 죄책감도 있다. 그래서 다음 날 아침 7시 비행기를 타야 하는데도 식사를 준비하느라 새벽 1시까지 깨어 있으면 뭔가 속죄하는 듯한 기분이 든다.

'엄마의 순간'은 이런 식이 되기 쉽다. 과부하가 걸려 있어 언제 툭 하고 끊어질지 모르는 상황에서 초인적인 능력을 발휘하는 순간이다. 그 속에서 여자는 한 손으로는 스케줄을 잡고 동시에 나머지 한 손으로는 어린이용 자전거를 밀면서 이리 뛰고 저리 뛰는데, 그 때문에 높아진 혈압은 희생정신이라는 연고로 치료한다. '내가 동시에 얼마나 많은 일을 해내는지 보라고. 나는 뭐든 제대로 해야 해'라고 하면서.

한번은 한 토론회에서 강연을 해달라는 부탁을 받았다. 직장 내 근무 탄력성과 그것이 평등의 핵심 요소인지 아닌지에 대한 토론회였다. 내가 지대한 관심을 가진 주제였기에 당연히 기대가 컸다.

그런데 토론회 날짜는 바짝바짝 다가오는데 나는 심각한 업무 과부하에 걸려 있었다. 주중에는 늘 바쁜 주제에 어리석게도 승낙해버린 고역스러운 강연에다가 시아주버니 생일 파티에 생일 케이크까지 만들어가겠다고 자청한 상태였다. 게다가 그날은 딸아이 생일이기도 했다. 그래서 일과 가정의 균형에 대한 강연 원고를 토론회 전날 밤에 쓰는데, 지칠 대로 지쳐 있던 나는 그만 울음을 터뜨리고 말았다.

결국 나는 토론회에 가서 바보 같았던 내 일주일을 그대로 들려주었다. 탄력적인 노동에 대한 원고를 쓰다가 패닉 상태에 빠져버렸던 마지막 순간을 포함해서 말이다.

토론회가 끝나고 여성과 노동 분야에서는 오스트레일리아에서 제일가는 전문가인 메리언 베어드와 대화를 나눴다. 나는 그토록 살아 움직이는 지성을 가진 여성 옆에 있으면 늘 준비와 연구가 부족하다는 느낌이 들었다. 나는 '무능한 나의 살림 이야기'로 토론회를 채웠다는 생각에 사과를 했다. 그래야만 할 것 같았다. 하지만 베어드가 침착한 얼굴로 나를 바라보며 말했다.

"유능한 살림 이야기겠죠?"

베어드 말이 맞았다. 내가 좀 자기 비하를 했다고는 생각했다. 하지만 돌이켜보니 엄밀히 말해서 나는 강연에서 내 자랑을 하고 있었다. 패닉 상태에 빠진 부분을 완화해서 말한 점을 빼더라도 말이다. 내가 얼마나 대단한지 보세요. 그 모든 것을 한 번에 해낼 수 있다니까요. 그 와중에 머리까지 빗고 나타났잖아요.

직장과 가정은 별개가 아니다

나는 그날 밤 리사 애니스도 만났다. 리사 애니스는 단연코 내가 본 '엄마의 순간' 중 최고를 보여준 인물이다. 리사는 오스트레일리아 다양성위원회의 CEO이다. 셋째 아이를 낳고 얼마 안 돼서 다양성위원회에 복귀했고 그때 승진도 했다.

새로운 직책을 맡은 직후 리사는 뉴욕, 싱가포르, 유타에 있는 전문가들과 새벽 5시에 전화로 회의를 해야 했다. 집 안 어딘가에서 뭔가 다투는 시끄러운 소리가 들리기 전까지는 모두 순조로웠다. 아이들이 지르는 날카로운 비명에 이어 집에서 기르던 애완견이 겁에 질려 요란하게 짖어댔다. 리사는 가족들한테 지금 무슨 일이 벌어진 건지 파악은 안 됐지만 일단 잽싸게 음소거 버튼을 눌렀다. 멀리 있는 동료들에게 들리는 것을 최소화하기 위해서였다. 비명 소리는 점점 커졌다. 이제 소리는 파도가 되어 들려왔다. 갑자기 개가 리사의 방으로 뛰어 들어와 신경질적으로 짖어댔다. 곧장 책상 밑으로 들어간 개는 각종 전선과 개줄이 엉켜서 꼼짝 못하는 신세가 됐고, 리사가 음소거 버튼을 누르며 최대한 노력했지만 치와와가 신경질적으로 짖어대는 소리는 전화 회의를 하던 고요한 대서양 건너편까지 새어나갔다.

그때 아이들이 몰려들었다. 처음에는 조용히 하라는 엄마의 근엄한 표정에 밖에서 무슨 일이 벌어지고 있는지 몸짓으로 이리저리 표현해댔다. 잠시 후 아이들 글씨로 휘갈겨 쓴 종잇조각 여러 개를 가지고 돌아왔다. 국제적 신뢰를 잃을까 걱정이 되어 리사는 손짓으로 아이들을 내보냈다. 마침내 둘째 딸이 신체 일부가 사라진 아기 기니피그 시체를 들고 다시 리사의 방으로 들어왔다. 알고 보니 집에서 기르던 기니피그 중 한 마리가 (아무도 모르는 사이) 새끼를 밴 것이었다. 첫 번째 소동은 기니피그의 출산이었다. 그다음 소동은 출산을 기념하기 위해 새끼 가운데 한 마리를 먹어치운 아버지 기니피그의 놀라운 행동 때문이었다. 리사는 전화 회의에 처음부터 끝까지 참석하면서 이 모든 과정을 조용히 소화했다.

5분 후, 아이들 대표단이 마지막 쪽지를 써서 보냈다.

'죽은 새끼한테는 코코넛이라는 이름을 붙였고 지금 당장 장례식을 하려고 해요.'

리사가 그때를 떠올리며 말했다.

"회의를 끝까지 마쳤죠. 근데 애들이 날 어떻게 생각했는지는 모르겠어요."

이제 리사는 사생활이 직업 세계로 번질까 봐 전전긍긍하지 않아도 된다는 것을 배웠다고 한다.

"이제 더는 미안해하지 않아요. 아이와 병원에 있을 때 전화가 오면 병원에 있다고 말할 거예요. 미안하다는 말을 먼저 그만두면 사람들도 더는 사과를 기대하지 않죠."

여성들은 일터와 집 양쪽 모두에서 흠잡을 데 없이 유능한 모습을 보여주려 한다. 그래서 일반적으로 직장과 가정에서 하는 역할이 서로 영향을 주지 못하도록 완벽하게 구분 짓는 전략을 쓴다. 리사는 자신처럼 아이를 키우고 있는 동료 임원에게 이런 말을 한 적이 있다고 한다.

"아이들을 데리러 학교에 갈 때면 늘 서류 가방을 가지고 간다니까요. 회의에 가는 것처럼 보이려고요."

하지만 이런 전략으로 얻는 것은 무엇일까? 대개는 얼마나 열심히 일하고 있는지 자신 외에는 알아주는 사람이 아무도 없다는 걸 깨닫는 일이다. 그래서 머릿속에서만 맴도는 사생활 영역에서 혼자 미쳐가는 특권만 누릴 뿐이다.

나는 왜 스스로를
스트레스 상태로 몰아넣는가

2013년 10월, 나는 리 세일즈를 대신해 몇 주 동안 〈7.30.〉*을 진행했는데, 특히 힘들었던 한 주가 있었다. 나는 주말에 애들을 데리고 비행기로 애들레이드로 날아가서 아이들을 부모님에게 맡겼다. 아이들이 외할머니, 외할아버지와 시간을 보내는 동안, 나는 모교에서 강연을 했고 애들레이드 아이디어 축제에서 발표를 세 탕이나 뛰었다. 그런 다음 일요일에는 사우스오스트레일리아 농촌 여성 모임 연설을 위해 포트피리까지 어머니와 갓난아이였던 막내를 자동차에 태우고 갔다. 그런 수렁으로 스스로를 밀어 넣은 내 어리석음에 울다가 웃다가 했고, 다시 다음 주 〈7.30.〉 진행을 위해 모두의 짐을 싸서 시드니로 돌아왔다. 화요일에는 고된 하루를 보내고 재무부 장관과 라이브 인터뷰를 마친 뒤, 저녁 8시에 저주를 퍼부으며 드레스를 챙겨 입고 택시를 타고 대학으로 향했다. 몇 달 전에 이미 시드니대학교 토론 동아리 저녁 모임에서 강연을 하기로 약속해서 어쩔 수 없었다.

시드니대학교에 도착했을 때 행사는 한참 무르익어가고 있었

---

* 오스트레일리아의 대표적인 시사 프로그램이다.

다. 멋지게 차려입은 남녀 젊은이들이 그럴싸한 말들을 주거니 받거니 하고 있었다. 매력적인 한 청년과 대화를 하는 동안 나는 샴페인 한 잔을 받아 들고 기운을 차려보려고 노력했다. 그리고 행사에 늦은 이유를 해명했다. 일도 많고 애들도 많고…….

"엄청 바쁘신가 봐요! 그래도 저희 학교에 와서 강연할 시간은 있으셨네요!"

청년이 지저귀듯 말했다.

그 말을 듣자 살짝 심기가 불편해졌다. 하지만 피가 되고 살이 되는 말이었다. 초인적인 능력에 대한 나의 집착, 즉 약속은 깨지 않고 스트레스는 무한정 받겠다는 의지는 남의 잘못이 아니라 내 잘못이라는 사실을 깨닫게 해주었다. 나 말고 누구를 원망하겠는가? 빚을 진 것도 아닌데 사람들의 부탁을 들어준답시고 하루 24시간 중 16시간 동안 이러고 돌아다니는 게 누구 때문이 겠는가? 여기 오느라 힘들어 죽을 뻔했다는 사실을 그 청년이 왜 알아야 한다는 말인가? 도대체 왜? 나는 무엇을 기대한 걸까? 왕관이라도 씌워주기를 바란 건가? 안 힘든 척 안간힘을 써놓고는 내 말을 곧이곧대로 믿는다고 억울해하는 것은 무슨 마음이란 말인가?

외모에 대한 불안감
자녀에 대한 죄책감

미소를 띤 채 초인적인 능력을 발휘하는 여성은 광고의 단골 소재다. 하픽에서 만든 변기 세정제인 투인원 광고를 보면, 신생아가 있는 아기 엄마의 집에 친구들이 깜짝 방문으로 벌떼처럼 우르르 몰려온다.

"화장실 좀 써도 돼?"

그때 한 친구가 묻는다. 집주인인 여성의 얼굴이 공포에 질려 일그러진다. 화장실이 안 깨끗하면 어쩌지? 잠시 후 찌푸렸던 이맛살이 펴진다. 그러면 그렇지! 정말 다행이다. 그녀는 화장실 변기에 강력한 라벤더 향을 내뿜는 호화찬란한 색깔의 압축 베이킹소다 덩어리를 걸어둘 정도의 선견지명이 있었으니 말이다. 걱정할 필요가 전혀 없다. 휴우!

광고는 '당신의 화장실은 당신을 어떻게 말할까요?'라고 산뜻하게 묻는 최종 멘트를 날린다.

화장실이 한 사람에 대해 해줄 수 있는 말이라야 그 사람이 배변 활동을 완전하게 익혔다는 것밖에 없기를 바랄 것이다. 하지만 여기는 집이다. 핵심성과지표가 고용 계약서에 주르륵 나열되어 있지도 않다. 그리고 자연은 진공 상태라면 질색을 한다 (Nature abhors a vacuum).[*]

아내 가뭄

2012년 11월, 영국 슈퍼마켓 체인인 ASDA에서 미소를 띤 금발의 슈퍼맘이 가족과 함께 보낼 크리스마스를 준비하는 광고를 내보냈다. 발랄한 음악이 배경으로 깔리고 카메라는 미소 짓는 여자를 따라간다. 여자는 나무를 사고, 전구를 달고, 이상하게 생긴 선물을 포장하고, 칠면조에 소스를 바르고, 감자 껍질을 깐다. 그리고 흔들리는 식탁을 책으로 단단히 고정시키고, 침대를 정돈하고, 크리스마스용 냅킨을 깔고, 꺄악 하는 아이들 소리에 새벽에 깨고, 한 손으로 점심을 준비하고, 의자가 모자라자 자신은 풋스툴을 가져다가 테이블 모퉁이에 앉는다. 그리고 마지막에는 하루가 끝나갈 무렵 은빛 종이가 흩뿌려진 거실을 두루 살피며 미소를 짓는다. 거실에는 한 무리의 인간들이 부른 배를 두드리면서 행복한 표정으로 꾸벅꾸벅 졸기도 하고 텔레비전을 보고 있다.

광고에서는 이렇게 말한다.

"저절로 되는 일은 없습니다! 모든 신나는 크리스마스 뒤에는, 엄마가 있습니다. 그리고 엄마 뒤에는 ASDA가 있습니다."

항의가 빗발치자 ASDA는 "광고에 등장한 정형화된 이미지 때문에 언짢은 분들이 있을 수도 있습니다. 하지만 긍정적인 피드

---

* 아리스토텔레스의 명제 '자연은 진공을 혐오한다'로, 진공의 존재 여부는 옛날부터 과학자들이 지속적으로 주목해왔던 문제였다. 특히 아리스토텔레스는 진공의 존재를 인정하지 않았다.

백도 많이 받았을 것입니다"라는 어정쩡한 사과문을 발표했다.

광고 감독인 디 매디건은 "우리는 광고 속에서 여성을 두 가지 방향에서 공략합니다. 우선 외모에 대한 불안감을 이용하고 두 번째는 자녀에 대한 죄책감입니다. 자식을 사랑한다면 이 새로운 일회용 물티슈로 자녀들을 세균으로부터 안전하게 지키라는 거죠."

그러나 남자들의 경우에는 영화에서처럼 실수를 연발하는 모습으로 등장할 뿐이다. 기아자동차의 스포티지 왜건 광고에는 그랜드마스터 플래시* 노래에 맞춰 흥얼거리며 천천히 자동차를 운전하는 운동복 차림의 아빠가 나온다. 그런데 갑자기 그랜드마스터 플래시 멤버들이 짠 하고 나타나서 함께 랩을 하고, 남자의 공상은 더욱 강렬해진다. 그가 자동차를 교외 주택의 진입로에 조심조심 댈 때쯤에는 심각한 화이트 맨스 오버바이트(White Man's Overbite)** 증상이 나타난다. 이쯤에서 지쳐 보이는 금발의 아내가 정원용 호스를 손에 들고 웃음기 없는 표정으로 묻는다. 아내는 정원의 나무들에 물을 주면서 인간에 대한 마지막 한 방울의 희망을 쥐어짜고 있는 듯한 표정을 짓는다.

"기저귀는 사왔어?"

---

* 미국의 힙합 그룹이다.
** 백인들이 춤출 때 흑인의 리듬에 맞추기 위해 입을 꼭 다무는 버릇이다.

"아 참, 기저귀!"

남편이 얼굴을 찡그리면서 말한다.

남자와 기저귀. 광고계에서 기저귀는 현대 남성들이 극도로 혐오하는 대상이다. 록키 발보아로 치면 아폴로 크리드*와 같은 존재이고 프로도 배긴스로 치면 골룸 같은 존재이다. 기저귀의 법칙은 남자들을 당황스럽게 한다. 기저귀에 달린 찍찍이는 복잡한 미로이다. 기저귀의 유형별 사이즈는 도저히 가늠할 수 없는 로제타석**이다. 부속품 세트, 예를 들면 향기 나는 기저귀 처리 봉투나 기저귀 커버, 유향/무향 물티슈, 보습제 등은 남성들에게는 당혹스럽기만 하다. 현대 남성을 위해 제아무리 편리하게 만들어졌어도 광고 속에서 보면 마치 복수심 넘치는 전 여자 친구가 만들어낸 것만 같다.

대형 기저귀 중 전 세계적으로 가장 인지도가 높은 하기스는 2012년 미국에서 값비싼 텔레비전 광고를 내보냈다. '상상할 수 있는 시험 중 가장 험난한 시험: 아기와 단둘이 보낸 아빠들의 5일'이라는 내용으로 자사 제품 광고를 한 것이다. 광고에서 아빠들은 꾀죄죄한 아기를 높이 들어 올린 채 이리 뛰고 저리 뛰었

---

* 영화 〈록키〉 시리즈에서 록키와 여러 번 챔피언을 두고 명승부를 겨룬 복서이다.
** 고대 이집트의 상형문자가 새겨져 있는 돌이다.

고, 아이들이 더러운 바지를 입은 채 뒤뚱뒤뚱 걸어 다니는 동안 스포츠 게임을 처음부터 끝까지 다 보기도 했다.

광고가 나가고 바로 시대에 뒤떨어지고 모욕적인 내용이라는 반발이 일었다. 한 온라인 커뮤니티에서는 이런 항의 글이 올라왔다.

"킴벌리-클라크는 의사들이 쓰는 외과 수술용품도 만든다. 그렇다면 '극한 시험: 여성 외과의사들'이라는 내용으로 수술용품을 광고하는 게 타당하다고 생각하는 걸까? 그 광고가 의학 분야에서 중요한 역할을 맡은 여성들을 '찬양'하고 있다고 주장할 수 있을까? 아니, 절대 그럴 리 없다."[4]

이 광고의 구시대적 발상에 항의하여 많은 부모들이 페이스북에 글을 올렸고 하기스는 곧바로 무조건적인 항복을 선언했다. 하기스는 아기들이 똥기저귀를 차고 있는데 아빠들은 스포츠 프로그램이나 보고 있는 장면을 전부 없애고, 대신 아이에게 젖병을 물리고 아이를 안고 살살 흔들어 재우는 가슴 뿌듯한 장면으로 바꿨다. 이렇게 만들어진 새 광고는 빨리 감기를 한 듯한 목소리로 "하기스가 어떤 상황에도 대처할 수 있다는 것을 입증하기 위해 진짜 아빠들에게 우리 기저귀를 시험 사용해달라고 부탁했습니다. 남의 아이가 아닌 자신의 아이로 말입니다!"라고 읊었다.

이런 일들이 있을 때마다 나오는 변명 중에 가장 오래된 것은 '역시 아기는 여자가 더 잘 본다'이다.

아내 가뭄

그렇게 중요한 일을
왜 여자한테 맡길까?

2013년 ABC의 〈Q&A〉라는 프로그램에 영국 언론인 피터 히친스가 초대 손님으로 나왔다. 그는 페미니즘이 저임금 직종에서 일하는 여성들의 착취에 대해서는 침묵으로 일관하면서, "우리 대부분이 해야 할 일 중 가장 중요하고 책임감을 가져야 할 과업……, 즉 다음 세대를 길러내는 일은 끊임없이 깎아내리고 있다"고 맹렬히 비난했다.

그때 또 다른 초대 손님인 미국의 작가 해나 로진이 히친스의 말을 끊으며 외쳤다. 해나 로진은 『남자의 종말』이라는 도발적인 제목의 책을 썼으므로, 아마도 히친스가 작성한 제거해야 할 문제적 페미니스트 명단에서 거의 맨 위를 차지할 것이다.

"잠깐만요! 그렇게 중요한 일이라면서 왜 여자가 해야 한다는 거죠?"

"이유야 아주 단순하죠. 제가 꼭 말로 해야 하나요?"

히친스가 언성을 높이면서 반문했다. 사실 그날 저녁 방청객의 반감 섞인 웅성거림을 뚫고 히친스가 언성을 높인 게 처음도 아니었다.

"해나 로진 씨한테는 해당 안 되는 이야기일 수도 있지만 대부분의 경우에는 해당됩니다. 여자들이 훨씬 더 잘한다는 거죠. 육아를 조금이라도 해본 사람이면 누구나 알 겁니다. 여자들이 더 잘한다는 것을 말이죠."[5]

아! 이게 바로 우리가 변죽만 울리고 피해오던 질문이다! 여자가 육아를 더 잘한다? 여자가 아이를 기르는 능력이 더 뛰어나다? 그래서 여자가 육아를 더 많이 한다?

대답하기 무지 까다로운 질문이다. 기저귀 올림피아드나 플레이오프전 같은 게 있다면 당연히 아빠들이 엄마들한테 완패를 당할 것이다. 하지만 그렇다고 그게 여성이 남성보다 태생적으로 더 잘한다는 뜻일까? 아니면 여자들이 연습을 더 많이 한다는 뜻일까? 나는 내가 글을 아주 잘 쓴다고 생각한다. 두어 시간이면 천 단어 길이의 칼럼을 한 편 쓸 수 있고, 특별한 일이 없는 한 그 칼럼이 평범한 오스트레일리아인으로 구성된 소규모 집단에서 무작위로 뽑은 칼럼보다는 뛰어날 거라는 데 돈을 걸 수도 있다. 그 집단에 로라 팅글* 같은 사람만 포함되어 있지 않다면 말이다. 하지만 처음 글을 쓰기 시작했을 때 나도 꽤나 형편없었다. 천부적인 재능을 타고났다고 남몰래 우쭐해하기도 했지만, 사실 내가 글을 잘 쓴다는 것은 직업적으로 글을 쓰는 것 말고 다른 일은 하지 않았다는 사실과 완전히 무관하지 않다.

---

* 오스트레일리아의 정치부 기자이다.

아내 가뭄

남자와 여자가 처음으로 아이를 갖게 되면, 서로의 무능력이 만나 휘황찬란한 잔치를 벌인다. 어린 동생들을 마치 친자식처럼 길러본 경험이 있거나 어린이집에서 직접 체험해보지 않았다면, 빌어먹을 아기로 뭘 어떻게 해야 할지 아무것도 모를 확률이 크다. 이때 염색체 구조는 전혀 상관없다.

첫아이를 가졌을 때, 제레미와 나는 런던에 있었다. 영국의 국민건강보험은 부모 자격을 갖추려면 한참 먼 부모와 신생아를 하루빨리 세상 밖으로 내보내는 게 낫다고 생각했다. 오드리가 태어나고 6시간 후 우리는 퇴원 서류를 받았다. 우리는 처음 부모가 된 사람답게 경건한 마음으로 아이를 포대기에 감싸고 주차장으로 갔다. 그리고 아이를 앉히려고 렌트한 신생아용 카시트를 차에 어떻게 장착해야 하는지를 두고 약 1시간 반 동안 언쟁을 벌였다. 그렇게 우리가 서 있는 동안 나는 두 눈으로 똑똑히 보았다. 아기가 우리보다 경험 많은 행인들을 불러 세우려 한다는 것을 말이다. 결국 우리는 카시트를 대충 설치하고 집으로 왔고, 그 일을 계기로 우리가 육아에 젬병이라는 사실을 깨달았다. 요 라 탱고*의 공연 티켓이 생겼을 때는 정말로 아기를 데리고 갈까도 생각했다. 그 정도로 우리는 바보 같았다.

---

* 미국의 인디밴드이다.

왜 여자가 아기를 잘 본다는
편견이 생겼을까?

남자든 여자든 처음에는 이렇게 아는 게 없다. 그런데 어떻게 여자가 아기를 더 잘 돌본다는 무언의 전제가 생겨났을까? 이런 상황을 단순히 '남자는 도망치고 싶어 하고 여자는 속임수에 넘어갔다'고 간주하지 말자. 육아 전문가도 나머지 다른 분야의 전문가와 다를 게 없다. 하다 보면 느는 것이다. 부모 중 한쪽에게 능력치를 쌓을 기회가 주어지면 그쪽은 더 일찍 전문가가 된다. 편의상 그 한쪽을 '가슴 달린 쪽'이라고 칭하자. 일단 빨리 배운 쪽이 전문가가 되고 나면 나머지 한쪽은 상대방을 따라잡기 위해 전심전력을 다해야 한다. 이때 그 전문가는 배앓이, 달래기, 포대기로 감싸기, 그 외 직관과는 전혀 관계없는 일들로 가득한 불가사의한 세계에 발을 들여놓을 적합한 인물을 뜻한다. 나도 잘 모르기는 마찬가지지만, 이것은 마치 모든 교육 과정을 점심시간에 동네 토플리스 바*에서 진행하는 회사의 여자 중역이 된 것과 비슷하다. 이론상으로는 그런 환경에서도 경쟁하며 살아남는 게 가능하지만 그리 만만치는 않을 것이다. 그리고 얼마 안 가서 삶도

---

* 상반신을 노출한 여자들이 있는 술집이다.

아내 가뭄

바쁜 데다가, 자동차 제조를 제외하면 인간은 대부분의 테크놀로지 분야에서 경제적 효율성을 지향하기 때문에 아마 당신은 이런 말을 듣게 될 것이다.

"그렇게 하면 안 되지! 아휴. 여기로 가져와봐. 빨리빨리 좀 해."

아이가 생겼을 때의 그 느낌이 얼마나 중요한지, 가냘프게 우는 이 아이가 얼마나 특별한 존재인지, 나중에 커서 골칫거리가 될지도 모르는 이 작고 연약한 존재가 그동안 가지고 있던 모든 인식을 얼마나 하찮게 바꿔버리는지……. 오직 자신만이, 진심으로 자신만이 이런 감정들을 이해할 수 있다고 생각한다. 이게 아이가 생기면 보이는 가장 흔한 반응이다.

그래서 이때가 평생 동안 거칠 여러 단계 중에서 남자와 여자가 전통적인 접근법으로 회귀하기 가장 쉬운 단계이다. 두 배로 아이러니한 상황이다. 그리고 이것이 바로 인간다움의 묘미다. 개인의 독창성에 대한 믿음을 꿋꿋하게 유지하는 한편 광범위하고 믿을 만한 사회적 패턴을 만들어내는 우리의 능력 말이다. 아빠는 직장에 복귀할 것이고, 그동안 엄마는 새로운 전문 분야를 계속해낼 것이다. 이런 말을 듣게 될 수도 있다.

"그럼요. 패트릭도 일 좀 쉬고 애랑 얼마나 시간을 보내고 싶어 하는데요. 근데 지금 회사 일이 너무 바쁘거든요. 당연히 똑같이 일을 나눠서 할 거지만, 지금 상황에서 집안일은 제가 하는 게 맞죠. 다음에는 그이가 맡아서 할 거예요!"

하지만 그다음이 오면 패트릭은 더 많은 돈을 벌고 있어서 일하는 시간을 줄이는 것은 더 말이 안 될 것이다. 좌우지간 그는 파렉스 이유식으로 뭘 어떻게 해야 하는지 알지 못할 것이고 앞으로도 계속 그럴 것이다. 사회적 패턴은 북극광처럼 거대할 수도 있지만, 우리는 단지 우리가 사는 시대만 볼 수 있다. 그런 패턴들이 굳어지는 데 우리가 얼마나 많이 일조했는지를 깨달을 때쯤이면 이미 너무 늦었다.

이런 상황에서 남성보다 '더 잘하는' 여성에 관심이 지대한 사람들은 피터 히친스 말고도 많다. 기저귀 가는 의무를 마지못해 양도한 아버지는 전문가가 맡았다는 사실에 마음이 놓일 것이다. 아버지가 그 일을 얼떨결에 넘겼든, 죄책감은 들지만 다행이라고 안도하면서 넘겼든 상관없다. 그리고 새로운 생활의 합리적인 토대를 찾아야 하는 어머니에게 '내가 더 잘한다'는 생각은 든든한 버팀목이 되어줄 것이다. 그런 생각이 없으면 여자는 실존적 두려움과 희열이 뒤섞인 호르몬의 바다에서 허우적댈지도 모른다.

아빠를 육아 젬병으로 만들지 마라

똑같이 무능력한 초창기의 상태를 인위적으로 연장한다면 어떻게 될까? 어머니와 아버지의 육아 지식 수준이 똑같은 기간을 아주 조금 늘릴 수 있다면? 만약 그렇게 한다면 어머니와 아버지의 육아 참여도를 높이는 데 도움이 될까?

산전수전 다 겪고 체념하게 된 우리가 노르웨이로 눈을 돌리게 되는 지점이 바로 여기다. 빌어먹을 노르웨이 사람들. 선견지명도 있는데다 세심하기까지 하다. 또 천연자원 호황(우리 오스트레일리아는 천연자원 호황으로 벌어들인 돈을 대형 텔레비전을 수입하는 데 다 쏟아부었다)으로 얻은 수익금을 똑똑하게 투자하여 시의적절하게 국부 펀드를 조성했고, 삶의 질은 또 얼마나 어마어마하게 높은가? 생각해보라. 1993년 남성 육아휴직 의무화를 도입하여 남성들이 휴가를 낼 수밖에 없게 만든 나라가 바로 노르웨이다. 노르웨이에는 진작부터 인심 후한 유급 육아휴직 제도가 있었고 1977년부터는 아버지들도 사용할 수 있었다. 하지만 육아휴직을 쓰는 아버지들은 고작 3퍼센트밖에 되지 않았다. 그래서 노르웨이 정부는 1993년 표준 유급 육아휴직을 쓰는 사람이 아빠여야만 수당의 상당 부분을 지급하도록 법으로 정했다.[6]

이 제도는 부모기 초기에 남자에게 가장 중요한 역할이 생계부양자라는 기존의 인식을 획기적으로 바꿔놓았다. 노르웨이는 재정적 혜택을 '안 쓰면 소멸하는' 식으로 바꿔서 휴직을 하지 않으면 재정적으로 오히려 손해를 보게 한 것이다. 그래서 최소 몇 주 동안은 나가서 돈을 벌어야 할 것 같은 충동과 실천하는 아버지 노릇이 대개의 경우처럼 충돌하기보다는 조화를 이루게 만들었다.

오늘날 노르웨이의 아버지들 90퍼센트가 육아휴직을 쓰고 있다. 그리고 육아는 물론 가족과 보내는 시간이 10년 전 아버지들보다 하루 평균 1시간 더, 1970년 당시 아버지들보다는 하루 평균 2시간 더 많다.[7]

노르웨이의 상황에서 알 수 있는 것은 선택권이 보장되고 장려책과 초보 부모일 때부터 육아에 참여할 기회만 주어지면, 남녀 모두 육아를 잘할 수 있다는 사실이다. 물론 노르웨이가 갖추고 있는 완벽한 보육 시설도 도움이 되기는 했다.

하지만 육아휴직의 발전이 스칸디나비아 모델보다 훨씬 더딘 오스트레일리아에도 아버지가 부모기 초기 단계에 휴직을 하면 장기적으로 볼 때 더욱 적극적인 부모가 된다는 증거가 있다.

자녀를 출산할 즈음에 열흘 혹은 그 이상 휴가를 낸 오스트레일리아의 아버지들은 그 아기가 유아가 되었을 때 육아 관련 활동에 더욱 자주 참여했다. 2013년 오스트레일리아를 포함한 4개국에 대한 OECD 연구에 따르면 육아휴직을 쓰지 않은 아버지들 중 유아가 된 자녀를 매일매일 재워준 비율은 19.3퍼센트밖에 되지 않았다. 하지만 열흘 혹은 그 이상 육아휴직을 쓴 아버지들 중 자녀를 매일매일 재워준 비율은 27.9퍼센트로 더 높았다.[8]

역사적으로 우리는 유급 육아휴직을 여성의 노동 참여 증가를 판단하는 기준으로 삼았다. 최근 토니 애벗 총리는 자신의 유급 육아휴직은 복지 수단이 아니라 다른 제도와 같은 고용 보장이라고 언급한 바 있다.

상황을 전혀 다른 관점에서 보면 어떨까? 유급 육아휴직을 아버지와 어머니에게 육아 전문가가 될 기회를 동시에 주는 거라고 본다면?

우리 사회는 아버지들에게 육아에 젬병이 되도록 허용할 뿐만 아니라 젬병일 거라고 기대한다. 젬병이 되라고 권장한다. 그래서 막상 젬병이 아닌 아버지를 보면 매번 놀란다.

‖ 6장 ‖
남편은 고용주,
아내는 무급 노동자

"아내에게 임금을 지급하라"

THE
WIFE
DROUGHT

아내는 남편에게
고용된 무급 노동자

이디스 브라운은 아버지가 교수형을 당했을 때 열다섯 살이었다. 때는 1876년이었다. 어머니는 이디스가 일곱 살 때 아이를 낳다가 죽었고, 이후 곧바로 이 어린 소녀는 코완 자매가 운영하는 퍼스의 기숙학교로 갔다. 목축업을 하던 이디스의 아버지 케네스 브라운은 이디스가 기숙학교에서 지내는 동안 부지런히 자학의 길로 걸어갔다. 정신이 나갈 정도로 술을 마셨고 알거지가 될 때까지 경마에 돈을 쏟아붓더니, 결국에는 두 번째 부인 메리 틴돌을 총으로 쏴 죽였다. 이 일로 그는 당시 웨스턴오스트레일리아 법으로 최고형을 받았다.

인생 초반에 그런 무시무시한 시련을 겪은 10대 소녀라면 비교적 한동안은 우울한 시간을 보낼 거라고 생각하기 쉽다. 그러나 이디스는 금방 회복했고, 아버지가 사형을 당한 지 3년 만에 자신이 다니던 학교 여교장의 남자 형제였던 제임스 코완과 결혼했다. 딸 넷에 아들 하나를 두었고, 행복한 인생의 사건 사이사이 자선사업도 펼쳤다. 1921년에는 겨우 46표 차로 오스트레일리아 최초의 여성 의원이 되어 모두를 놀라게 했다.

내가 '모두를 놀라게 했다'고 한 데에는 이디스도 포함되지만 선거에서 패해 의회에서 물러난 토머스 드레이퍼도 포함된다. 토머스 드레이퍼는 당시 웨스턴오스트레일리아 주의 법무부 장관이었고, 1921년 선거에서 여성의 국회의원 출마를 허용하자는 법률안을 내놓은 사람이었다. 코완 부인의 당선은 오늘날까지도 작으나마 오스트레일리아 전역에 반향을 불러일으키며 국가적 자부심의 원천이 되고 있다. 프랑스 여자들은 선거권을 얻기까지 23년이나 더 기다려야 했다는 점을 기억하자.

코완 부인의 활동은 상당히 교과서적이었다. 그녀는 치안, 산업 원조 및 생활비 절감에 집중했다. 남편 제임스는 집집마다 찾아다니며 팸플릿을 돌려 아내를 도왔다. 한번은 코완 부인이 가정에 소홀하다고 생각하는 한 부인의 거실로 안내받아 들어간 적도 있었다. 그때 그 부인은 코완 부인이 아이들을 방치하고 있

고 (당시 막내가 서른 살이었다) 불쌍한 남편은 상심으로 다 죽어가고 있다고 진심으로 믿고 있었다.[1]

뼛속까지 운동가이자 여성 참정권자였던 이디스 코완 부인은 결국 주정부 정치가 생활을 3년밖에 하지 못했다. 하지만 그 기간 동안 주부를 위한 최저임금을 놓고 펼쳐진 역사상 가장 아슬아슬했던 입법 경쟁을 오스트레일리아에 선사했다.

주부를 위한 최저임금 문제는 하인과 (하필이면 하고많은 직업 중에) 보험 중개인의 중재재판소 출입을 허용해야 할지 여부를 두고 벌이던 의회 토론 중 뜬금없이 제기되었다. 당시 오스트레일리아는 하인의 임금에 대한 정식 규정이 없었다. 하지만 흔한 농담으로 오스트레일리아 식민지에서는 하인들이 자유롭게 근무 조건을 직접 정하고 일자리도 많아서 하인들이 돈을 많이 번다는 이야기가 당시 정기 간행물에 실리기도 했다.

코완 부인은 의회에서 여전히 신출내기였다. 당시 〈불레틴〉에는 카툰 "더 뉴 '하우스' 와이프"*가 연재되고 있었는데, 웨스트퍼스의 의원인 코완 부인이 하원 중앙의 탁자에 놓인 상자를 박박 문질러 닦고, 의회 바닥을 대걸레로 밀고, 하원 의장의 장식용 지팡이에 광을 내고, 거품 물이 들어 있는 황동 대야와 빨래판 뒤

---

* '하우스(house)'에 의회라는 의미도 있다.

로 자신의 의석을 가져가는 모습을 그려놓기도 했다.[2]

그래서 코완 부인이 자리에서 일어나 산업중재법 개정안의 윤곽을 설명했을 때, 온 나라는 이미 그녀 때문에 시끄러운 상태였고 그녀가 입 밖에 낸 말은 분위기를 더 악화시킬 뿐이었다.

코완 부인은 이렇게 제안했다.

"노동자의 의미에 다음과 같은 내용을 추가하려 합니다. 이 법이 직업적인 가사 노동 종사자에게 확대된다면, 남편을 고용주로 간주해야 하며 남편과 함께 살고 있는 아내는 남편에게 고용된 노동자로 간주해야 합니다. 아내가 가정을 위해 하는 일은 대개 직업적인 가사 노동 종사자가 하는 일이기 때문입니다."[3]

오스트레일리아 의회 사상 최초의 여성 의원인 코완 부인은 의회 연설을 계속 이어나갔다.

"유부녀는 노조를 만들면 안 되는 이유가 뭡니까? 왜 유부녀는 똑같은 특권에서 제외되어야만 합니까? 저는 여기 계신 야당 의원님들도 본인의 아내가 직업적인 가사 노동 종사자가 누리고 있는 것과 똑같은 지위와 특권을 누리기를 바랄 거라고 생각합니다……. 중재재판소에 가는 것이 하녀와 요리사에게 좋은 일이라면, 세탁부에게 좋은 일이라면, 아내들에게도 마찬가지로 좋은 일일 것입니다. 바로 그것이 제가 개정안을 제출하는 이유입니다."[4]

로번* 의원이던 프레더릭 티스데일은 "혁명이라도 해야겠군!"

아내가뭄

하면서 탄식했다. 그는 의회에 들어오기 전에 진주 채취 일을 했고 의회에서 '가장 아름답고 매력적인 인물'로 칭송받았다.[5]

이에 코완 부인은 이렇게 답했다.

"백번 천번 옳은 말씀입니다. 혁명을 통해서만 바로잡을 수 있는 일도 있다는 말을 이 의회 어디선가 들은 적이 있지만……, 될 수 있으면 단계적으로 밟아나갑시다. 저는 이 주(州)의 여성을 대표하여 이 자리에 있는 것입니다."[6]

의회록은 이 시점에서 의원들이 일제히 이렇게 외쳤다고 기록하고 있다.

"싫소!"

특히 머치슨 시의 마셜 의원이 코완 의원의 후안무치에 분노했다. 마셜 의원은 코완 의원과 같은 시기에 의원 생활을 시작했고, 상당 시간을 이런저런 일에 분노하여 입에 침을 튀기면서 보냈다.

"어쨌거나 당신은 우리 집사람의 대의명분을 위해 이 자리에 있는 게 아닙니다. 나는 우리 집사람이 중재재판소에 못 가도록 단속할 거요!"

코완 의원이 차분하게 대답했다.

---

* 웨스턴오스트레일리아 주 북서부의 도시이다.

"어조로 보나 오늘 밤 이 자리에서 하신 발언으로 보나, 산업 중재법의 심판을 받는다면 아마도 가장 행복하고 기뻐할 사람은 마셜 의원님의 부인일 것 같군요!"[7]

마셜 의원의 결혼 생활에 대한 코완 의원의 냉소적인 의문에 역사는 별말이 없다.

어쨌든 코완 의원의 개정안은 가정주부의 최저임금에 대해 전 국민이 이런저런 의견들을 쏟아내는 계기를 마련해주었다.

가정주부에게
임금을 지불하라

〈오스트레일리안우먼스미러〉의 기자 그웬 스펜서처럼 가정주부를 위한 최저임금을 아내에게 집안의 돈을 관리하게 하자는 의미로 여기는 이들도 있었다. 즉, '술이나 취미, 경마 혹은 손해만 보는 큰 투자'에 돈을 낭비할 가능성이 큰 남편보다는 아내에게 맡기자는 것이다.[8]

또한 그동안의 임금 방식이 남성에게 훨씬 유리하게 적용되었다는 사실을 공식 인정하여, 여성에게 힘을 실어줄 수도 있겠다고 생각한 이들도 있었다. 논설위원인 헬렌 노먼턴은 그 이유로 "다수의 남자가 돈을 많이 벌고 정신적, 도덕적으로 부담스러운

아내 가뭄

업무 스트레스를 견딜 수 있었던 것은 조용한 동반자가 뒤에 버티고 있기 때문이다. 비록 회사 비품들에는 자신의 이름이 찍히지 않지만 말이다"라고 주장했다.[9]

코완 부인의 개정안이 지닌 산업적 의미가 아무에게도 주목받지 못한 것은 아니었다. 〈헤럴드〉에서 한 시인이 준법투쟁을 하는 가정주부의 망령을 소환한 것이다.

아버지　마리아, 빨리 와보라니까!
　　　　갓난쟁이 테드를 봐야지!
　　　　애가 불구덩이에 넘어졌다고.
　　　　그 예쁜 머리가 탔단 말이야!

어머니　테드 아버지, 나도 어쩔 수 없어.
　　　　노조에서 정한 시간이 지났는걸.
　　　　아무래도 나는
　　　　숭고한 마르크스 책이나 읽어야겠어!

아버지　이 고기 조각들 좀 덜 익었어.
　　　　차라리 스테이크를 먹고 말지.
　　　　이러면 재미없어.
　　　　이거 먹다가는 내 이가 나가게 생겼어.

어머니　위원회에서 결정이 나기를

고기 한 토막에 9펜스야.

당신은 성질이 나겠지.

내가 일을 안 하면.

스테이크 값은 1실링.

당신이 스테이크 값을 내면

요리는 해줄게, 내키지는 않지만

오늘은 쉬는 날이잖아!¹⁰

　가정주부가 준법투쟁을 할 수 있다는 발상은 기발하면서도 무시무시했다. 아내가 저녁 식사 도중에 파업에 들어가버린다면? 부부 사이의 친밀한 행위 중에 그만둬버리면?

　물론 쌍방 모두에게 책임을 물을 권리는 있다.

　그웬 스펜서는 무책임한 남자가 관리하던 가정 내 수입을 떳떳하게 가정을 꾸려가는 아내에게 재분배해야 한다고 공공연하게 주장해왔다. 나아가 가정주부의 임금을 공식화하면 양쪽의 의무가 기분 좋은 균형을 이루게 될 거라고 했다.

　스펜서는 가정주부가 임금을 받으면 "일부 뺀질이 유부녀들이 창피해서라도 자기 몫의 집안일을 하게 될 것이다. 결혼반지를 낀 여자가 남편의 노고에 대한 보답은 거의 없이 남편한테 얻어

오늘은 쉬는 날이잖아![10]

만 가는 얌체 짓을 한다면, 그것은 사기나 다름없다. 그런데 임금은 이런 사실을 외부로 드러내준다"라고 썼다.[11]

어쩌면 남편들이 노동에 대한 책임을 물을 수 있다는 사실을 깨닫고, 가사 노동의 질을 더욱 엄격하게 평가할지도 모르겠다. 그래서 혹시라도 아침에 일어나서 차갑게 식은 아침 식사를 보고 특정 수행 분야에 대해 소송을 고민할지도 모를 일이다.

당시 웨스턴오스트레일리아 주의 총리였던 제임스 미첼 경은 굉장히 조심스러운 행보를 보였다.

"아내를 남편의 고용인으로 만들자는 제안이 있는 것 같습니다. 우리 중에 아내한테 잡혀 살지 않는 사람은 그리 많지 않으리라 생각합니다. 법안 제안자이신 웨스트퍼스의 의원님께서 원하셨던 취지대로 변화를 이끌어낸다고 해도, 지금 남편들의 형편은 크게 바뀌지 않을 거라고 생각합니다."[12]

결국 코완 의원의 개정안은 나머지 법안과 마찬가지로 실패로 끝나고 말았다. 위원회 단계에서 시끄럽게 논쟁은 일었지만 안타까워하는 이도 별로 없이 오스트레일리아정부협의회*로 가기도 전에 폐기되었다. 코완 의원은 1924년 낙선하여 의회에서 물러났고, 이 문제는 더 이상 공식적인 자리에서 논의되지 않았다.

---

* 연방 총리와 주 총리가 모인 조직이다.

여성의 가치를
일깨워준 아내 러시

하나의 국가로서 오스트레일리아는 아직 유아기에 머물러 있었
고, 모든 분야에 걸쳐 어떤 길이 옳은 길인지 여전히 모색 중이
었다. 좌우간 오스트레일리아에서 아내의 가치는 꽤 극단을 오갔
다. 식민지 초기에 여성은 자산이라기보다 짐이었다. 낯설고 적
대적인 환경에서 먹여 살려야 할 군입 같은 존재였다. 이 분야에
언제나 관심을 쏟고 있던 조지 메갈로게니스가 내게 뉴사우스웨
일스의 총독 존 헌터가 포틀랜드 공작에게 보낸 1796년 긴급 공
문을 살펴보라고 했다. 그런데 그 긴급 공문에는 보터니 만으로
가는 신착 죄수 호송선에 여자가 한 명도 없었으면 좋겠다는 총
독의 희망 사항이 적혀 있었다.

　　300명 전원을 남성으로 하고 여성이 섞이지 않았으면 하는 바
입니다. 여성은 이미 충분합니다. 우리는 [원문 그대로임] 여성을
활용할 방법이 전무하며, 여성은 대개 남성보다 열등한 것 같습
니다. 여성에게 시킬 일이 있어도 써먹기가 힘든 경우가 많습니
다. 특정 연령대의 여성들은 대개 [원문 그대로임] 아기에게 젖을
먹여야 하는 필수 불가결한 일이 있더군요.

　　　　　　　　　　　　　아내 가뭄

하지만 이 새로운 정착지에 산업이 번성하자 상황은 급변했다. 그리고 1850년대 전 세계에 퍼진 소문을 듣고 땅바닥에 널린 금덩이를 차지하겠다며 천막촌 밸러랫으로 금 채굴자들이 몰려들면서 아내는 상당히 유용한 존재가 되었다. 아내는 천막을 지낼 만한 장소로 유지해주었고 소규모 장사로 남편을 뒷받침해주었다. 때때로 남편들이 변화무쌍하기로 악명 높던 밸러랫의 하층토에서 간신히 금을 채취하기도 했지만, 그 보잘것없는 작은 금 알갱이보다 허가세가 비싸지면 아내들이 주요 생계부양자가 되었다.

사실 1850년대 빅토리아를 장악했던 '아내 러시'는 기억하는 이가 별로 없어서 그렇지 골드러시 못지않았다. 스텔라 상을 받은 클레어 라이트의 『유레카의 잊힌 반란꾼들(The Forgotten Rebels of Eureka)』을 보면, 아내들이 빅토리아에서 판매자 시장*을 누렸던 시절을 자세히 묘사하고 있다. 금광꾼들은 배에서 내리는 여자라면 아무나 붙잡고 열성적으로 구혼하기 위해 멜버른의 부두로 몰려갔다. 이제 막 도착한 여자들은 고국에 있는 친구들과 여자 형제들에게 오스트레일리아에 아내를 찾는 남자들이 넘쳐난다면서 어서 빨리 오라고 달뜬 편지를 보냈다. 가족과 교회로부터 독립할 수도 있고 모험에 대한 기대감은 마음을 들뜨게 했다.

＊ 판매자가 유리한 시장으로, 공급이 적고 수요가 많아 가격이 높게 형성되어 있는 상황이다.

1850년 빅토리아의 결혼 건수는 2,668건이었다. 2년도 안 되어 그 수치는 거의 세 배로 뛰었다. 그러다 아주 이상한 일이 일어났다. 혼인율이 정체기에 접어든 것이다.[13]

라이트는 책에서 이렇게 말했다.

"판매자 시장이기는 했지만, 여성들은 자신들의 상품을 내놓지 않기로 했다. 빅토리아의 여성들이 결혼 사업에서 이제껏 한 번도 경험해보지 못했던 권력을 느낀 것은 불 보듯 뻔한 일이다."[14]

집안일을 해줄 하인에 대한 수요가 높았다는 것은 신대륙에 도착한 여성 중 가장 가난한 여성에게도 선택권이 있다는 의미였다. 그런 여성들도 자기 힘으로 상당한 임금을 받을 수 있었기 때문에 남자에게 의지할 필요가 없었다.

그래서 진짜 신부에 굶주린 일부 남성 집단은 새로운 보헤미안식 열풍의 선구자가 되었다. 이른바 '금광꾼식 결혼'이라는 것으로, 라이트의 설명에 따르면 "이제 막 벼락부자가 된 금광꾼은 여자에게 돈을 주고 모범적인 신부의 역할을 시킨다. 먼저 남자는 금 한 덩어리로 살 수 있는 최고급 결혼 예복을 여자에게 입히고, 마차와 촌스러운 제복을 입은 마부를 빌려 가장 가까운 술집에서 술 절반을 산다. 술에 취한 동료 금광꾼 무리가 그 마차를 내내 따라가다가 목적지인 세인트킬다의 항만 주변 교외에 도착하면 그곳에는 모두에게 샴페인이 나오는 정찬이 기다리고 있다."[15]

라이트는 아내 러시가 있었던 희귀한 시기 동안 사생아 출생 신고가 반짝 급등했던 사실도 책에 적었다.

"사생아의 출생 신고는 사생활을 가감 없이 드러낸 쉽지 않은 결정이다. 하지만 판매자 시장 시기인 만큼 해당 여성은 혼외 임신을 숨기려 하지 않았고, 다른 남자의 아이를 앞으로 있을 결혼의 걸림돌로 보지 않았다."[16]

골드러시와 마찬가지로 아내 러시 또한 오래 지속되지는 못했다. 하지만 아내의 유용성 또는 무용성 그리고 아내의 노동을 어떤 식으로 인정하고 재보상해주어야 하는가(그런 걸 한다면)에 대한 끔찍한 의문은 지금까지도 계속되고 있다.

가사 노동의 가치를 평가하는 방법 ①
아내 대신 일하는 '대체 모델'

수많은 외부 사건이 여성의 노동 방식이나 여성에게 기대하는 노동의 종류에 영향을 미쳤다. 1차 세계대전을 계기로 여성은 간호 분야와 낮은 차원의 정치 운동을 접하게 되었다. 대공황을 계기로 온 집안을 먹여 살릴 방법과 과일 궤짝으로 기본적인 가구를 만드는 법을 배웠다. 그렇게 임시방편으로 만든 가구는 80년 후에 시내 골동품 가게에서 어마어마한 가격에 팔리게 되었다.

2차 세계대전 때에는 공장에서 일을 했고 바지도 입을 수 있게 되었다. 불황과 두 차례의 세계대전, 페미니즘의 부상으로 여성의 모험심은 그 모양이 바뀌고 다듬어졌다. 그러나 여성이 가정에서 하는 노동의 가치를 정확하게 평가하는 것은 여전히 거북한 분야로 남아 있다.

여성이 가사 노동에 매주 평균 33시간을 할애하는데도 가사 노동은 익히 알려진 국가 생산성 측정 수단인 국내총생산에 포함되지 않는다.[17]

또한 가사 노동은 무보수이다. 로버트 멘지스가 1941년 어머니들에게 아이 한 명당 매주 5실링을 지급하기로 한, 현실과는 동떨어진 이런 연방 정부의 노력을 굳이 보수로 치지 않는 한 말이다. 이후 연방 정부의 제도적 노력은 몇십 년에 걸쳐 성장과 변형을 거듭했는데, 존 하워드의 2004년 선거 유세에서 단연코 화제였던 베이비 보너스처럼 거액을 한 번에 주는 정책들 덕에 주기적으로 증액되었다.

가사 노동의 가치를 평가할 때 사용한 최초의 방법이자 가장 보편적인 방법은 '대체 모델'이다. 이 방법은 가정주부들이 하는 모든 일을 다른 사람을 고용할 때 들어가는 비용으로 환산한다.

공식 경제에서 청소와 육아 같은 굵직굵직한 분야는 대체 비용 계산이 쉽다. 표준 요율이 낮게 책정되어 있는 게 명확하게 보이는 분야들이다(이러한 분야들은 가사 노동과 경제 사이의 골 때리게 기묘한 고무줄 같은 관계도 선명하게 보여준다. 내가 우리 집을 청소기로 돌리면 아무런 가치가 없지만 다른 사람이 그 일을 하면 갑자기 시간당 20달러의 가치를 지니게 된다). 그러나 좀 더 깊이 들어가보면 상황이 다소 미묘해진다. 요리사를 고용하면 얼마나 들지를 계산할 때, 우리가 얘기하는 요리사란 어떤 요리사일까? 이틀짜리 서비스 교육을 이제 막 마친 손가락에 소스도 안 마른 초짜인가, 아니면 헤스턴 블루먼솔*인가?

1967년 체이스맨해튼은행은 가정주부가 하는 열두 가지 임무에 근거하여 가정주부의 가치가 연간 8,300달러(오늘날 기준으로 하면 6만 달러)라고 확정했다. 보모, 요리사, 가정부, 영양사, 식품 구매사, 접시 닦이, 세탁부, 재봉사, 간호조무사, 정비사, 정원사, 운전기사 등이 가정주부가 하는 일이다. 이러한 연구 결과를 보도하면서 〈게티즈버그타임스〉는 들떠 있었다.

"이제 가정주부는 새 모피 코트를 사달라고 할 때 이 점을 염두에 두면 되니 얼마나 멋진가!"[18]

50년 가까이 지난 지금, 대체 모델을 지나치게 많이 우려먹었다고 해도 과언이 아니다. 미국의 웹사이트인 샐러리닷컴(www.salary.com)에서는 깜찍한 온라인 계산기를 제공하고 있는데, 이

---

* 영국의 유명 요리사이다.

계산기는 2013년 미국 가정주부의 주당 94시간이 연봉 11만 3,568달러의 가치를 지닌다고 계산하고 있다. 이는 매우 타당해 보인다(어디까지나 가상이라는 점만 빼면).[19] 이 웹사이트의 계산에는 3시간의 'CEO' 역할과 7시간의 '심리학자' 역할이 포함되어 월급이 급등했다. 그런데 스티브 잡스나 지크문트 프로이트를 집에 떨어뜨려 놓는 것이 과연 설득력 있는 비교일까, 아니면 관련된 모든 이들에게 불쾌감만 주는 처사일까?

이처럼 경제학적으로 까다로운 영역을 평가할 때 대부분 그렇듯이, 1967년 체이스맨해튼은행이나 2013년 샐러리닷컴은 대담한 모습을 보여주지 못했다. 완전무결한 결과를 내기 위해 대체주부가 제공해야 할 편의 서비스를 모조리 포함시키지 못한 것이다. 툭 까놓고 얘기해서 '성매매'가 목록에 없다.

가사 노동의 가치를 평가하는 방법 ②
아내로 살며 잃은 '기회비용'

가사 노동의 가치를 평가하는 또 다른 주된 방법은 '기회비용' 방식이다. 이 방법은 노벨상 경제학상 수상자인 게리 베커가 고안한 것으로, 아내의 가정 내 무급 노동의 가치를 바깥세상에서 아내가 벌었을 돈으로 계산하는 것이다. 만약 아내가 컵케이크 36개에 아이싱 장식을 하지 않고, 레고 소방관을 욕실 하수구에서 빼내기 위해 철사 고리도 만들지 않으며, 감사한 마음이라고는 코딱지만큼도 없는 아홉 살짜리 아이들 네 명을 축구 연습장에 데려가지 않았을 때 직장 생활을 통해 벌었을 돈 말이다.

아이들을 자꾸만 비시장 가정재*라 칭하는 버릇만 눈감아줄 수 있다면, 이 방법에도 기본적으로 매력은 있다. 예를 들어 어떤 여자가 시간당 200달러를 받는 변호사라고 하자. 그러면 그 여자가 청테이프로 칫솔을 붙인 나무주걱과 곰팡이 제거제를 가지고 욕조 뒤 손이 잘 안 닿는 부분을 청소하는 데 쓴 1시간은 200달러의 가치를 지녀야 한다. 왜냐하면 그것이 그녀에 대한 시장의 평가이기 때문이다. 여성이 매시간 무엇을 하는지 시장이 늘 감시하는 것은 아니니, 시장의 평가 기준에 따라 평가할 기회가 온다면 그 기회를 날릴 이유가 없다.

이 방법의 또 다른 장점은 여성의 전문 기술을 추적할 수 있는 간편한 시스템을 제시한다는 점이다. 그런데 그러한 전문 기술 중에는 일정 기간 후 가정 내에서 재가동되는 것도 있고 그렇지 않은 것도 있다. 현재 수백만 여성이 남성 수준의 연공서열에 오를 때까지 경력을 쌓지 못하고 나가떨어지고 있다. 지금 우리의

---

* 베커는 가계 생산 이론에서 시장 재화와 시간 사용의 결합으로 새롭게 생산되는 산출물을 일컬어 '가정재'라고 했다.

시스템은 그런 수백만 여성을 교육하고 훈련하는 데 들어간 국가적 자원을 사회로 환원하지 못하고 있다. 여자들은 버뮤다 삼각지대에 진입하는 경비행기가 보내는 레이더 신호처럼 깜빡이다 사라진다. 기회비용 방식은 적어도 일종의 책임 추궁 가능성은 제시할 수 있다.

"바보 같은 소리 하지 마. 변호사를 아예 그만둔 건 아니잖아. 배운 게 머릿속에 그대로 있지 어디 가겠어! 종이 반죽이랑 알루미늄 호일로 바이킹 헬멧 만드는 건 지금만 하면 되잖아."

하지만 솔직히 말해서 기회비용 방식에도 트럭이 통과할 수 있을 만큼 커다란 허점이 존재한다. 첫째, 가사 노동 1시간의 비용이 반드시 그만큼의 가치를 지니는 것은 아니기 때문이다. 은행원이었던 택시 운전기사라면 이제는 (내 경험에 따르면 십중팔구) 은행원일 때만큼 많이 벌지 못한다. 우리는 어째서 이러한 예기치 못한 변화를 특별히 가정주부에게만 적용하고 다른 사람들은 예외로 치는 걸까?

둘째, 노동에 투입된 시간의 양을 단속하는 시장 제약이 전혀 가동되지 않는다. 우리의 여성 변호사께서는 빨랫감을 세탁기에 넣어놓고 빨래가 돌아가는 90분 동안 페이스북에서 노닥거릴 수도 있다. 그렇다고 해서 일한 시간을 부풀렸다고 책임을 묻지 않을 것이며, 그렇게 되면 무슨 일이든 대충해도 되겠다는 융통성이 생긴다.

가사 노동의 가치는
동등할까?

앞에서 언급한 모델 중 가정 안에서 행해지는 노동의 질을 평가하는 데 유효한 것은 아무것도 없다. 이는 굉장히 어려운 (말할 것도 없이 감정적으로 격해지기 때문에) 영역이다. 어느 칠칠치 못한 빵점짜리 살림꾼이 1시간 동안 허점투성이로 집안일을 했다고 하자. 그럼 그 1시간은 늘 갓 구운 빵 냄새가 나는 깔끔한 집에서 마사 스튜어트 같은 살림의 여왕이 멀티태스킹을 하면서 완벽하게 해놓은 집안일 1시간과 가치가 같을까?

딸아이를 학교에 데려다주면서 내 아이의 전반적인 겉모습(우그러졌지만 간신히 자기 자리를 지키고 있는 모자, 빗지 않아 뭉친 머리 한 가닥이 조심스럽지만 확고히 모습을 드러낸 목덜미, 지난주에 임시방편 삼아 스테이플러로 고정해놓고는 여전히 꿰매지 않은 옷자락)과 아이 친구들의 겉모습(정교하게 땋은 머리, 반짝반짝 광이 나는 구두, 영양 만점 먹을거리를 쟁여 넣은 점심 도시락)을 비교해보던 중 불쑥 떠오른 의문이다.

대체 모델은 내 결과물과 아이 친구 엄마의 결과물에 똑같은 가치를 매긴다. 그리고 깐깐하게 따지는 사람이라면, 대충 지적한다고 해도 십중팔구 우리 아이의 헤어스타일리스트와 미용 기구보다는 아이 친구 쪽을 인건비 등에서 한두 등급 높게 책정할 것이다. 그러나 기회비용 모델에서는 산만한 나의 아침이 훨씬 큰 가치를 가진다. 왜냐하면 나는 다른 엄마보다 높은 임금을 받기 때문이다. 그런데 그건 옳지 않은 것 같다.

이것이 논의하기 어려운 이유는 특히 사회적으로 엄마를 좋은 엄마, 나쁜 엄마로 평가하면 안 된다는 금기가 오랫동안 있었기 때문이다. 생각은 해도 괜찮지만 입 밖으로 소리 내어 말해서는 안 되는, 경제학 박사 학위가 아무리 많다고 한들, 절대 그 어떤 노동 평가 모델에도 포함시켜서는 안 되는 그런 사항 가운데 하나이기 때문이다.

유능 혹은 무능은 우리의 현대 고용 경제의 핵심이다. 특히 잘하는 일이 있으면 그저 그런 동료보다 높은 임금을 받을 가능성이 높다. 그러나 어머니로서의 가치는 그보다 훨씬 미묘하고 까다로우면서 동시에 확고한 문제이다. 정직하게 말해서 어머니에 대한 일상적인 평가는 유능함보다는 그저 곁에 있어주는 것에 그치는 경우가 많다.

어쩌면 이런 분야에 핵심성과지표를 무더기로 적용한다는 것 자체가 약간 가혹한 처사일지도 모른다. 아내의 노동이 얼마의 가치를 지니는지 측정하는 경제 모델이 제아무리 정교하다고 한들, 결국 마지막에 가서는 돈으로 환산하기 때문에 그 기준을 가지고 안달복달하는 것은 비합리적으로 보일 수 있다.

아내가 끊임없이 생산적인 일을 하고 바쁘게 움직이며 건강을 유지하는 동안, 아내가 하는 노동의 가치는 오로지 이론에만 머물러 있다. 특정한 목적이 있는 경제학자들에게는 논문의 균형을 유지해줄 장치, 페미니스트들에게는 칼럼거리, 말수 적은 커플에게는 데이트하는 날 밤 술집에서 나눌 대화 소재에 지나지 않는다. 아내에게 어떤 대가를 지불해야 하는지 언제까지나 논쟁을 벌일 수는 있겠지만, 이러한 여러 모델 중 어느 모델에서든 집에 있는 배우자에게 대가가 지불될 것처럼 굴지는 말자. 결국 가장 비싼 땅 혹은 가장 싼 땅에 떨어지면 어쩌나 하는 불안감을 조금 줄여주는 정도의, 부동산 취득 보드게임에서 쓰는 가짜 돈에 지나지 않기 때문이다.

불법행위법의 특별한 역사

아내와 아내가 하는 일은 아내가 죽거나, 이혼을 하거나, 끔찍한 장애를 얻게 된 뒤에야 알싸하면서 강렬하게 톡 쏘는 진짜 돈의 대접을 받게 된다. 이처럼 특수한 소급 계산을 할 때에만 우리는 사법 체계로 눈을 돌린다.

　조니 미첼*이 우리에게 상기시켜주었듯, '잃어버리고 나서야 소중했다는 걸 알게 된다(you don't know what you've got till it's gone).'** 법의 관점에서 볼 때, 가치가 어느 정도 되는지 알아보는 가장 확실한 방법은 남의 잘못으로 일어난 사고로 그것을 잃어버리는 것이다.

불법행위법에는 특별한 역사가 있다. 노동자가 상해를 입거나 사망했을 때 쓰는 계산법이 있는데 우리에게 그런 사고가 어떤 가치를 지니는지 알려준다(법률로 대충 틀이 잡혀 있고, 장기간에 걸쳐 상실과 슬픔을 겪어온 여러 원고 및 피고를 통해 연마되고 정밀해졌다). 그 상실이 얼마의 가치를 지니는지, 어느 정도를 요구해야 적정한지를 알려준다. 법전에는 도표로 정리된 노동자 보상 제도가 끝없이 이어지며 대부분의 주에 관련 법이 있어서, 우리에게 손가락 하나가 얼마의 가치를 지니고 있는지, 눈 한쪽은 얼마인지, 부러진 목은 얼마인지 알려준다. 일실이익(逸失利益)***은 얼마나 되는가? 상해를 입은 당사자가 이후 취업을 했을 때 벌어들일 소득은 얼마나 되는가? 일을 하지 못하는 기간에 대한 보상은 어느 정도가 가장 타당한가?

그러나 집에서 상해를 입으면 상황은 전혀 달라진다. 사고 후

---

* '포크록의 대모'로 불리는 캐나다 출신 여성 싱어송라이터이다.
** 'Big Yellow Taxi'에 나오는 가사이다.
*** 손해 배상의 대상이 되는 손해 가운데, 손해 배상 청구의 발생 사실이 없었다면 얻을 수 있다고 생각되는 이익. 예를 들어 사고로 생명을 잃었을 때, 사고가 없었다면 사망자가 어느 정도의 수입을 올렸을 것인가를 상정하여 손해액을 산출한다.

아내 가뭄

집 안에서 일할 능력을 상실한 것은 '비경제적 손실'로 간주되는데, 이를 법률 용어로 바꾸면 '별로 큰돈이 아니다'라는 뜻이다. 정식 보상보다는 인정을 받을 뿐이다. 불법행위법에서 청소를 못하게 된 가정주부는 더 이상 카약을 못 타거나 시내에서 해변까지 달리기를 못하게 된 남자와 같은 취급을 받는다. 그런 경우 가정주부의 가사 무능은 당사자의 전반적 행복에 손해를 끼치는 것으로 언급되곤 한다. 가령 1982년 버니클 대 쿠텔리 소송에서 레이놀즈 판사는 상해를 입은 가정주부가 "어떤 능력의 일부를 상실했는데, 그 능력은 해당 가정주부에게 자긍심과 만족감과 감사하는 마음을 가져다줄 수 있는 활동이었기에 이의 상실은 좌절과 무능력감을 초래할 수 있다"고 판결했다.[20] 집안일은 무급 노동이기 때문에 취미로 분류한 것이다.

또한 가정주부가 상해를 입으면 주부의 남편에게 보상이 주어지기도 한다. '배우자 친교 상실'이라는 이름으로 말이다.

배우자 친교 상실은 라틴어구에서 따왔는데, 남자가 그의 아내와의 친교, 즉 아내에게 받을 수 있는 도움을 상실한 상황을 말한다. 여기서는 성별을 나타내는 용어를 명확하게 사용하는 것이 전혀 부끄럽지 않다. 왜냐하면 과거부터 전해져 내려온 영국 법이 이 법률 용어를 늘 아내와 연계시켰고, 실제로 여러 사법 영역에서 남자만이 아내에게 닥친 끔찍한 사고에 대한 손해배상을 청구할 수 있었기 때문이다. 1970년대 퀸즐랜드 주와 사우스오스트레일리아 주는 아내도 배우자 친교 상실을 청구할 수 있도록 법을 개정했다. 뉴사우스웨일스는 1984년에 이 법을 완전히 폐지했다.

희소식은 배우자 친교 상실이 대체 모델과 기회비용 모델 모두 너무 민망해서 논하지 못했던 부분을 포함하고 있다는 점이다. 경제학 전문가들은 조심스럽게 부부 관계에 장막을 쳤지만, 법정은 남자의 아내에게 변고가 생겨 성교 능력을 상실한 경우 보상을 해주기 위하여 부부 관계에 깊숙이 개입을 했다(법정은 더 이상 다림질을 해줄 사람이 아무도 없는 경우까지 다뤘다. 이러한 요소를 '배우자 서비스 상실'이라 부르는데, 맞다. 이 말은 정말 말 그대로의 의미다).

나쁜 소식은 배우자 친교 상실의 수혜자가 남자라는 점이다. 남자가 더 이상 섹스를 하지 못할 수도 있다는 사실이 예로부터 재판관석에 앉은 사람들한테는 큰 공감을 불러일으킨 모양이다. 집 안을 북북 문질러 닦고 씻는 능력을 일찍 상실했다는 것보다도 말이다.

페미니스트 법정 변호사이자 학자인 리자이나 그레이카는 여러 가지 상황 때문에 성생활을 박탈당한 남성에게 법정이 어떤 식으로 배려를 해주었는지 연구했다. 그레이카는 여성의 성기가 입은 손상은 법관의 피상적인 관심밖에 받지 못한다는 사실에 주목했다. 상해 때문에 성교가 고통스러워지는 경우는 반드시 보상받아야 할 일이라기보다 불운한 일로 해석했다.

반면 손상을 입은 남성의 성기에 대해서는 너무나 흥미로워서 주목하지 않을 수가 없다. 그레이카는 아기 때 포경 수술을 잘못 받아 성기에 손상을 입었지만 성행위는 가능한 남성에게 50만 달러의 1차 보상 판결을, 1997년 광분한 돼지의 공격을 받아 성욕을 상실한 남자에게는 53만 5,045달러의 1차 보상 판결을 내렸다.[21]

주제에서 조금 벗어난 듯하다. 가정주부의 노동 가치라는 우리의 목적으로 다시 돌아와서, 불법행위법에서 유의미하고 흥미로운 부분은 성적 파트너든 하인이든 해당 가정주부의 주변인에게 유용한가 여부에 따라 노동 가치가 계산된다는 점이다.

불평등한 이혼 법정

인생의 또 다른 암울한 중간 기착지인 이혼을 할 때, 법조계는 가정주부의 가치를 계산하기 위해 자료를 수집한다. 이혼은 불행한 사건이지만 놀라우리만치 상황을 깔끔하게 정리해주기도 한다. 이혼은 남편과 아내로 하여금 (직업적으로 냉철한 중재자가 있는 법정에서) 표면상 좀 더 행복했던 시절에 둘만 있는 자리에서 예행연습으로 했을지도 모를 그 모든 말싸움을 하게 해준다.

"나랑 결혼할 때 땡전 한 푼 없었으면서!"

"그동안 내가 얼마나 참았는지 알아? 이 바람둥이 텔레비전 중독자야!"

"구두에 돈을 아주 쏟아붓더구만. 지금 누구한테 뭐라는 거야?"

"나이가 몇 살이야? 자기 바지도 못 치워?"

이혼에는 마음속 깊이 묻혀 있던 심리적인 계산속이 있다. 사랑할 때 서로에게 베풀던 감정적 배려들이 순식간에 사라져버린다. "그러니까 내가 계속 아이를 돌봐도 괜찮아. 어쨌든 그이는 좋은 아빠잖아", "집사람은 일을 열심히 하잖아. 〈그레이 아나토미〉에 좀 빠져 있으면 어때?" 사랑할 때는 이렇게 말하는데 말이다. 하지만 이혼할 때는 그동안 해오던 노동에 대한 감정적인 배려 대신에 합의나 법원 명령 같은 강제적인 노동 분담으로 갈아탄다.

모든 게 순조로울 때와 달리 갑자기 보살핌과 양육, 유지 관리의 문제가 종이 한 장에 기록된다.

가끔 이혼한 여성들은 남편이 전보다 가사 노동에서 더욱 생산적인 사람이 되어 있는 걸 발견하기도 한다. 고독과 상심만 아니라면 굉장히 좋은 일일 텐데 말이다.

하지만 이혼에는 (중요한) 경제적 청산 또한 존재한다. 여성이 집안일을 하면서 가계에 기여한 부분을 계산하여 실제 돈으로 지급한다. 계산 결과는 단순한 인용 수치나 노벨상으로 끝나지 않고 돈의 주인이 바뀌는 것이다.

서양의 이혼법은 굉장히 음험하다. 영국에서는 1857년까지 의회의 직접 승인이 있어야만 이혼 판결이 났다. 배우자와 헤어지는 데에도 하원의 단순다수*를 소집해야 했으니 당연히 이혼은 만만하게 볼 일이 아니었다. 결국 이혼은 힘 있고 부유한 사람들만 가능했다.

하지만 힘 있고 부유하더라도 이혼이 가능하려면 필요한 구성 요건이 있었는데, 그 요건이 남녀 간에 달랐고 남성에게 유리했다. 예를 들어 아내가 저지른 단 한 번의 간통은 남편에게 이혼 사유가 되었고 아무도 이의를 제기하지 않았다. 그러나 여성이 간통 문제로 남편과 이혼하려면 의회 개입 이전에 남편이 상습적이고 충동적이며 파렴치한 난봉꾼이어야 했는데 늙은 호색한일수록 유리했다.

이러한 불평등에 대해 존경받아 마땅한 새뮤얼 존슨 박사가 깔끔하게 한마디로 요약해주었다.

"남자와 여자 사이에서 남편의 외도는 아무것도 아니네. 지혜로운 아내는 남편의 외도로 속을 태우지 않는 법. 두 경우가 어떻게 다른지 말하자면 끝도 없지. 먼저 남자는 아내에게 사생아를

---

* 과반수에는 미치지 못하나 결정에 필요한 최저 기준을 넘는 표수이다.

떠맡기지 않잖나. 물론 신이 보기에 남자는 죄인이지. 하지만 언행으로 아내를 모욕하지 않는다면 아내에게 물리적인 상해를 입힌 것이 아니네. 이를테면 남편이 아내 몰래 아내의 시녀를 찾아간다면, 이보게, 아내라면 이런 일에 분개해서는 안 되지."

그리하여 부유층은 의회를 통해 이혼했다. 평민들은 행정 절차가 덜 까다로운 방식으로 성가신 배우자를 제거하기에 바빴다(살해하거나 다른 누군가와 중혼을 하거나 빵 한 덩어리를 훔치고 오스트레일리아로 튀었다).[22]

1857년 이혼법으로 상황은 그나마 민주화되었다. 1857년 후 남편이 항문 성교를 하거나 수간을 하거나 노골적이고 상습적으로 부정을 저지르면 여자에게도 이혼할 권리가 주어졌지만, 남자와 여자의 부정에 대해 단일한 국가적 기준이 마련된 것은 1959년이었다.[23]

그동안 오스트레일리아의 여러 주에서는 영국의 입장을 취하다가 각자 나름의 속도로 발전했다. 세계 각지 사람들이 모인 뉴사우스웨일스의 경우 여자는 1892년부터 남편이 3년 동안 술고래로 지냈다면 이혼할 수 있었지만, 사우스오스트레일리아 주 여성들은 그와 똑같은 권리를 얻기까지 36년을 더 기다려야 했다.[24]

배려라는
이름의 차별

이혼법과 혼인법은 여성을 위한 배려와 여성에 대한 차별이 뒤섞인 이상한 법이었다. 학대하는 남편에게서 아내를 떼어내지 못하는 단단한 매듭은 그런 남편들에게 명목상 아내 부양의 의무를 지운다는 거였다. 그리고 이 점은 어쨌든 법의 관점에서 봤을 때 여자에게 상당한 편의를 제공하는 것처럼 보였다. 여성 공무원의 기혼자 퇴직법을 둘러싼 의회 토론에서 알 수 있듯, 결혼은 국가가 여성 국민에게 제공할 수 있는 주요한 사회 복지 수단이었다.

그렇기 때문에 고프 휘틀럼*이 도입하려고 했던 쌍방의 책임을 묻지 않는 이혼은 대단히 획기적인 거였다. 남편과 아내는 더는 누군가의 폭력이나 변심 혹은 방기가 혼인 파탄의 원인인지 따질 필요가 없게 되니까 말이다. 남편들은 바꾸지도 못하고 평생 지고 가야 할 이혼 수당 제도의 구속을 받지 않게 되었다. 재산 분배는 생계부양자로서, 가정주부로서 서로가 결혼 생활에 기여한 정도에 따라 하면 됐다.

---

* 오스트레일리아의 정치인으로, 21대 총리이다. 노동당 소속으로 헌법에 따라 오스트레일리아 총독에게 파면되었다.

휘틀럼의 흥미진진한 재임 시절 중 위와 같은 특정한 시기에 열정적으로 참여한 평의원 중에는 장차 총리가 될 두 인물이 있었다. 한 명은 뱅크스타운 시의 폴 키팅 의원이었고 다른 한 명은 베넬롱 시의 존 하워드 의원이었다.

존 하워드는 자신의 회고록 『나자로의 부활(Lazarus Rising)』에서 그때 당시를 이렇게 회고했다.[25]

"내가 연방 의회에 있던 당시 사회 입법 중 가족법 법안보다 중요한 토론 주제는 없었다. 모든 당이 당원들에게 자유 투표를 허용했고, 그것을 계기로 노동당 내부의 진정한 균열과 반감이 드러났다."

하워드는 법안의 대부분을 지지하는 발언을 했고 가정주부의 기여도를 인정하는 새로운 메커니즘에 특히 열광했다.

1975년 2월 28일 하원에서 그는 다음과 같이 말했다.[26]

"이혼이든 상속이든 남편과 아내의 돈 문제를 판결하고 평가할 때, 두 사람의 관계와 결혼 후 취득 자산에 대한 비재정적 기여 부분에 대해서도 적절하고 온당하게 판결해야 한다는 사회적 요구가 커지고 있습니다. 저는 지금 이 조항이 커지고 있는 이런 요구에 대한 입법부 최초의 입장 표명이라고 생각합니다."

시드니 서부 출신의 젊은 하원 의원으로 이미 이름을 날리고 있던 폴 키팅은 매우 분명하고 신랄하게 비판했다.

우선 키팅은 이렇게 말문을 열었다.

아내 가뭄

"먼저 제 발언으로 아무도 불쾌하지 않기를 바랍니다."

그때까지는 무난했다.

"저는 현재의 법안이 난봉꾼을 위한 법안이지 여성의 복지는 전혀 신경을 쓰지 않고 있다고 생각합니다. 또한 이 법안을 지지하는 분들 다수는 자신의 행동이 외부로 노출되지 않기를 바라고 자신의 이름이 이혼 소장에 오르는 일이 절대로 없기를 바라는 분들일 거라 믿습니다."[27]

키팅의 견해는 뜬금없는 것이 아니었다. 해당 법안을 두고 토론이 펼쳐진 수개월 동안, 법안을 강력히 반대하며 비판하던 사람들은 법률이 여성을 유기했다고 주장했다. 법률이 여성에게서는 부양받을 권리를 빼앗고 남편에게는 최대한 빨리 은행에서 돈을 찾아 손쉽게 마을을 뜰 기회를 주었다고 주장했다.

아내의 노동 가치는
남편의 노동 가치와 직결된다

의회 토론 도중 가장 뜨거운 논쟁을 일으킨 것은 단연 무과실 이혼을 판정하는 조항이었다. 사실 뜨거운 논쟁이 일 만했다. 존 하워드가 75조와 79조를 가정주부의 기여분을 최초로 인정한 조항이라며 극찬했기 때문이다. 하지만 이 조항은 이후 오스트레일리아 사법 체계에 오래도록 분쟁거리를 안겨주었다.

　의회가 세운 기본 골조는 꽤 개괄적이다. 79조는 결혼 생활의 종료 시점에 분할될 남편과 아내의 공유 자산 및 재산에 두 사람의 금전적, 비금전적 기여분을 '참작'할 것을 의무화했다.

　이는 오스트레일리아 입법부와 사법부 사이에서 나타나는 전형적인 관계로, 딱 봐도 '프레너미'* 관계였다. 말 많던 2년의 토론 끝에 의회는 가정주부의 기여분에 가치를 매겨야 한다는 데 동의했다. 그러한 가치를 정확히 계산하는 것은 법원에 숙제로 던져졌다. 이런 식으로 판사들에게 어려운 숙제가 던져지는 일은 흔했다. 판사들은 의회가 만든 법을 집행해야만 한다. 모두 술에 취해서, 너무 피곤해서, 진행 중인 법안이 보기만 해도 지긋지긋해서 제대로 확인하지 않고 밤늦게 날치기로 통과한 법이라고 해도 집행해야만 한다. 판사들이 하는 일 중에 하나는 바로 의회 회의록을 다시 샅샅이 살펴보는 것이다. 정치인들이 당시 무슨 의도로 그런 법안을 통과시켰는지 알아야 하기 때문이다. 나는 가끔 판사들이 그런 일을 재미있어 할 리가 없다고 생각하고는 한다. 그래서 예를 들어 난민 정책 모두를 위헌이라고 선언하는 식으로 판사들이 복수의 스릴을 조금이나마 맛보는 게 아닐

---

* 전략적 협력 관계인 동시에 경쟁 관계를 뜻한다.

아내 가뭄

까 하는 생각이 든다.

법원은 가정주부의 기여분을 이혼 재산 분할 시 정식으로 참작하라는 이러한 따끈따끈한 요구 사항을 어떻게 처리했을까? 어떻게 그 문제를 해결했을까? 대체 모델을 적용하여 가정주부가 하던 일을 다른 사람을 고용할 때 들어가는 비용을 근거로 계산했을까? 아니면 기회비용 모델을 채택하여 해당 가정주부(그렇다, 이 경우 가정주부는 여전히 대개 여자들이다)가 빌어먹을 멍청이 같은 전남편에게 낚여 결혼할 정도로 어리석지 않았다면 벌어들였을 소득이 얼마인지를 계산했을까?

법원은 그러지 않았다. 법률이 통과된 후 얼마간 머리를 긁적이며 의회 회의록을 이 잡듯 훑어본 후, 가정주부가 결혼 기간 동안 돈을 벌지 않았다는 이유만으로 재산권을 빼앗겨서는 안 된다는 것이 의회의 의도라는 데 의견 일치를 보았다.

법원이 국민들의 결혼 생활을 샅샅이 파헤치라는 게 의회의 의도는 아니라는 것이다. 예를 들어 아내가 학교에 싸갈 점심 도시락을 몇 번이나 만들었는지, 남편이 일요일마다 늦잠을 자고 심지어 아내 생일이 일요일일 때조차 늦잠을 잤는지 등을 꼼꼼하게 계산하라는 것은 아니다.

가정법원의 고(故) 나이 판사가 약간 강한 어조로 이에 대해 의견을 밝혔다.

보통 한쪽이 생계부양자이고 나머지 한쪽이 가정주부일 때, 법원은 기여분을 완벽 수준에서 미달 수준까지 등급을 매겨서 어떻게든 평가해달라는 제안을 받고는 했다. 하지만 내 생각에 그것은 법정의 역할이 아니다. 한 번도 그런 적이 없었고 앞으로도 절대 그런 일은 없을 거라고 믿는다. 생계부양자가 빌 게이츠 같은 사람이면 최고점을 주고 실직 상태의 일용직 노동자한테는 최저점을 줄 것인가? 위대한 독재자들이 지배하던 시대였다면 영광의 어머니 훈장을 받은 여성에게는 최고점을 주고 테니스 클럽이나 커피숍에서 금쪽같은 시간을 낭비하는 여자들에게는 최저점을 줘서 서로의 우열을 가릴 수도 있을 것이다. 하지만 전통적인 혼인 서약에 근거하여 좋을 때나 나쁠 때나 서로를 배우자로 받아들여야 한다는 것이 내 입장이다.[28]

그다음에 부상한 것은 조금 다른 경험 법칙이다. 법원이 부부가 함께 축적한 재산을 조사한 다음, 그중 상당 부분을 가정주부의 공으로 간주하는 것이다. 노동의 질이 아니라 존재 자체가 중요하다는 의미다.

다음은 1984년 말레 부부의 이혼 소송에서 굉장히 중요한 1심 판결을 맡은 도슨 판사의 의견을 발췌한 것이다.

"가정주부 혹은 부모 중 한쪽의 기여 덕분에 상대방은 시간과 노력을, 금전적 이익을 얻는 데 쏟아부을 수 있었다. 따라서 재산의 취득이나 절약, 증진에 실제적이고 실질적으로 기여할 수 있게 되었고 그 과정에서 번 돈을 상기 용도에 쓸 수 있었다."[29]

여기서 가정주부의 노동 가치를 평가하는 새로운 모델이 등장한 것을 알 수 있다. 여자가 좋은 엄마 혹은 좋은 가정주부인지는 중요하지 않다. 또한 가정주부 일 대신 다른 일을 했다면 얼마나 벌었을지도 계산할 필요가 없다. 그저 아내의 존재 자체가 남편을 이런저런 일에서 어느 정도 해방시켜 밖에서 돈 버는 일에 전념하게 해주었다는 사실이 중요하다. 따라서 여자의 노동 가치는 남자의 노동 가치와 직결된다. 남자가 밖에서 성실히 일하며 전략적 투자를 통해 100만 달러를 번다면, 여자의 가사 노동도 그만큼 후한 보상을 받게 될 것이다. 남자가 보잘것없는 팔푼이라면, 여자의 살림 솜씨도 남자의 돈 버는 능력과 다를 바 없다는 사실 때문에 여자 몫의 재산도 더 커지지 않게 된다.

특출한 남자는 예외

그런데 흥미로운 점은 특출한 기술을 가진 남성 생계부양자는 자주 예외로 둔다는 사실이다. 이를 테면, 1989년 브렛 화이트리와 그의 아내 웬디가 25년의 결혼 생활을 끝낼 당시, 약 1,100만 달러에 달하는 부부의 재산은 엄청난 분쟁의 원인이었다. 두 사람 모두 예술가였는데 브렛 화이트리는 부인이 자신보다 더 큰 재능을 타고난 것 같다고 말하고는 했다. 그리고 그의 뮤즈이자 모델이며 조언자였고 아이 엄마였던 웬디의 내조 덕에 상업적으로 성공도 거두고, 상당한 재산도 모을 수 있었다.

가정법원 판사 알윈 롤런즈는 브렛 화이트리의 조건대로 67.5 대 32.5의 분할을 지시했다. 롤런즈 판사의 판결 내용은 다음과 같다.

"예술가로서 지니고 있던 특별한 기술 덕분에 남자는 쌍방이 현재 보유하고 있는 실질 자산에 단연코 훨씬 큰 기여를 할 수 있었다. 내가 언급한 여러 영역에서 아내가 기여한 부분도 중요하지만, 둘 중 실질적으로 훨씬 중요하게 작용한 것은 남편의 근면성과 재능이 분명하다."[30]

1993년 또 한 건의 획기적인 소송인 페라로 대 페라로에서는 아내가 사업에 크나큰 기여를 한 것은 맞지만, 남편의 특별한 사업 수완을 인정하여 남편에게 훨씬 큰 몫의 재산을 주어야 한다고 판결했다. 하지만 여기서도 아내의 기여 덕에 남편이 일을 할 수 있었다면서 아내의 기여를 중요하게 여겼다. 판결 내용을 보면 이렇다.

"남편이 특히 말년에 사업에 전적으로 전념하면서 아내 혼자 육아와 가정을 고스란히 떠맡았다. 이런 이유로 아내는 가계 기여도에도 중요한 역할을 했고……그 덕분에 남편은 육아와 가사 노동의 의무에서 벗어나 아무런 방해 없이 사업에 전념할 수 있었다는 점도 중요하게 고려해야 한다."[31]

법원에 따르면 가족의 부에 대한 가정주부의 기여도는 가정 관리에서 보여준 남자나 여자의 솜씨로 측정하는 것도 아니고, 다른 누군가를 고용하여 일을 시켰을 때 얼마가 들었을지 계산하여 측정하는 것도 아니다. 법정은 기회비용 모델에도 크게 관심을 두지 않는 듯하다. 예를 들어 롤런즈 판사는 웬디 화이트리가 아이를 낳고 남편에게 조언을 하고 브렛 화이트리의 모델로 바쁘지 않았다면 예술가로서 성공하여 얼마나 벌 수 있었을지에는 조금도 관심을 두지 않았다. 웬디 화이트리는 브렛 화이트리가 어마어마하게 비싸게 팔 작품의 모델이 되어, 바지를 벗고 욕조에서 느긋하게 포즈를 취해주었다. 그 덕에 남편은 그림 속에 잘빠진 몸매를 힘들이지 않고 그릴 수 있었는데도 말이다.

그랬다. 법원은 의회가 1975년에 떠넘긴 공을 들고 머리를 굴렸고, 해석 과정에서 가정주부의 가치를 계산하는 데 적용할 자체 모델을 고안해냈다. 가정주부가 무엇을 했느냐가 아니라 그 가정주부의 노력으로 남편이 무엇을 해냈느냐에 중점을 둔 것이다. 그래서 남편이 유별나게 똑똑한 게 아니라면 아내는 대개 재산의 약 절반 정도의 권리를 갖게 되었다.

언뜻 보면 이는 굉장히 시대에 뒤떨어진 접근 방식이다. 심지어 21세기에 '가정주부'라는 말을 꺼내는 것조차 구식처럼 느껴지는데, 일단 여러분의 양해를 구한다. 사실 가정법원이 가족법에 따라 가정주부의 역할과 기여도를 참작할 때, 그러한 가정주부의 태반이 여성이다. 생계를 책임지는 여성과 살림하는 남자가 이혼 소송을 하는 경우는 드물다. 함께 모은 자산을 절반으로 나누는 것을 합당하다고 여기기 때문에 그 문제로 불평하는 경우는 거의 없다. 하지만 가사 노동에 적절한 가치를 매기는 방식에서는 같은 사회를 살고 있는 우리 모두 앞으로 제대로 나아가지 못하고 있다.

내조도
직업이다

도러시 카네기의 『카네기 출세론: 성공한 남편 뒤에는 헌신적으로 내조한 아내가 있다(How to Help Your Husband Get Ahead in His Social and Business Life)』가 떠오른다.[32] 이 책은 1953년 출간되었는데 표지에 저자 이름이 '데일 카네기 부인'으로 되어 있다.

"이 책은 모든 여성이 읽고 싶어 할 것이며, 남편들 역시 자신의 아내가 읽기를 바랄 것이다."

사실 도러시(사람들이 서점에서 책을 보다가 그녀의 성을 보고는 '혹시?' 하는 생각을 품게 할 의도였을 것이다)는 미국의 동기 부여 전문 강사이자 『카네기 인간관계론』의 저자이기도 한 데일 카네기의 아내였다. 데일 카네기는 연간 120억 달러에 달하는 미국의 자기 계발서 중독에 크나큰 책임이 있는 사람이다. 물론 그게 부인 잘 못은 아니다.

카네기 여사가 쓴 두꺼운 책은 내조의 기법에 대한 안내서인 데, 책에서는 시종일관 독자들에게 남편을 힘들게 하지 말고 남 편과 협력하라고 한다. 남편이 실패하면 아내도 실패하는 거라는 점을 상기시킨다.

"남편의 장점은 널리 알리고 남편의 잘못은 덮어주어라"는 말 은 카네기 여사의 책에 등장하는 여러 가지 사랑스러운 조건 가 운데 하나이다. 그 외에도 그녀의 책에는 늘 화장을 하고 예쁘게 차려입고 있어야 하며, 남편이 집에 오자마자 집 안의 모든 고장 난 것에 대해 쉴 새 없이 떠들어대면 안 된다 등 꽤 많은 지시 사 항이 들어 있다.

카네기 여사는 이런 조언도 남겼다.

"남자가 성공할 수 있도록 돕는 일 자체도 하나의 정식 직업이 다. 전력을 다해야 할 만큼 중요한 일이 아니라면 그 일을 장래 희망으로 삼아서는 안 된다."

카네기 여사의 권장 사항 대부분은 남편의 재산과 마음을 조 심스럽게 다루는 방법에 대한 것이다. 예를 들면 남편의 일에 관심을 갖되 너무 간섭하지는 마라, 사교성을 길러라, 남편의 비서와 사이좋게 지내라 등. 그리고 저자인 도러시 카네기 여사가 결혼 전에 카네기의 비서였던 만큼 마지막 조언은 특히 더 큰 권위가 있다.

카네기 여사의 책은 일과 가정이 엄격하게 분리되어 있던 1950년대의 여러 가지 사회적 편견에 흠뻑 젖어 있는 아주 웃기고 예스러운 책이다. 거의 완전하게 분리된 가정과 직장은 결혼과 의무로 이루어진 힘줄을 통해서만 연결된다. 아내가 쏟은 노력은 가치가 있을까? 이 책에 따르면 남편이 전문 능력을 기를 수 있게 힘을 주고 북돋아준 만큼의 가치가 있다. 모순적이지만 그 가치를 가늠하면서 즐겁기는 하다. 하지만 그 흥을 살짝 깨는 게 하나 있다면 그런 사고방식이 완전히 시대에 뒤떨어진 게 아니라는 점이다.

‖ 7장 ‖
아이가 있어도, 없어도
욕먹는 여성 정치인들

**"남성에겐 모든 걸 다 가질 수 없다고
말하지 않는다"**

남편은 있고, 아내는 없는
여성 정치인

2012년 어느 겨울 아침, 나는 마누카 커피숍에서 타냐 플리버섹과 우연히 마주쳤다. 아침 7시경이었다. 타냐는 그렉 콤벳과 조찬 미팅을 하고 있었고 나는 캔버라에 함께 온 두 살짜리 아들 녀석을 즐겁게 할 색다른 방법을 찾는 중이었다. 아들 녀석은 새벽 4시부터 잠에서 깨어 새로운 환경에 적극적이고 활기차게 반응하고 있었다.

콤벳이 나가자, 우리 모자는 타냐와 함께 자리를 잡았다. 우리 아들이 타냐의 막내와 나이가 같아서인지 타냐는 아이를 떼어놓고 나온 부모의 흔한 표정을 지었다. 자신이 우리 아이의 머리에 코를 대고 킁킁거리면서 냄새를 맡는다면 얼마나 이상할지 머릿속으로 그려보는 중이라는 것을 알 수 있었다.

우리는 "어떻게 지내고 있느냐?"는 통상적인 인사말을 주고받았다.

"그래도 우리 둘은 육아에서 제몫을 하는 파트너가 있어서 운이 좋은 것 같아요."

아들 녀석이 크루아상을 내 왼쪽 귀에 집어넣을 때 나는 이렇게 말했다.

"그렇죠. 그래도 그런 걸 운이 좋다고 여기는 세대는 우리가 마지막이었으면 좋겠네요."

타냐가 특유의 차분하고 사색적인 표정으로 이맛살을 찌푸리며 말했다.

그 후 나는 타냐가 한 말을 여러 번 생각해봤다. 타냐 말이 옳았다. 잘 도와주는 배우자를 둔 여성들은 자신이 복권에라도 당첨된 것처럼 느끼고는 하는데, 잘 도와주는 배우자를 둔 남자들은 당연한 것처럼 여기는 이유는 뭘까?

잘 도와주는 배우자는 여러 상황에서 요긴한데 특히 연방 정치계에서 일할 때 아주 요긴하다. 왜냐하면 연방 정치계에서 일하려면 1년에 최대 18주는 캔버라에 가야 하기 때문이다.

온 나라가 연방 정치계에 여성이 별로 없는 이유에 대해 곤혹스러워하면서 한 차례씩 들썩일 때마다 나는 녹슨 포크로 내 눈을 찌르는 느낌이 든다. 물론 줄리아 길라드가 총리로 있는 동안에는 이런 돌발성 논쟁이 줄어들었다. 왜냐하면 총리 공관에 여성이 입성하면 여성의 희소성 문제가 마치 해결된 것처럼 여기기 때문이다. 그리고 이후 토니 애벗이 달랑 여성 한 명을 내각에 포함시킨 날, 이 논쟁은 조용히 다시 시작되었다.

나는 정말 진심으로 전문가라는 사람이 라디오 방송에 나와서 의회 질의 시간이 남성 위주였다느니, 여자들은 왜 공천 경쟁에 안 나오는지 모르겠다느니 하는 말을 한 번만 더 하면 비명을 질러버릴 것만 같다. 연방 의회에 여자가 적은 이유는 두말하면 잔소리일 정도로 뻔하다. 물론 정치 문화와 당파, 공천 경쟁 등과도 관계있겠지만 다들 입을 다물고 있어도 하늘이 알고 땅이 알 정도로 너무나 명백하다. 만약 당신이 정치 경력을 쌓는 데 전성기를 정력적으로 쓰고 싶지만 가정도 이루고 싶다는 이상도 포기하기 싫다면 대개는 아내가 필요하기 때문이다. 하지만 여성 정치인들에게는 대개 아내가 없다. 대신 여성 정치인들은 아쉬운 대로 남편으로 때우는 경향이 있는데, 그런 남편들은 대부분 다정하고 호의적이고 아주 잘 도와준다. 하지만 그토록 오랜 세월 우리나라 의회를 떠받치면서 눈에 보이지 않는 현수교 역할을 맡아온 정치가 아내의 실용성과 비교하면 발뒤꿈치에도 못 미친다. 정치가 아내들은 대부분 남편의 도움 없이 아이들을 홀로 키왔다. 남편이 잘나갈수록 집에는 점점 더 못 들어오고, 나랏일에 깊이 관여할수록 아내와는 멀어지는 끔찍한 협공을 견뎌냈다. 학부모 면담에 혼자 참석하는 게 너무나 익숙해서 더는 남편의 스케줄을 확인조차 하지 않는다. 성공할수록 배우자의 부재는 더욱 길어지고 때때로 가슴 아프고 정신적 외상을 남기는 철저한 조사까지 받아야 하는데, 그 모든 과정을 대부분 혼자 견디느라 더욱 힘들다.

예를 들면 마지 애벗 같은 경우다. 마지 애벗은 사랑스러운 딸 셋을 기르며 개인적으로는 평범하게 살아왔지만, 순전히 정치가 남편 때문에 이러쿵저러쿵 사람들의 입방아에 오르내려야 했다. 남편이 10대 시절에 임신시켰을 것으로 여겨지는 아이에 대해 수개월 동안 대중들이 신나서 떠들어댔기 때문이다.*

하원 의원의 프로필을 평균을 내서 온라인 데이트 사이트에 쓴다면 이렇게 될 것이다.

안녕하세요! 저는 해변 산책, 상대 파벌 험담, 미시 경제 개혁을 즐기는 야심찬 마흔 살 남자입니다. 함께 가정을 이루고 아이

---

* 수년간 여자 대학 동창이 낳은 사생아가 있다는 소문이 있었고 결국 2005년 당시 스물일곱 살이 된 '잃어버린 아들'과 재회했지만, DNA 검사에서 친자가 아니라는 결과가 나왔다.

를 가질 특별한 분을 찾고 있습니다. 매년 반년 정도는 집에 없을 예정이므로 일을 아예 안 하실 분 혹은 아이들과 관련된 거의 모든 일을 도맡을 수 있게 인생을 통째로 재설계할 분이면 좋겠습니다. 동시에 닭똥 같은 눈물을 줄줄 흘리는 아이들에게 제가 왜 집에 없는지 설명해주고, 제가 집에 잠깐 들러 사탕을 주거나 수면 패턴을 완전히 망쳐놓아서 아이들이 저만 좋아해도 화를 내서는 안 되겠죠.

집에 있을 땐, 거의 전화기만 붙들고 있을 겁니다. 장관이 되면 믿을 수 없을 정도로 바빠질 테고요. 장관이 안 되면 화를 내고 피해망상에 사로잡히겠죠. 아 참, 정치 생활을 하다 보면 어느 날 우리가 부부 관계를 하는 중 미셸 그래턴*이 전화를 걸지도 모릅니다.

정치인의 배우자가 해야 할 일은 까다롭지만 그런 도전에 나서는 여성은 늘 존재했다. 남성은 대의민주주의의 탄생 이래로 정치 경력과 가정을 병행해오고 있으며 그러한 태세가 사그라질 기미는 전혀 보이지 않는다.

---

* 오스트레일리아의 여성 언론인으로 기사를 내기에 앞서 사실 확인을 꼼꼼히 한다고 알려져 있다.

결혼을 한 것인가
시간제 근무자가 된 것인가

타냐 플리버섹은 연방 하원 의원으로 활동하는 동안 아이 셋을 낳았는데, 일반적이지 않은 아주 놀라운 일이다. 크리스토퍼 파인*도 정치 활동을 하면서 아이를 넷이나 낳았지만 놀라운 일로 치부되지 않는다. 이 두 사람의 차이는 뭘까? 파인에게는 아내 캐럴린이 있기 때문이다. 캐럴린은 거의 혼자 아이를 기를 뿐만 아니라 아버지의 직업이 몰고 오는 광기에서 가족을 보호하기 위해 최선을 다한다.

캐럴린 파인은 이렇게 말했다.

"저는 아이들의 삶이 아버지 때문에 규정되어버리는 게 싫습니다. 저희 집은 주중에는 텔레비전을 틀지 않죠. 〈Q&A〉도 시청하지 않습니다. 언젠가 〈더 프로젝트〉**를 보다가 일이 좀 있었거든요. 펠릭스가 텔레비전을 틀었는데 어떤 남자가 크리스토퍼 흉내를 내고 있었죠. 여섯 살이었던 오렐리아가 울음을 터뜨리더군요. 저희는 가급적 남편과는 어디를 가지 않아요! 사람들이 '가족이랑 시간을 보내고 싶으시겠지만……'이라고 하면서 그이를

---

* 오스트레일리아의 정치인으로 교육부 장관을 역임했다.
** 평일 밤에 방송되는 오스트레일리아의 토크쇼 겸 시사 프로그램이다.

아내 가뭄

붙들고 계속 말을 걸거든요."

정치인 가족에게는 또 다른 문제가 있다. 예를 들어 장관 노릇을 하느라 일주일 내내 집을 비웠다가 집에 들어온다면? 그것도 혼자 온 게 아니라 자신의 모든 명령에 재깍재깍 움직이는 직원까지 데려온다면? 그럼, 어떤 일이 벌어질까?

"아, 재진입 문제 말이군요. 1950년대에나 통하던 육아서를 가지고 와서는 '넌 왜 이거 안 해?', '왜 아빠를 사랑 안 하지?', '숙제는 왜 그것밖에 안 했어?' 하고 묻겠죠. 이제 열네 살이 다 된 엘리너는 못 말리겠다는 표정으로 '아빠 집에 언제까지 있는 거야?'라고 물을걸요. 물론 그이도 힘들겠죠. 집에 올 때마다 자기 자리를 다시 잡아야 하는데 그동안 우리는 그이 없이도 잘 지내 왔거든요."

캐럴린 파인이 웃으며 대답했다.

정치인들(특히 아주 성공한 이들은 더더욱)은 실질적으로 평범한 가정주부가 보조를 맞추기 힘든 일정을 소화한다.

캐럴린의 말을 들어보자.

"크리스토퍼는 정말 일찍 일어나는데도 하루 종일 바쁘게 움직여요. 중간에 멈추는 법이 없죠. 매일, 매주, 시속 160킬로미터로 움직여요. 말은 또 얼마나 많이 하는지! 가끔은, 특히 선거 때가 되면, 새벽 5시부터 밤 11시까지 계속 말을 하죠. 정치인의 배우자는 자신이 결혼을 한 것이 아니라 시간제 근무자가 된 것 같은 느낌이 들 때가 많지만, 남편이 일주일 내내 24시간 집에 있을 때가 제일 끝내주죠. 미치기 일보 직전이 되거든요."

캐럴린의 제정신 유지 대비책에는 대학 공부 다시 하기, 가차 없이 남편 놀려대기가 있는데, 그녀 말에 따르면 남편 크리스토퍼 파인은 '웃음을 전염시키기도……, 웃음의 대상이 되기도 쉽다'고 한다. 2014년 예산안 발표 후, 대학생들의 항의 시위가 거세졌다. 정부의 지원금 삭감으로 궁핍해진 상황에서, 캐럴린은 졸업이 예정된 1차 학생 대열에 끼어 있었다.*

"그이는 제 졸업식에 못 오게 할 거예요. 시라노 드 베르주라크로 변장하고 와서 무대 옆에 숨어 있겠다고 했지만 제가 단칼에 잘랐죠. 그이한테 못되게 굴려는 게 아니라 저한테 이목이 집중되는 게 싫거든요. 졸업식 티켓을 두 장 받았으니까 쌍둥이를 데려갈 거예요. 그날은 저를 위한 날이지 그이를 위한 날이 아니잖아요. 그이가 그러더군요. '경찰이 호위해줄 거야! 난 괜찮을 거라고!' 그래서 제가 그랬죠. '당신 때문이 아니야. 나 정말 열심히 했어. 그리고 이것은 나만을 위한 거라고!'라고요."

---

* 연방 정부의 대학 재정 지원금 23억 달러 삭감 후 대학들의 반발이 거셌다. 하지만 크리스토퍼 파인 연방 교육부 장관은 전임 노동당 정부에서 도입한 대학 교육 예산 삭감안을 비난하면서도 원상회복에는 반대했다.

정치인의 아내로
산다는 것

정치인의 '아내'는 대개 눈에 보이지 않지만 정치 활동 중에 없어서는 안 되는 존재이며, 이것은 정치가라면 캔버라에 입성하기 전부터 시작된다.

다수당 후보로 공천받는 일은 어떤 의석을 노리느냐에 따라 그 난이도가 천차만별이다. 소속 정당이 난공불락으로 여기는 의석, 특히 집단 체념이 걷잡을 수 없이 커지고 있는 시기에는 공천받는 것이 누워서 떡 먹기만큼 쉬울 수 있다. 하지만 집권당이나 집권을 목전에 둔 당의 당선이 확실한 지역을 노린다면, 길고 고달픈 선거 운동에 돌입해야 한다. 폭풍우 속에서 배에 자리 하나를 차지하는 것과 마찬가지다. 누구든 젖은 좌석이 걸릴 수 있다. 그러나 마른 좌석을 얻으려면 선견지명과 발 빠른 움직임, 날카로운 팔꿈치가 필요하다.

다른 게 더 많이 필요하지만 일단 확실한 지역에서 공천을 받으려면 이런 게 필요하다. 해당 선거구에 집을 사는 것, 필요할 경우에는 해당 선거구에서 어머니와 함께 살기, 눈에 띄는 문신이나 문제가 될 수 있는 정치적 견해, 논란이 될 수 있는 경력, 약물 의존 이력이 없어야 한다. 그리고 사진발을 잘 받는 가족이 있으면 좋다. 또한 지역구에서 여는 지루한 회의와 기금 모금 행사에 꾸준히 꼬박꼬박 참석하고, 재임 중인 의원이 우아하게 은퇴하거나 의원직을 끝장낼 정도의 사고를 치기 훨씬 전부터 준비를 시작해야 한다. 그리고 노동계 쪽에서 활동하거나 기존 정치가 밑에서 일하며 당내 실력자가 된 후 기존 권력 구조의 중심에 자리 잡는 게 좋다. 물론 이때 야근과 중국 음식, 듣도 보도 못한 정책 결정 회의를 포함한 일련의 복잡한 사회적 교류가 필요하다. 그것도 아니면 유명한 운동선수나 락스타, 유명 인사가 되면 된다.

이것들은 모두에게 해당하는 게 아니다. 가족에 대한 의무가 없는 젊은 남녀나 아주 보살 같은 배우자가 있는 사람에게 적합하다. 왜냐하면 가족이 있는 사람이라면 교외 주택지 한가운데에서 전단을 돌리느라 밤늦게까지 나가 있어도 집안일을 기꺼이 돌봐줄 사람이 있어야 할 테니까 말이다. 남편이 일을 하고 아이가 있으며 한 번에 여러 가지 일을 해야 하는 여성이라면 적합하지 않다.

전직 엔지니어이자 IR 컨설턴트로 2010년 선거에서 자유국민당 소속으로 안전하고 보수적인 퀸즐랜드의 맥퍼슨 선거구에서 이긴 캐런 앤드루스는 몇 년 일찍 공천 선거 운동을 시작했다. 앤드루스는 공천 과정에 대해 이렇게 말했다.

"그것 자체가 하나의 일과 같습니다. 우리 당에서 공천을 받으려면 해당 선거구에 거주하는 유권자로부터 다수표를 얻어야 합니다. 시간이 정말 많이 걸리는 일입니다. 왜냐하면 주민들에게 얼굴을 알려야 하고 지지도도 좋아야 하기 때문이죠. 그래야 공천 때가 되면 실제로 앞장서서 저한테 투표를 할 테니까요."

몇 년 동안 앤드루스는 당 회합과 기금 모금 행사를 조직하고 무수히 많은 지역 행사에 참석하면서 시간이 날 때마다 당원들에게 전화를 거는 등 당 관련 일에 적극 참여했다. 노사 관계 자문회사를 함께 운영하는 남편 크리스가 기꺼이 외조를 해주었다. 남편이 박사 학위를 따는 동안 앤드루스가 집안일의 대부분을 책임진 일이 있어, 이번에는 남편이 아내를 돕기로 합의한 것이다.

그러나 공천이 이루어지자(당선이 확실시되는 지역답게 경쟁이 치열했다) 당시 일곱 살, 열 살, 열다섯 살이던 세 딸이 이슈가 되었다.

앤드루스는 그때를 이렇게 회상했다.

"저를 겨냥한 의견 중 일부가 너무 강경해서 정말 놀랐습니다. '우리에게는 남자 일꾼이 필요하다'는 취지의 코멘트는 하나밖에 없었고, 그것도 수백 명 중 하나였지만 어머니로서 제 역할에 대한 피드백들도 있었어요. 가령 한 공천권자는 자기라면 절대로 자기 부인이 그렇게 어린 나이의 아이들을 방치하게 두지 않을 거라는 내용의 이메일을 보냈습니다. 별 의미가 없을 것 같아서 답장은 하지 않았습니다. 하지만 그런 내용을 이메일로 보내는 사람이 있다는 사실에 충격을 받았죠. 깊이 생각해보고 보낸 의견이었을 거 아닙니까."

아내가 되기로
결심한 남자

정치계 입문은 불확실할 수밖에 없다. 공천을 받는 것도 하나의 장애물이지만 선거에서 당선이 될지 안 될지도 알 수 없었다. 떨어질 가능성도 아주 높았다. 제일 웃긴 것은 연방 선거는 공천 시즌과 선거 당일 사이에 운명이 극적으로 뒤바뀔 수 있으며, 선거의 높은 파고는 온갖 이상한 물고기를 해안가로 데려다놓아 파닥거리게 한다는 것이다. 1996년 하워드의 압승이 그중 하나였다. 알렉산더 다우너가 당대표였던 전년도에 공천의 상당 부분이 완료되었고, 모두 예의 바르게도 다우너가 총리보다는 교황이 될 가능성이 더 높다고 여기고 있었다. 1996년 총선에서 자유국민연립당이 완승했을 때, 굉장히 놀라운 신참 하원 의원들이 있었다. 예를 들어 광부 출신인 폴 마렉은 당선이 확실시됐던 퀸즐랜드의 노동당 경선 후보였다. 그는 표심을 잡기 위해 선거 다음 날부터 광산으로 내려갔고, 6.9퍼센트의 표심 이동으로 퀸즐랜드주 카프리코니아 지역구의 새로운 의원이 되었다.

1997년 노사관계 책임자인 애나 버크는 멜버른 교외 치솜 선거구의 노동당 경선 후보였다. 공천 경쟁은 그다지 심하지 않았다. 치솜은 유명한 보건부 장관 마이클 울드리지가 차지하고 있었다. 애나는 남편 스티븐 버지스에게 "괜찮아. 이길 수 있어!"라고 말했다.

버지스는 그때를 떠올리며 이렇게 말했다.

"애나의 고결한 야망은 울드리지의 득표율을 몇 퍼센트 정도 떨어뜨려서 그를 진땀 꽤나 흘리게 하자는 거였죠."

그런데 그때 울드리지가 당선이 더욱 확실한 케이시로 옮겨버리는 바람에 갑자기 애나 버크에게 승산이 생겼다.

애나는 결국 당선되었다. 부부의 삶은 하루아침에 확 달라져버렸고 가족계획에 심각한 차질이 빚어졌다. 그런데도 애나는 당선 1년이 안 되어 임신을 했다. 애나는 당대표인 킴 비즐리와 노동당의 리오 매클레이에게 출산 예정 소식을 알렸다.

"두 분 다 깜짝 놀랐어요. 하지만 우린 앞으로 얼마나 험난해질지 전혀 몰랐죠."

애나는 출산 휴가를 쓰지 않았다.

"6주 된 신생아를 데리고 의회에 복귀했죠. 예상치 못한 일이 너무나 많더라고요. 예를 들어 저는 사무실에 아기 침대를 들이고 싶었거든요. 하지만 '죄송합니다. 작업장 보건 및 안전 규정 때문에 아기 침대는 안 됩니다'라는 말을 들어야 했죠. 그리고 콤카*에 베이비 시트를 장착하는 것도 만만치 않은 일이었고요. 시

---

* 운전기사가 딸린 자동차로 콜택시와 비슷하다.

드니에서 열린 한 위원회의 청문회에 참석했는데, 그곳에서는 '아기는 그냥 무릎에 앉히면 된다'는 말을 들었습니다."

집중 치료 구급차 응급 처치 요원이었던 애나의 남편 스티븐의 말은 이렇다.

"우리는 아무런 계획 없이 그냥 주어진 상황에 대처했던 것 같습니다."

스티븐은 자신의 교대 근무와 캔버라로 갈 일이 잦은 애나 때문에 생활을 꾸려나가기 힘들 거라는 사실을 금세 깨달았다. 그래서 사장에게 육아휴직을 신청했는데 돌아온 것은 적대적인 반응이었다.

"제가 육아휴직을 신청한 최초의 남자였더군요. 오랫동안 질질 끌더니……, 글쎄요, 정중하게 표현하자면 협상이라고 해야겠죠. 회사에서는 계약서상의 '육아휴직'이란 실질적으로 '출산 휴가'를 의미하므로 여성만 이용할 수 있다고 했죠. 집중 치료 응급 처치 요원 자체가 인원이 얼마 안 되다 보니까 회사에서도 판도라의 상자를 열고 싶지 않았던 것 같아요. 여기저기서 다른 남자 직원들이 육아휴직을 쓰겠다고 하면 어쩌나 싶었던 거죠."

일정 기간 압박을 받은 끝에, 스티븐은 1년 휴직을 할 수 있었다.

"결국 으름장만 놓으면 되는 거였어요……. 정식으로 뭔가를 해야 할 필요가 없었으니까요. 편지를 주거니 받거니 하고 미팅에서는 매쿼리 사전을 꺼내놓고 '양육'의 정의를 확인하면서 소모전을 벌인 게 답니다."

휴직 기간 동안, 스티븐은 갓난아기 매디를 데리고 애나를 따라 캔버라로 갔다.

"태양계로 치면 애나는 태양이었고 우리 부녀는 애나 태양계의 궤도에 속한 존재였죠. 저는 전화 교환원하고는 이름을 부를 정도로 친근한 사이가 되었죠. 교환원이 애나를 부르면 애나는 어디에 있든지 296호로 잽싸게 와서 모유 수유를 했고, 그러고 나면 매디가 잠이 들곤 했어요. 만약 매디가 잠이 안 들면 제가 데리고 나가서 산책을 시켰죠. 어떤 점에서는 하나도 힘들지 않았어요. 왜냐하면 하원 의원은 일터에서 대우가 아주 좋거든요. 보수도 좋고 개인 사무실도 있고 그 사무실에서 제일 높은 사람이니까 일정도 자기 마음대로 정할 수 있잖아요. 체인점 사장이 된 것 같다고나 할까요."

의정 활동을 하는 어머니로서 애나는 오직 한 가지 이유 때문에 어려움을 겪었다. 그녀는 하원 의원 재직 중 출산을 한 두 번째 여성이었다. 지난 연방 정부 1세기 동안 무수히 많은 남성이 하원 의원으로, 장관으로 일하면서 많은 아이의 아버지가 되었지만, 의정 활동을 하면서 어머니가 된 여성은 애나가 겨우 두 번째였다.

같은 상황
다른 시선

최초는 로스 켈리로 1983년이었다. 여성 의원들이 어머니 겸 의원으로 일하려고 할 때 큰 장벽 중 하나는 어마어마하게 힘든 장거리 여행이다. 다행히 켈리는 캔버라 의원이어서 후배 여성 의원들을 힘들게 한 장벽에서는 벗어나 있었다. 그래도 켈리 역시 '아내'는 없었다. 남편은 전직 야역 배우, 풋볼 선수, 재무 담당 간부였고 그 당시에는 여기저기 벌여놓은 사업이 많은 최고의 은행가였다.

켈리는 퇴원 후 일주일도 안 돼서 일에 복귀했다. 동료 의원 중 한 명인 브루스 굿럭(프랭클린의 자유당 의원이었으며 그 자신 또한 다섯 딸의 아버지였다)은 켈리가 집에 더 있을 것이지 나왔다며 공개적으로 공격했다.

굿럭은 이렇게 말했다.

"부군이 좋은 직업을 가지고 있고, 의회도 기꺼이 출산 휴가를 주었을 거라 확신합니다. 아이들을 태어나자마자 탁아소 같은 데 맡기다니, 이렇게 불쌍할 데가! 갓난쟁이를 사회화시키고 싶은 사람이 누가 있답니까?"[1]

그해 재무부 장관의 예산안 발표 도중, 켈리가 회의장을 잠깐 비웠다. 역사는 그녀가 자리를 비운 이유를 정확히 기록해놓고 있지 않다. 모유 수유 때문이었을 수도 있고 다른 하원 의원들이 하루에도 수백 번씩 회의장을 들락날락하는 이유와 똑같았을 수도 있다. 하지만 굿럭은 그녀가 돌아올 때까지 연거푸 외쳤다.

"로스 의원은 어디 있습니까? 어디 있어요?"[2]

(굿럭 의원은 18년 동안 하원 의원으로 활동하면서 공식적인 남성 육아 휴직이나 (정말로) 그보다 더욱 고차원적인 어떤 의무 때문에라도 정치 활동이 복잡하게 꼬여본 적이 없었던 것 같다. 하지만 1994년 11월에 그에게 가장 유명한 사건이 일어났다. 잠깐 동안 치킨 복장을 하고 회의장에 나타난 것이다. 수년 뒤 그에 대해 질문을 받자, 그는 잘 기억이 안 난다고 말했다.)

로스 켈리의 말에 따르면, 그녀는 부모로서 그리고 국민의 대표로서 둘 사이에서 균형을 잃지 않으려고 노력했을 뿐이라고 한다.

"저한테는 제 아이와 저 자신에 대한 의무가 있습니다. 그리고 제가 하고 싶은 일을 하면서 만족할 때 더 나은 엄마가 된다고 생각합니다."[3]

그 후 출산 대열에 합류한 의원 어머니들은 계속 늘어나서, 이제는 손가락으로 셀 수는 없고 발가락은 동원해야 될 정도가 되었다.

의정 활동 중에 아이가 생긴 여성 의원들은 배우자가 제아무리 협조적일지라도 아버지가 된 동료들과는 판이하게 다른 경험을 하기 쉽다.

일단 모든 것을 뒤로하고 튀는 쪽은 지금까지 의원 아빠들이었다. 그리고 사람들도 이런 유서 깊은 행태를 무의식적으로 받아들인다. 하지만 캔버라에서 열리는 의회에 참석하기 위해 1년에 3분의 1은 아이를 두고 떠나야 하는 엄마들은 그렇지 못하다.

의회의 새내기 아빠들은 레이더에 잡히지 않는다. 출산이라는 행복한 사건이 일어나는 순간에 친구들과 함께 시가를 피울 수는 있어도 일터에는 절대 빠지지 않고 참석한다. 그리고 어머니가 필요한 순간이 생기면 그 사랑스럽고 자그마한 처자식 패키지는 캔버라에 짠 하고 나타난다. 조 호키는 2005년 아들 제이비어가 태어났을 때 남성 육아휴직을 쓴 최초의 장관이었다. 당시 존 하워드 총리가 '모던해 보인다'며 육아휴직을 승인했다고 한다.

하지만 의회에서 남성 육아휴직은 여전히 드물고 기간도 짧다.

호키의 경우, 아내인 멜리사 배비지가 호키가 없는 동안 가족과 보모 군단의 도움을 받아가며 세 아이와 도이치뱅크의 글로벌 금융 부장이라는 힘든 일을 곡예하듯 병행했다.

크리스토퍼와 20년 동안 결혼 생활을 유지하고 있는 캐럴린 파인은 캔버라에 가서 다른 의원들의 아내들과 어울리는 일이 별로 없다. 캔버라에 가는 일 자체가 고생이기 때문이다.

캐럴린은 이렇게 말한다.

"오렐리아(막내)가 신생아였을 때 캔버라에 아이들을 데려갔던 게 생각나네요. 오렐리아를 아기띠에 메고 나머지 세 아이들은 초고온 살균 우유에 시리얼을 먹였는데, 캔버라에 착륙하자마자 애들이 다 같이 토하기 시작한 거예요. 기가 막혔죠. 비행기 좌석 뒤에 찍찍이로 붙어 있는 천 조각 아시죠? 애들을 씻기려고 그 천 조각까지 떼어내려고 했다니까요. 제가 애들을 데리고 비행기에서 내리는 것을 도와준 분이 있는데, 알고 보니 전에 우리 애들을 봐줬던 베이비시터의 아버지더라고요. 같은 비행기 뒷좌석에 타고 계셨던 거죠."

타냐 플리버섹은 의회 활동 중 아이 셋을 낳았고 2주 이상 쉬어본 적이 없다. 그 아이들이 모두 돌이 될 때까지 모유 수유도 했다. 나는 시드니와 캔버라를 오가면서 타냐가 루이스를 아기띠에 메고 비행기에 탑승하는 모습을 종종 보곤 했다. 타냐가 아이들을 데리고 비행기까지 어떻게 왔을지 눈에 선했다. 지금도 그 상황을 상상하면 눈앞이 캄캄해진다. 갓난아이 한 명에 어린 두 딸 그리고 장관 일까지. 맙소사, 의회에 그렇게 비범한 인물이 있다니 좋은 일이다. 왜 아니겠는가? 의회에서 진정 비범한 인물을 보는 것은 아주 신나는 일이다. 하지만 분명 비슷한 수준의 남자가 낸 이력서에서는 전혀 특이 사항이 아닌데, 여자가 하면 굉장히 비범한 일이 되는 것은 문제가 있다.

"남자의 이력서: 사랑스러운 배우자의 도움을 받아 아이 셋 양육."

아함(하품 소리).

타냐가 보기에 여성에게는 기준이 다르다.

"남자에게는 아이가 있는 게 실질적으로 이득입니다. 정치계에서는 아이가 있으면 좀 더 원만한 사람으로 여기니까요."

하지만 아이가 있는 여성에게는 태도가 양면적이다. 긍정적으로 여기는 사람도 많지만 누군가는 이렇게 말할 것이다.

"어떻게 애들을 두고 나갈 수가 있어요? 바늘로 찔러도 피 한 방울 안 나올 사람이 아니고서야."

타냐도 온갖 극단적인 얘기를 다 들어봤다. 아이들 때문에 일을 더 맡는 게 걱정스러웠지만 타냐를 보고 힘을 얻었다며 여자들이 감사 편지를 보내기도 했다. 하지만 가슴에 못을 박는 듯한 말을 하는 이들도 있었다(어떤 내용인지조차 말하지 않겠다고 하는 것을 보면 우리의 노동당 부대표인 타냐 플리버섹이 그런 부정적인 말들 때문에 감정이 꽤 상한 듯싶다). 타냐의 남편 마이클 쿠츠-트로터는 뉴사우스웨일스 정부에서 교육부 장관과 재정부 장관을 내리 역임한 고위 공무원이다.

타냐는 아이들을 방치한다는 비난에 시달리지 않고 할 일을 할 수 있는 동료 남성 정치인들을 부러워할까?

"글쎄……잘 모르겠네요. 진짜 동등한 관계를 맺는 것이 한쪽은 전문가로서의 꿈을 좇고, 다른 한쪽은 그 꿈을 뒷바라지하는 관계보다야 훨씬 확실한 행복의 비결이겠죠. 우리는 각자가 직업적으로 원하는 바를 지지해주고 집안일은 나눠서 하려고 노력하는 편입니다. 여러 가지 이점 가운데 하나는 뭐가 어떻게 된 건지 정확하게 이해하는 사람과 대화를 나눌 수 있다는 거죠.

'내일 세출입심사위원회에 가.'

'아, 그거. 알았어. 오늘 밤엔 혼자 조용히 서류 좀 봐야겠네.'

서로가 어떤 스트레스를 받고 있는지 이해하는 거죠.

반면 게으름을 피운다든지 뭔가를 빼먹는 것은 있을 수 없죠. 왜냐하면 '참 나, 나는 힘들게 일하는데 당신은 지금 뭐하는 거야? 집에 있는 건 당신 일이잖아.' 그런 말이 나올 테니까요. 맡은 일을 덜어보려고 수를 쓰지 않는 것도 행복을 위한 좋은 비결인 듯해요. 전 그런 식이 좋더라고요, 저희한테는요."

애나 버크의 남편 스티븐 버지스는 이렇게 말한다.

"제가 만나본 여성 하원 의원들의 남편들 중에는 제가 택한 길, 그러니까 가족에 대한 의무를 자신의 커리어보다 우선시하는 분들도 있습니다. 하지만 상당수의 남자들은 그러지 않죠. 의회에 있는 많은 남자들의 경우, 아내가 (자녀가 한 명이라도 있다면) 대부분 그런 선택을 하기 때문인 것 같습니다. 부분적으로는 사회적 조건화* 때문이겠지만 대다수의 남자들이 소득만이 아니라 일에서 자신의 정체성을 찾기 때문이라고 생각합니다."

---

* 사회 전반 혹은 동료 집단에서 일반적으로 통용되는 방식으로 반응하도록 개인이 훈련되는 과정을 가리킨다.

아이가 있어도 죄인
아이가 없어도 죄인

어머니 노릇과 정치인이라는 직업을 병행할 때 겪는 어려움은 수치로도 입증이 된다. 프레이저 지역구 의원이자 끊임없이 의문을 품는 경제학자인 앤드류 리는 최근 자신의 동료들이 자녀를 갖는 비율에 대한 통계 자료를 뒤적여보았다.

리는 최근에 출판한 『운의 정치학(The Luck of Politics)』을 집필하면서 44대 연방 의회 소속 하원 의원과 상원 의원의 자녀들에 대해 조사했다. 후즈후, 위키피디아, 당 웹사이트 등 공개 사이트에 올라 있는 개인 신상 자료들을 이용했다.[4] 특히 초점을 맞춘 부분은 아이들의 성별이었다. 리는 부모의 정치적 신념과 아이들의 성별 사이에 상관관계가 있다는 좀 웃긴 생각(경제학자답게)을 하고 있었다. 실제 결과에서도 자유국민연립당 여성들에게는 아들이 더 많은 반면, 노동당 남성들에게는 딸이 더 많다는 사실을 발견했다.

그러나 이보다 더욱 광범위하게 퍼져 있는 충격적인 패턴이 있었다. 리는 44대 연방 의회 소속 남녀 정치인에게 평균 몇 명의 아이가 있는지 계산해봤다. 남성 하원 의원과 상원 의원은 각각 2.1명이었다. 전국 가구 평균인 1.9명을 살짝 웃도는 수준이었다. 반면 여성 의원은 평균 1.2명이었다.

이 말은 연방 정치계에서 활동하는 여성들은 아이를 한 명밖에 못 낳는 벌을 받는다는 뜻이다.[5]

이것은 오스트레일리아에만 해당하는 일은 아니다. 2012년 영국 정치연구학회가 실시한 유사한 연구에서도 소름 돋을 정도로 일치하는 패턴이 웨스트민스터에서 드러났다. 남성 정치인들은 평균 1.9명의 자녀를 두었지만 여성 정치인들은 1.2명을 두었다.[6]

물론 여성 정치인 중에는 자녀가 아예 없는 이들도 있었다. 이것이 평균이 계속 낮은 이유이다. 연방 정치계에서 성공적으로 정치 경력을 쌓으려면 여성은 아이를 낳지 않는 게 자신에게 주는 가장 큰 자연적 혜택이다. 잔인한 현실이지만 사실이 그렇다. 어떤 경우에는 정말로 아이가 없는 게 의회에 입성하는 대가가 되기도 한다.

44대 연방 의회에서 여성 의원 열 명 중 네 명은 자녀가 없는데, 이는 남성 동료들의 무자녀 비율의 두 배였다.[7] 영국도 상황은 비슷해서 여성 하원 의원의 45퍼센트가 자식이 없는 반면 남성의 경우 자식이 없는 비율은 28퍼센트에 지나지 않았다.[8]

지금까지 나는 아이를 갖지 않는 게 마치 전략상 내린 결정이라는 듯 말했다. 혹은 의식적으로 내린 결정처럼 말했지만 늘 그런 것은 아니다. 그냥 임신이 안 되어서 아이가 없는 경우도 있다. 정계에 입문할 때쯤에는 임신이 불가능해져서 아이가 없는 경우도 있다. 특히 웨스턴오스트레일리아 주 출신 여성이라면 실질적으로 거의 불가능하다.* 웨스턴오스트레일리아 주 출신 여성 중에 아직 어린 자녀가 있는 여성은 한 명도 없으며 그곳 출신의 자유국민연립당 여성 장관 두 명(외교부 장관 줄리 비숍과 여성정책 총리 보좌 여성부 장관 미카엘라 캐시)도 모두 자녀가 없다.

자유국민연립당 상원 의원 빌 헤퍼넌이 2007년 자녀가 없는 줄리아 길라드에 의혹을 표명했던 것은 길라드가 무자녀를 선택했기 때문이었다.

헤퍼넌 상원 의원은 '내 말은 일부러 아이를 낳지 않은 사람이……인생에 대해 뭘 알겠느냐는 의미'라고 〈불레틴〉에서 밝혔다.

"우리 쪽에도 그런 사람이 몇 명 있다. 하지만 지역 사회를 이해하는 데 중요한 것 중 하나가 가족이다. 그리고 엄마, 아빠, 기저귀 처리통 사이의 관계다."[9]

아이가 없는 게 의도적인 선택이라고? 줄리아 길라드의 경우는 그렇다고 볼 수 있다.

길라드는 2006년 〈오스트레일리안 스토리〉**에서 이렇게 밝혔다.

---

* 웨스턴오스트레일리아는 오스트레일리아의 서쪽 끝이라 매년 의회가 열리는 캔버라까지 너무 멀기 때문이다.
** 오스트레일리아판 〈그것이 알고 싶다〉이다.

아내 가뭄

"제가 만일 대단히 사랑하는 남자를 만났고 그 남자의 평생소원이 아이였다면, 당연히 다른 선택을 했을지 모릅니다. 하지만 '만약'이라는 건 아무 의미가 없지 않습니까? 만약 다른 선택을 했다면 저는 굉장히 보수적인 부모가 됐을 것 같습니다. 저는 일도 하고 아이도 기르면서 두 가지를 잘해나갈 수 있는 여성에게 일종의 존경심을 품고 있지만 제가 그걸 해낼 수 있었을지는 모르겠습니다. 저는 하나에 꽂히면 그것에만 집중하는 외골수 같은 면이 있어서 일하는 엄마였다면 여기까지 오지 못했을 겁니다."[10]

여성의 가임 전성기는 스무 살에서 서른다섯 살 사이로 연장되었다(일반적으로 그렇게 통하고 있다). 우리 모두 알고 있듯이 줄리아 길라드가 그 기간에 한 일은 이렇다. 스물두 살에 길라드는 여성으로는 두 번째로 오스트레일리아학생연합 대표가 되었다. 스물다섯 살에는 법대를 졸업하고 슬레이터&고든에 취직했다. 스물아홉 살에 그 법무법인의 파트너가 되었다. 서른 살에는 이성 교제를 시작했다. 서른네 살에는 여러 의석의 공천을 받기 위해 오랫동안 노력했지만 상원의 동의를 얻지 못했고, 남자 친구가 비자금 횡령 의혹을 받고 있다는 사실을 발견하고 결별했으며, 실직 후 정치 경력을 다시 쌓기 위해 지독하게 노력했고 그렇게 경력을 쌓았다. 서른일곱 살에 노동당의 연방 의회 의석을 획득했고 10년이 흐른 후 어쩌다 보니 아이가 없다는 이유로 질책을 당했다.

이는 정치인 여성에게 가할 수 있는 굉장히 지독한 이단 뒤통수치기다. 우선 여성은 정치계에 입문하려면 온갖 기회를 포기해야 한다. 아이가 없는 게 스스로 선택한 경우도 있지만 그렇지 않은 여성들도 있다. 후자의 경우, 여성은 정치계에 입문하느라 시간을 다 써버렸거나 선택할 수 있는 데이트 상대가 극히 적었을 수도 있다. 아니면 차마 고생길에 발을 들여놓을 수 없었거나 자신이 사는 곳이 캔버라와 아주 먼 퍼스라는 것을 불현듯 떠올렸을지도 모른다. 이런 깨달음에 도달하면 이제 와서 가지기도 힘들지만 다른 사람들도 기대하지 않는다는 사실을 퍼뜩 깨닫는다. 물론 이런 지극히 사적인 대오(大悟)가 사무적으로, 순식간에 휙, 눈물 한 방울 없이 찾아왔을 거라고는 결코 생각하지 말기를.

타냐 플리버섹의 결론은 이렇다.

"이길 수 없는 게임입니다. 줄리아 길라드를 향한 비난의 대부분이 그녀가 결혼도 하지 않았고 자식도 없다는 사실에서 시작한 거니까요. 하지만 길라드가 결혼도 했고 일하는 엄마였다고 해도 비난은 똑같았을 겁니다. 아이들한테 소홀하다고 하면서요. 아마 그 비난도 비혼에 자식도 없다며 비난한 사람들이 하겠죠. 개인사로 국민의 비위를 맞추려고 해선 안 됩니다. 자신이 만족하는 방향으로 자신의 문제를 결정해야죠. 자신과 가족이 행복해야 합니다. 그거면 되는 거예요."

그나저나 헤퍼넌의 '고의적 불임' 발언은 그 혼자만의 생각이

아내 가뭄

아니었다. 그가 속한 정당에서만 헤퍼넌의 발언에 동의하는 게 아니었다. 길라드 노동당 당수의 전임자였던 마크 레섬(전에는 좋은 친구이기도 했다)은 2009년 길라드에 대한 오만방자한 글에서 길라드가 2세 생산에 실패했으므로 교육부 장관 같은 것은 꿈도 꿔서는 안 된다고 했다.[11]

흥미롭게도 레섬은 1997년과 1998년 사이 킴 비즐리가 노동당 당수였을 때 야당의 교육부 장관을 역임했는데, 그때 레섬도 자녀가 없었다.* 하지만 길라드에 대한 비난을 과거 교육부 장관을 하던 자신에게까지는 확대 적용하지 않았다.

헤퍼넌 상원 의원처럼 아내라는 특권을 누리고 있는 남성이 이런 비난을 퍼부으면 더더욱 아프고 피가 얼어붙는 것 같다. 그런 남자들에게 가족의 기쁨과 충족감은 헐값에 제 발로 찾아오지만, 여성의 경우에는 터무니없는 대가를 요구하기 때문이다.

그러니 자식이 없는 여성 하원 의원을 비난하려는 남성은 누구든 이런 테스트를 거쳐야 한다.

"만약 서로 역할이 바뀐다면 아내가 너를 위해 그랬듯 너도 집에서 기저귀를 갈겠니?"

이 질문에 '응'이라고 답할 사람은 아마 극소수일 것이다. 비록

---

* 당시에는 미혼이었고 2000년에 결혼했다.

(아버지가 되고 정계에서 은퇴한 후 완전히 다른 사람이 되어 전업주부 아빠가 된) 레섬은 훌륭한 예외가 되겠지만 말이다.

정치인 아빠 vs. 정치인 엄마

그건 그렇고 가정이 없는 남성 정치인 또한 평가절하를 당한다. 여성만 그런 것은 아니다. 뉴사우스웨일스 주 총리를 지낸 밥 카는 자녀도 없고 운전도 안 하고 미트파이도 안 좋아하며 팀 스포츠 경기도 즐기지 않는데도 용케 10년 동안 주 총리를 역임했다. 1992년 노동당 당수 존 휴슨이 밥 카에 대해 이런 평가를 내렸다.

"운전도 안 하고 애들이나 그 비슷한 것도 안 좋아하는 남자는 일단 의심을 해봐야 한다."[12]

휴슨은 페라리를 몰았는데, 그 차는 유권자들에게 그가 부자라는 사실을 아주 노골적으로 알려주었다. 당시 그는 첫 번째 결혼에서 얻은 자식이 셋 있었다(그 후 자식이 둘 더 생겼는데, 각각 두 번째, 세 번째 부인에게서 얻은 자식이다). 첫 번째 아내 마거릿이 낳은 아이들 중 한 명이 텔레비전 인터뷰를 한 적이 있는데, 휴슨은 가정을 등지기 전에도 늘 정치를 우선시했다고 한다.

오스트레일리아 외교관이자 전 국민당 당수, 부총리였던 팀 피셔는 마흔여섯 살에 결혼했는데 나중에 〈에이지〉에서 밝히길, 길었던 독신 기간 때문에 때때로 비난을 받곤 했다고 한다.

피셔의 〈에이지〉 인터뷰 내용은 다음과 같다.

"1970, 1980년대에는 혼인 여부와 관련하여 위선이 심했습니다. 당대표가 미혼이거나 야당 간부가 미혼이면 물음표가 붙었죠. 그런데 저에게 의문을 품었던 사람들은 결혼은 했지만 캔버라 전역에서 바람을 피우고 있었습니다."[13]

밥 카가 자녀가 없다는 이유로 정계에서 유별난 취급을 받은 지 13년이 지난 후, 모리스 예마는 자기 아이들과 너무 붙어 지낸다는 이유로 비난받았다. 2003년 보건부 장관 재임 당시 쌍둥이 출산 직전 아내가 병에 걸리자, 개인 사유로 6주 휴가를 냈는데 일에 대한 헌신이 부족하다며 동료들에게 은밀하면서도 노골적인 중상모략을 당한 것이다.[14]

2012년 3월 노동당 상원 의원이자 정계의 마당발로 통하던 마크 알비브는 자신이 자주 집을 비워서 아이들이 힘들어한다며 정계 은퇴를 발표했다. 그러자 캔버라에는 알비브가 독립부패방지위원회 일로 곤란해졌다는 루머가 뜨겁게 퍼져나갔다. 나중에 근거 없는 소문으로 밝혀졌지만, 이는 정치인 아버지가 진심으로 가족과 함께 있고 싶어 할 수도 있다는 사실을 믿지 않은 것이다. 그래서 남의 말을 하기 좋아하는 사람들이 전혀 다른 해명거리를 만들어낸 거라고 할 수 있다.

정치인 아버지에 대한 기대는 분명하다. 어떤 일이 있어도 평범한 사람이 되고(그러지 않으면 유별난 사람으로 간주된다) 오버하지 말아야 한다. 또한 정치인 아버지는 자신의 가족을 허용 범위 내에 머물게 해야 한다. 도움을 줄 때는 눈에 띄어도 되지만 거슬리는 존재가 되면 안 된다. 가족 얘기는 전혀 할 필요가 없다.

그러나 정치인 엄마들은 아이들 얘기를 늘 입에 올려야 한다. 남자들처럼 자녀가 있는 것만으로는 부족하다. 정치하는 엄마라면 엄마라는 신분 때문에 모유 수유나 육아, 빌 헨슨*의 사진 등 온갖 문제에 대한 입장도 밝혀야 한다. 게다가 애들은 어디 있느냐는 질문을 계속 받아야 한다. 제아무리 열정적으로 깔끔하게 일을 해내도 마찬가지다. 여자가 두 마리 토끼를 잡는 것이 가능한지를 보여주는 의미심장한 지표를 찾느라 혈안이 된 자들의 깐깐한 시선을 받아야만 한다. 그러다가 정치를 그만두기라도 하면 (젠장, 심지어 다른 직종으로 바꿔도) 일과 가정을 병행하려니 잘 될 리가 없다는 빼도 박도 못하는 증거가 되어버린다.

니컬라 록슨이 15년을 의회에서 보낸 후 정계에서 물러났을

---

* 멜버른 출신의 사진작가이다. 법정 공방까지 간 작품이 있으며 전 총리 케빈 러드가 '굉장히 혐오스럽다'는 말을 했다고 한다. 논란의 중심에는 예술 대 포르노가 있었고, 더 문제가 된 것은 아동, 청소년을 대상으로 한 사진이었다. 부모의 허락을 받기는 했으나 미성년자의 누드 사진을 찍어 논란의 중심이 되었다.

아내 가뭄

때(5년은 멜버른에 사는 파트너 마이클 케리스크와 함께 어린아이 한 명을 기르면서 장관을 역임했다), 다들 그녀의 사임을 두고 '두 마리 토끼를 잡을 수 없다'는 사실을 인정한 것으로 해석했다. 격분한 록슨은 〈더먼슬리〉에 기고한 글에서 자신은 할 일을 다했고, 자신이 생각할 때 그동안 일도 잘했다고 생각하며, 이제 뭔가 다른 일을 하기로 결정했을 뿐 자신의 사임이 일하는 여성들에게 다른 의미를 시사한다고 보는 것은 어불성설이라고 했다.[15]

록슨이 2007년 총선 후 보건부 장관으로 취임했을 때, 그녀의 딸 리베카는 두 살이었다. 오스트레일리아 역사상 최초로 미취학 아동을 기르면서 연방 내각의 장관에 취임한 여성이 된 것이다.

어린아이를 기르면서 보건부처럼 힘든 장관직을 맡는 것은 남자에게는 지극히 평범한 일이다. 최장 기간 재임했던 타냐 플리버섹의 전임자들 중에는 토니 애벗, 마이클 울드리지, 노동당의 닐 블루엣처럼 정치 활동을 하면서 초등학생 또는 그보다 더 어린 자녀를 성공적으로 키운 이들도 있었다. 사실 112년이라는 오스트레일리아의 장관 임용 역사를 살펴보면 수많은 남자가 태평스럽게 자손을 번식하면서 국회의원을 역임해왔지만 아무도 그 사실을 눈여겨보지 않았다.

니컬라 록슨이 장관에 취임하던 당시까지 오스트레일리아에는 여성 장관이 열 명 있었다. 겨우 열 명이라니! 그 열 명 중 줄리 비숍, 케이 패터슨, 어맨더 밴스톤은 자녀가 없었다. 이 세 명을 뺀 나머지 일곱 명은 내각에 들어올 무렵 아이들이 어느 정도 자란 상태였다. 그렇다고 이들의 삶이 순탄했을 거라는 뜻은 아니다. 특히 이니드 라이언스의 경우가 그랬다. 아이가 일곱에 태즈메이니아 출신이었고 내각에 합류할 당시에는 과부였다. 그러니 그 상황이라면 누구라도 좀 더 수월한 일을 택했을 것이다. 말하자면 집에 남아 살림만 했을 거라는 얘기다.

장관 시절 록슨은 몇 가지 원칙을 세웠는데, 그 원칙들 덕분에 가족들과 얼마간 정상적인 생활을 누릴 수 있었다. 먼저 록슨은 자신이 저녁 회의를 선호한다는 사실을 주변에 알렸다. 딸을 위해 오전 6시 30분에서 9시까지는 일정을 전혀 잡지 않았는데 그 때문에 이따금 보좌관들이 낭패를 당하곤 했다. 그리고 기획안 등을 받으면 그 결과를 통보하는 데 언제나 일주일의 기한을 뒀다. 그동안 기획안의 내용을 흡수하고 제대로 처리하기 위해서였다. 록슨은 리베카가 잠자리에 들면 밤늦게까지 일을 했는데, 그녀는 그때를 이렇게 회상했다.

"내가 밤 11시에 이메일을 보냈더니 한 신참 보좌관이 기겁을 했죠. 자기들도 그 시간까지 일을 해야 하는 줄 알고 말이죠. 그래서 모두에게 알렸어요. 앞으로도 나는 내가 일하는 시간에 이메일을 보낼 텐데, 그렇다고 당신들도 그 시간에 일하라는 의미는 아니라고요."

록슨은 역사에 러드 정권의 파란만장한 시기로 기억될 일들에 깊이 개입해 있었다. 당시 러드 총리와 함께 일명 '모브캡' 순회를 비롯하여 러드 정부의 저돌적인 의료 보건 개혁에 깊이 관여했다. 모브캡 순회는 오랫동안 오스트레일리아 전역의 병원을 돌며 수술실과 탈의실을 헛되이 수차례 오간 병원 순회를 말한다. 록슨은 보건부 장관이자 아버지를 암으로 일찍 여읜 딸로서 담배 포장 간소화*를 내세우며 담배 회사들에 맞서 싸웠다.

나는 록슨이 어떻게 맡은 일을 '용케 해냈는지' 늘 궁금했다.

록슨은 그때를 이렇게 기억했다.

"좋은 일이든 나쁜 일이든 나는 모든 일에서 일-가정 균형 문제에 부딪혔습니다. 물론 일-가정의 균형은 힘든 일이고 당연히 그에 대해 물어볼 수도 있습니다. 하지만 어떤 만찬 행사를 가든, '어떻게 지내세요? 따님이 몇 살이라고 하셨죠?' 같은 얘기만 들어야 했습니다."

---

* 오스트레일리아에서 판매되는 모든 담배에 브랜드명을 표시하지 않고, 흡연의 위험을 알리는 사진만 삽입하자는 내용이다.

용케 해내는
비결

종종 별 뜻 없이 하는 "어떻게 해내시나요?"라는 질문을 통해 많은 정치인 엄마들은 정중하게 불쾌감을 표현하는 법을 배운다. 1980년대 4년간 민주당 당수였던 고(故) 재닌 헤인스에게는 '아내'(그녀가 캔버라에 가 있는 동안 두 자녀를 돌봐준 남편 이안)가 있었다. 그러나 헤인스는 거듭되는 "당신(과 남편)은 어떻게 용케 해냈냐?"는 질문에 점차 미쳐갔다. 헤인스의 남편 역시 아내에게 무시당하거나 남성성을 잃는 것 같은 느낌은 없느냐는 질문을 귀에 못이 박히도록 들어야 했다. 그리고 '남자 아빠' 혹은 데니스 대처*에게 경의를 표하는 의미에서 '데니스'로 불렸다.

재닌 헤인스는 1987년 〈캔버라타임스〉에 급기야 이런 말까지 했다.

"사람들이 제게 '남편과 애들을 떼어놓고 일하러 가는 기분이 어떠냐?'고 물으면 저는 그 질문을 남자한테 먼저 하면 그때 대답해주겠다고 말합니다."[16]

어떻게 '용케 해냈냐'고 물으면 헤인스는 이렇게 대답했다.

---

* 마거릿 대처 전 영국 총리의 가장 든든한 후원자로 알려진 남편 데니스 경을 말한다.

아내 가뭄

"남자들이 용케 상원 의원과 아버지 노릇을 해내는 것과 똑같겠죠. 이안이 제가 용케 해내는 비결입니다. 모든 정치인에게는 응원을 아끼지 않는 배우자가 필요합니다. 그이는 침착하고 자존감이 확고해서 성격이 원만하답니다. 그이가 모든 걸 꾸려나갑니다. 저는 집에 있어도 끼어들 생각조차 하지 않아요."[17]

이런 식의 꾸준한 관심은 정치인 엄마들이 절대로 겉으로 드러내지 않는 죄책감을 부추긴다. 녹색당 상원 의원 라리사 워터스는 2013년 개회 기간 중 네 살배기 딸이 병에 걸린 후 이런 글을 썼다.[18]

"이따금 나는 엄마 노릇에 낙제라는 생각이 들곤 한다. 엄마가 되고 상원 의원이 된 이후 내 인생은 한없이 보람찬 인생이자 무한히 복잡한 지옥이 되었다. ……끝나지 않을 저글링을 해야 하는데, 손과 눈의 협응 능력이 떨어져서 이따금 공을 떨어뜨릴 수밖에 없을 것만 같다."

워터스와 마찬가지로 딸아이를 할머니가 병원에 입원시켰을 때, 질의 시간 중 문자 메시지로 아픈 딸아이의 상태를 체크해야 했던 캐런 앤드루스는 이런 말을 했다.

"제 생각엔 정치를 하는 사람들 모두 힘들다는 사실을 숨기고 있는 것 같습니다."

앤드루스는 딸이 아팠던 이야기를 해준 다음, 나중에 마음을 바꾸기는 했지만 처음에는 책에 신지 말아달라고 부탁했다. 민감한 사항이 너무 많아서였다. 곁에 있어주지 못하는 무심한 엄마로 여겨질까 봐, 가장 중요한 의회 질의 시간에 한눈을 판 사람으로 여겨질까 봐 걱정되었던 것이다. 불안은 뿌리가 깊다.

"공개적으로 거리낌 없이 말하는 사람이 없는 것 같아요. 여자들은 어떤 문제든 입 밖에 내는 것을 굉장히 거북해하죠. 왜냐하면 그 얘기를 꺼내면 자신이 어떻게 인식될지, 혹은 일에 집중해야 할 때 가족을 먼저 챙긴다고 사람들이 생각할까 봐 걱정이 되기 때문이죠."

정계의 아내 가뭄은 그저 자녀에만, 미쳐버리지 않고 자녀를 가질 수 있느냐 없느냐의 문제에만 해당하는 것이 아니다. 정치인의 '아내'가 지닌 유용성은 총리가 통화하는 동안 아이들을 조용히 시키거나 일주일 동안 아버지의 코빼기도 보지 못한 아이의 주의를 노련하게 다른 데로 돌리는 데만 국한되는 게 아니다. 특정 상황에서 정치인의 배우자는 자신의 능력을 발휘하여 잠재적 정치 활동가가 되기도 한다.

하지만 배우자가 시간제 근무를 하거나 아예 일을 하지 않을 때에나 그런 도움을 줄 공산이 크다. 그리고 그런 도움을 주는 배우자는 대개 남편이 아닌 아내들이다.

캐런 앤드루스는 이렇게 말한다.

"결국 그건 한마디로 일을 안 하기 때문이라고 설명할 수 있겠네요. 자기 일이 없는 정치인의 아내들은 실제로 여성 모임 행사에 참석할 수도 있고 지역 사회 행사에도 참석할 수 있습니다. 연방 의원이면 초대받는 행사와 참석할 수 있는 행사의 비율이 대략 3 대 1 정도 될 겁니다. 가끔 아내가 대신 참석할 수도 있죠. 아내가 대신 참석하여 힘을 실어주고 존재를 각인시켜주는 것만으로도 대단한 겁니다. 하지만 배우자가 자기 일을 따로 가지고 있으면 할 수가 없습니다. 제 남편이 저 대신 어디 가준 일은 기억에 없네요."

애나 버크는 배우자가 '정치적 자산'이라는 생각은 대개 아내를 대상으로 형성된 개념이라서 대상이 남편으로 바뀌면 살아남지 못한다고 말한다.

"저는 남편을 어디에도 데려가지 않습니다. 저 대신 어디를 보낼 생각은 꿈에도 안 하죠. 남자 정치인들은 가끔 아내를 대동하기도 하지만요. 하지만 이건 제 일이지 남편 일이 아니잖아요. 배우자에게 정치는 힘들고 상처가 되는 일입니다. 중국 음식점에 가서 기름기 많은 음식을 먹으면서 알지도 못하는 사람들과 어울리는 동안 배우자가 당신은 나 몰라라 하는 경험을 정말로 하고 싶으신가요? 베이비시터에게 나가는 돈은 덤이죠. 정치인이 되면 저녁 시간에 다가와서는 '남편분은 어디 계신가요? 사교 모임에 남편분도 데려오실 줄 알았는데요'라고 묻는 사람들이 생깁니다. 그러면 전 이런 생각을 하죠. 당신한테야 사교 모임이겠죠, 저한테는 일입니다."

모든 것을
다 가질 수는 없다

사실 남성 파트너에게 대리 역할을 위임한 역사는 짧고 끝도 그다지 좋지 못했다. 총리 공관의 여벌 열쇠를 지급받은 유일한 남자, 팀 매시슨은 2008년 남성 건강 홍보 대사에 임명되었는데, 당시 그는 총리도 아닌 부총리의 퍼스트맨에 지나지 않았다. 홍보 대사 발표가 나자 '정실 인사'라며 못마땅한 반응이 쏟아졌다. 홍보 대사 일로 매시슨이 직접 차를 몰고 (무보수로) 소도시를 다니며 남자들에게 전립선 검사를 받으라고 설득하는 일이었는데도 말이다.

하지만 테레즈 레인은 국립초상화미술관부터 원주민 문맹퇴치 프로젝트까지 별별 홍보 대사로 오만 가지 일을 맡고 있는데도, 매시슨한테 쏟아진 것 같은 비난을 단 한 번도 받은 적이 없었다. 그녀의 전임자들도 다양한 활동을 펼쳤지만 마찬가지였다.

이상하게도 대중은 정치인의 남성 배우자들이 쓸모 있는 면모를 보이는 것을 바라지 않는다. 정치인의 남성 배우자들이 실제로 쓸모 있는 사람이 되려고 시도하면 놀라움과 함께 의혹의 시선을 보낸다.

우리는 매시슨의 전문 기술에 대해 이러쿵저러쿵해서는 안 된다. 전직 미용사였던 그는 어느 날 잊지 못할 일을 겪었다. 한 라디오 방송 진행자가 대담하게도 줄리아 길라드에게 그녀의 남자 친구가 게이가 아닌지 물어본 것이다. 다른 데서도 그의 직업은 자주 농담거리였다. 물론 (내 추측이지만) 조찬 모임에 참석하거나 아침 방송에 출연한 경험이 있는 직장 여성, 미용사 남자 친구는 보기만 해도 배부를 것 같다고 여기는 여성들은 그런 농담을 안 했겠지만 말이다.

제대로 돌아가는 민주국가라면 의회는 국민의 뜻을 반영해야 한다. 연방 의회에서 여성 의원의 수를 보면 인구의 절반 이상이 여성인 현실을 반영하지 못하고 있는 것을 알 수 있다. 대신 우리 의회 문화에서는 남성과 여성에 대한 기존의 문화적 기대치를 아주 정확하게 반영하고 있다. 남성에게는 '열심히 일해야 하며 가족과 떨어져 있어도 동정 같은 것은 기대해서는 안 된다'고 한다. 그리고 여성에게는 '일을 해도 좋다. 다만 조건이 따라붙을 것이며 그러한 조건을 떼어내기는 죽을 만큼 힘들 것이다. 아이들 곁에 있어주지 못하는 어머니는 정계에서뿐만 아니라 그 어디에서도 같은 상황에 처한 아버지보다 훨씬 모질다고 평가받을 것이다'라고 한다.

이디스 코완이 1921년 여성으로서는 최초로 연방 의원이 되었을 때, 〈에이지〉는 사설에 경고의 뜻을 내비쳤다.

"전원 혹은 대다수가 여성으로 구성된 의회를 열렬히 반길 수만은 없다. 공직이 여성의 야망의 장이 되고 국회의원에 입후보하는 것이 유행한다면, 전국 각지에서 정치적 야망에 희생되고 방치된 암울한 가정이 속출할 것이다."[19]

거의 한 세기가 지났지만 그런 태도는 여전히 상당 부분 남아 있다. '방치된 암울한 가정'을 만들어냈다는 죄책감은 여전히 여성 의원들의 어깨를 무겁게 짓누르고 있다. 부모 중 한쪽을 정치에 빼앗기는 것이 어떤 아이에게는 무거운 형벌일 수 있겠지만 말이다. 퀸즐랜드 모레턴 지역구의 노동당 하원 의원인 그레이엄 페럿은 이렇게 말했다.

"모든 정치인은 이기적인 부모입니다. 정계에서 출세하려면 그럴 수밖에 없습니다. 배우자와 아이들이 고통을 받아야 하는데, 이는 곧 배우자가 동의해야 한다는 의미입니다."

그러나 여기에 동의하는 여성 배우자 수가 남성 배우자보다 압도적으로 많을 때, 오스트레일리아의 대의민주주의에 미치는 결과는 명백하다. 남성 정치인들은 아내를 얻고 여성 정치인들은 대개 아내를 얻지 못하는 것이다. 이 때문에 정치가의 길을 가려는 여성들은 자연스럽게 망설이게 되고 그 현상은 더욱 심화될 수밖에 없다.

2012년 〈키친 캐비닛〉에서 녹색당 당수 크리스틴 밀른을 인터뷰했는데, 당시 그녀는 사회적 변화를 도모할 최고의 기회를 쥐고 정치 생활에 대한 의욕으로 가득 차 있었다. 다만 자신의 정치 활동이 두 아들에게 미칠 영향에 대해서 이야기할 때는 주저하는 태도를 보였다.

밀른은 그때 이런 말을 했다.

"두 아이의 일생에서 중요한 순간들을 많이 놓쳤습니다. 한 녀석은 크리스마스 때 아동극에서 크리스토퍼 로빈* 역을 맡았는데 개회 기간이라 참석하지 못했습니다. 지금은 상원에서 찬부상쇄투표**가 비교적 쉬워졌지만, 그때는 태즈메이니아 의회에 인원이 빠듯해서 그런 게 없었거든요. 애들 연극 때문에 찬부상쇄투표를 할 수는 없으니까 결국 아이들 연극에 계속 빠지게 됐죠. 여성 해방 운동에 그런 단계가 있었잖아요……. 모든 것을 다 가질 수 있을 거라고 생각하는 단계 말입니다. 하고 싶은 일은 무엇이든 할 수 있다고 생각하죠. 대학에도 갈 수 있고, 하고 싶은 일을 할 뿐만 아니라 잘해낼 수 있으며, 엄마 노릇도 잘할 수 있다고 생각하죠. 또한 지역 사회에서 하고 싶은 일을 할 수도 있고 자원봉사도 할 수 있다고. 하지만 현실은 그렇지가 않죠."

밀른은 정치가의 길을 고민하는 여성에게 직설적으로 말한다.

"피하라고는 하지 않겠습니다. 대신 두 눈 똑바로 뜨고 들어오

---

* A. A. 밀른의 동화 『곰돌이 푸』에 등장하는 남자아이로, 작가의 아들 크리스토퍼 로빈 밀른을 모델로 만들었다고 한다.
** 현재 심의 중인 어떤 의안을 표결하는데 A 의원이 참석하지 못할 때, 사전에 반대 의견을 가진 의원 중 참석하지 못하는 B 의원과 찬부상쇄투표를 하여 그들의 찬부 의견을 기록한 뒤 둘이 같이 결석하는 제도이다.

세요. 그리고 자신의 정치 활동을 어떻게 해나갈 것인지 잘 생각해야 합니다. 정치계에서 얼마 동안 몸담을 건지, 어떤 역할을 맡을 건지, 어느 정도의 책임을 맡고 싶은지? 그리고 이 일을 하기에 최적기인지, 교제 중인 사람이나 가족에게 이 일을 제대로 해낼 수 있을 정도의 지지는 받았는지? 이것들이 아주 중요합니다. 이제 여자들도 모든 것을 다 가질 수 없다는 사실을 인지해야 합니다."

'모든 것을 다 가진다.' 여성에게는 일종의 경구처럼 사용되어왔다. 얼마나 많은 의미를 품고 있는 말이던가? '모든 것을 다 가진다'는 말은 탐욕적으로 들린다. 비이성적이고 불가능한 말처럼도 들린다. 그런데 이 말은 남성에게는 결코 사용하지 않는다. 남자들, 특히 정계에 입문한 남자들은 감당하기 어려운 일과 아이까지 가지고 있는 경우가 아주 흔한데도 말이다. 남자들은 모든 것을 다 가지는 게 완벽하게 가능한데, 그 이유는 모든 일을 도맡아하지 않아도 되기 때문이다.

'모든 것을 다 가진다'는 말이 '모든 것을 도맡는다'는 의미라면, 실현 가능성은 제로가 될 것이다. 타냐 플리버섹에게는 아내가 없다. 하지만 타냐에게는 꽤 쓸 만한 복합적 대안이 있다. 바로 남편이다. 그녀의 남편은 여러 가지 일을 곡예하듯 해내고 그녀가 필요로 하는 부분을 도와준다. 나도 마찬가지다. 하지만 이런 게 흔해지지 않는 한, 운이 좋은 편이라는 생각은 사라지지 않을 것이다.

8장

아내가 되기로 결심한 남성들

"집안일을 하는 남자는 패자인가"

석연찮은 일에 대처할 때
사용하는 '가정질문법'

어떤 사안에 대해 '그럴 것이다'라고 가정할 때, 가장 마음 편한
점 가운데 하나는 그것이 전혀 가정처럼 느껴지지 않는다는 것
이다. 대개 사람들은 이런 식의 가정을 자연스럽게 받아들인다.
가령 늦게까지 일하는 아버지, 혹은 그 누구의 눈총도 받지 않고
1년에 18주를 아이들과 떨어져 보내는 남성 정치인들이 그렇다.
또는 파트너가 일하는 기나긴 낮 동안(출장이라도 있으면 심지어 몇
주 동안) 어린아이들을 돌보는 어머니가 그렇다. 직원을 급하게
출장 보내면서 상사는 그런 뜻밖의 사건을 처리해줄 누군가가

집에 있을 거라고 가정한다. 학교나 어린이집에서 아이가 갑자기 아프면 대부분의 경우 엄마에게 먼저 연락한다. 이런 것이 가정이고 대개는 합당하다.

그런데 어떻게 해야 가정인지 아닌지 확인할 수 있을까? 이 방법을 써보면 된다. 상황을 뒤바꿔보고 모두 얼마나 머리가 확 도는지 확인하는 것이다.

지금까지 남자와 여자가 대략 일반적이라는 방식으로 행동할 때 어떤 일이 벌어지는지 살펴봤다. 아이가 생기면 어떻게 행동할지에 대한 기대, 인생과 직업에 초래하는 결과 등 말이다. 이제 여흥도 돋우고 이러한 가정이 실제로 존재한다는 사실을 확인해줄 어마어마한 증거도 볼 겸, 사람들이 기대를 저버리는 행동을 할 때 어떤 일이 벌어지는지 살펴보자.

기대에 반하는 방식으로 행동할 때 가장 먼저 벌어지는 일은 질문을 많이 받는 것이다. 이는 상당히 정상적인 인간의 행동이다. 아이들을 한 무더기 공원으로 데려가는데, 그중 한 명이 인도 밖으로 벗어나거나 담장 위를 아슬아슬하게 걷고 있다면 가장 먼저 튀어나올 말이 무엇이겠는가? "지금 뭐하는 거야?", "얼른 이리 와!" 직장에서 누군가가 평소에 안 신던 하이힐을 신고 오거나 정장을 입고 나타날 때, 평상시에는 근처에서 햄버거를 사먹던 사람이 도시락을 싸올 때, 동료들이 가장 먼저 보이는 반응은 보통 질문을 하는 것이다. "오늘 데이트 있나 봐?", "자네 소환장이라도 받은 거야?", "이런! 긴축재정이구나?"

질문은 석연찮은 일에 대처할 때 인간이 써먹는 가장 저렴하고 단도직입적인 기법이다. 일하는 엄마들에게는 빈번히 던지지만 일하는 아빠들에게는 거의, 아니 절대로 묻지 않는 질문들이 있다. 전업으로 아이들을 돌보는 아빠들에게는 매일같이 발사하지만 전업주부 엄마들한테는 절대로 겨누지 않는 질문들도 있다. 질문은 표면상 정보를 달라는 요구이지만 그 반대의 기능을 할 수도 있다. 때때로 질문의 목적이 정보를 이끌어내기보다 정보를 전달하기 위한 것일 때도 있다.

"어떻게 그렇게 해요?"

이 질문은 일하는 엄마들이 반드시 받는 질문으로, 특히 누가 봐도 힘들어 보이는 직업을 가진 엄마는 예외일 수 없다. 대개는 적의를 담고 있지 않다. 질문을 한 당사자는 늦게까지 일하는 엄마들이 대체 어떤 묘기를 부리는지 정말로 궁금해서 물어볼 뿐이다. 본능은 엄마들에게 아이들과 많은 시간을 함께 보내라고 부추긴다. 하지만 이 엄마들은 딱 봐도 일하는 데 많은 시간을 보낼 것이고, 이 때문에 사고의 흐름에 혼란이 생기는 것이다. 그래서 질문의 당사자는 그러한 혼란을 풀어달라고 부탁하는 것이다.

이따금 '초심리학'이나 '제다이*식 마인드 컨트롤'이라고 답하고 싶은 유혹이 들 때도 있지만, 대답은 꽤나 단순하다. 아빠가 다른 남자들보다 집안일을 더 많이 하고 있다거나 조부모나 베이비시터, 어린이집 등 제3자의 도움을 받는다는 것이다. 일하는 아빠들에게 어떻게 "그렇게 하냐"고 묻는 사람은 없다. 왜냐하면 아빠들이 어떻게 하는지는 이미 대충 감을 잡고 있고, 대개는 그런 감이 딱 들어맞기 때문이다.

"어떻게 그럴 수가 있어요?"

이 질문은 첫 번째 질문의 변형인데 앞의 질문보다 감정이 살짝 더 실린 질문이다.

시드니의 출판인인 제인 모로는 셋째를 임신한 지 32주째에 중요한 직책으로 승진했는데 그 일을 하려면 출산 휴가가 끝나자마자 복직을 해야 했다. 그녀가 진심으로 원하던 일이었기에 에너지 기업의 인사 담당자인 남편 네이선과 그 문제에 대해 의논했다. 네이선이 육아휴직을 3개월 하기로 결정했다. 그런데 육아휴직 바로 전날, 회사는 네이선에게 복직하면 정리해고될 거라고 했다. 그래서 제인은 복직과 동시에 혼자서 가정 생계도 책임지게 되었다. 제인은 그때를 이렇게 회상했다.

"복직을 앞두고 저희는 어느 정도 정신을 차리고 생활 규모를 줄였습니다. 오드리가 4, 5개월 됐을 때쯤인데 유축기랑 각종 아기용품을 빌려서 썼죠. 그것들을 빌려준 여자분이 저한테 이런 말을 하더군요. '이렇게까지 하다니 자기 정말 대단하다. 난 성격상 애를 두고는 못 나가겠어.'"

이 말은 앞에서 언급한 질문을 살짝 꼰 버전이다. 여기서는 정보를 얻기보다는 메시지를 전달하려는 게 목적이다. '넌 대단해!' 라는 술을 한 잔 먹인 다음에, 곧바로 '난 반대'라는 독주를 밥 호크**가 원샷한 만큼 먹인 것과 같다. 이 질문은 질문 대상이 자연계의 질서를 벗어났다는 것을 상기시킨다. 속뜻은 이렇다.

"나라면 기본 도리상 못할 일을 너는 잘하네. 정말 대단하다."

제인은 그 말에 너무 놀라 정신이 아득해졌다고 한다.

"참 나, 애들은 애 아빠한테 맡기고 나가거든요. 이렇게 말해주고 싶었어요. 제가 애들을 어린이집에 맡긴 것도 아니잖아요. 그리고 어린이집에 맡긴다고 해도 문제 될 거 없잖아요. 애들 아빠가 돌봐줄 거였다고요."

"애는 어디 있어요?"

이 질문은 어머니들이 매일 보는 동료들에게 듣는 질문이다. 최근 아이를 한 명 더 낳았다는 사실을 사람들이 알게 될 때, 또는 한동안 얼굴을 못 본 업무 관련 지인에게 들을 수도 있다. 우리는 암묵적으로 아이들은 엄마의 보살핌을 받을 거라고 가정한다. 그래서 엄마가 아이들과 함께 있지 않는 시각적 증거를 만나면 어린아이처럼 어리둥절해하며 즉각적으로 질문을 해댄다.

---

* 영화 〈스타워즈〉에 나오는 가상의 조직으로 은하계의 평화를 지키는 것이 목적이다.
** 오스트레일리아의 23대 총리로 1.42리터 맥주 빨리 마시기 기록 보유자였을 만큼 소문난 주당이다.

이 질문에 답하는 재미있는 방식은 눈을 휘둥그레 뜨고 양손을 재빨리 얼굴로 가져간 다음, "어떡해!"라고 소리를 지르면서 그 자리에서 뛰쳐나가는 것이다. 진지하게 답변하기에는 선택지가 많지 않다. 아이가 엄마랑 있지 않고, 이베이 사이트에 경매로 올려놓지도 않았으며, 기차에 두고 내린 것도 아니라면, 당연히 아이 아버지나 제3의 누군가와 함께 있을 거라는 답이 나온다. 그런데 그 아이가 아버지와 함께 있다고 하면 더 많은 질문이 따라온다.

당연한 일을 왜 행운이라고 여기는 걸까?

피오나 석튼은 케빈 러드의 선거 운동 영상에서 러드의 뒤를 따라 걷는 모습이 백만 번은 나온 긴 금발 머리 여성이다. 그녀는 러드 밑에서 일하면서 아이를 낳았는데 러드 진영에서는 보기 드문 사례이다. 5년 동안 아이 셋을 서른도 되기 전에 모두 낳았다. 피오나는 적어도 러드가 볼 때는 전형적인 러드 쪽 사람이었다. 2013년 6월 러드가 총리직에 복귀했을 때, 피오나에게는 네 살, 두 살, 6개월 된 아기가 있었지만 러드의 선거 운동 요청을 수락했다. 아이들을 두고 수개월 동안 사라지는 일은 선거 운동원에게는 아주 익숙한 일이다. 하지만 정치인과 똑같은 희생을 치르면서도 정치인들이 받는 보수, 명성, 세련된 아부는 받지 못한다. 게다가 일반적으로 선거 운동은 남자가 한다고 여긴다. 그래서 피오나는 아이들을 두고 선거 운동을 하면서 수많은 질문을 받아야 했다.

피오나의 말을 들어보자.

"말 그대로 넉 달 동안 집을 떠나 있었습니다. 비난받을 각오는 이미 했죠. 심지어 노동당 내부에서조차 비난을 했으니까요. 끊임없이, 매일매일, 이런 말을 듣곤 했습니다. '애들은 어떻게 했어요? 그 일들을 다 어떻게 하는 거예요? 괜찮아요? 미쳤어요?'"

사실 아이들이 언제 어디에 있는지 피오나가 늘 알고 있지는 않았다. 다만 능력 있는 남편이 유모의 도움을 받아 돌보고 있다는 사실은 알고 있었다. 애들은 괜찮았다. 하지만 많은 사람들이 안 괜찮다고 여겼다.

"운이 좋은 편이네요?"

이 말은 '아내'가 있는 엄마들이 받는 질문이다. 애들을 돌보기 위해 배우자가 집에 있거나 근무시간을 줄인 경우에 해당한다. 전업주부 배우자를 둔 일하는 아버지는 지극히 평범하다고 여긴다. 반면 전업주부 배우자를 둔 일하는 어머니는 운이 좋은 사람이다. 이런 질문을 받고 나면 여성은 그 어떤 질문을 받았을 때보다도 더 크게 여러 가지 감정이 혼란스럽게 뒤엉키면서 충돌한다. 대개 그런 여성은 자신이 정말로 운이 좋다고 느낀다. 하지만 부아가 살짝 치밀어 오르기도 한다.

피오나가 어린아이 셋을 내버려두고 총리와 전국을 돈다고 괴물 비슷한 취급을 받는 동안 (일하면서 보모의 도움을 받은) 그녀의 남편은 영웅 같은 존재가 되었다.

피오나가 직설적인 말들로 말문을 열었다.

"그이는 저보다 훨씬 도움을 많이 받았어요. 그런데도 사람들은 그이만 불쌍하게 여겼죠. 그이한테는 '도와드릴까요?'라고 하고, 저한테는 '세상에. 정말 운이 좋네요'라고 말했죠. 어린이집 선생님들조차 '남편분께서 이런 일까지 해주시고 어머님은 정말 운이 좋으시네요!'라고 말했어요. 음……, 그이 애들이기도 하잖아요. 당연히 그이도 애들을 돌봐야죠. 그이는 무슨 여신이 아닌 남신이라도 된 것 같았다니까요. 물론 남편이 잘 도와줘서 저도 고맙기는 했지만……, 아휴."

주위를 한번 둘러봐라. 아이들 아버지가 일을 하는 동안에, 또는 출장을 간 동안에 매일같이 아이 두어 명을 혼자 데리고 다니는 어머니를 당신은 몇 명이나 알고 있는가? 그런 어머니는 너무 흔해서 눈에 띄지도 않는다. 게다가 아버지가 어디 있는지 알아내서는 그에게 운 좋은 사람이라고 말해주는 이도 없다. 그런 식의 업무 분담은 행운이 아니다. 그저 평범하고 당연한 것이다.

놀랍지 않은가? 바깥일을 하기보다 집에 남아 아이들을 돌보는 남자들은 굉장히 이상한 시선을 받는다. 그런 남자들은 찬바람 이는 소외를 당하거나 입김 뜨거운 과찬을 경험하며, 그 중간은 거의 없는 양극단의 지대에서 살아간다.

제인 모로는 자신의 남편을 두고 이런 말을 했다.

"매일같이 그이가 휴 그랜트같이 매력 넘치는 덤벙꾼이라도 된다는 듯이 사람들은 '놀랍지 않냐?', '저렇게 애들을 전부 살뜰히 챙기는 게 신기하지 않냐?'고 말합니다. 정작 그이는 무시당한다고 생각하죠. 그럼 전 '암요, 놀랍고말고요. 하지만 똑같은 곡예를 하고 있는 세상 모든 엄마보다 놀랍겠어요!'라고 소리치고 싶다니까요. 전 6년이나 그 일을 했는데 아무도 저한테 놀랍다는 말을 안 해줬죠."

뒷마당 바비큐 모임에서 피할 수 없는 궁극의 질문을 받게 될 때 '집에서 애보는 아빠'라고 답하는 남자는 두 가지의 광범위한 반응을 접하게 된다. 첫째, 다른 남자들로부터 미심쩍은 눈초리 또는 심한 경우 경멸까지 당할 수 있다. 둘째, 그 자리에 참석한 여자들로부터 죽을 때까지 키스를 당할 위험천만한 상황에 처할 수 있다.

집안일을 하는 남자는
패자인가, 승자인가?

『아버지의 시간』은 가족과 자녀를 최우선으로 삼으려는 능동적 결정을 담은 책이다. 이 책의 저자 대니얼 페트르는 책에 대해 남자들과 여자들이 판이하게 다른 반응을 보인다고 말했다. 책이 출간되자 여성들에게 수백 통의 편지를 받았는데 대부분이 과로에 지친 배우자와 소통하지 못해 안타까워했다고 한다. 그리고 학교와 그 밖의 다른 곳에서 만난 엄마들은 그에게 열광했다.

"'정말 훌륭한 아빠'라는 말을 매번 들었습니다. 그러면 이런 생각이 들곤 했어요. 음, 저 사람들이 그걸 어떻게 안다는 거지? 그래서 이렇게 대꾸했죠. '두고 봐야죠. 애들이 스무 살이 되면 제가 어느 부분에서 개판을 친 건지 알 수 있겠죠.'"

그러나 다른 아버지들에게 페트르는 고생을 사서 하는 사람이었다.

"남자들한테는 왕따를 당했죠. 왜냐하면 자신의 아내가 자기보다 저를 더 나은 아버지라고 생각하기 때문이죠. 제 책을 읽은 남자들은 저한테 이런 말을 하곤 합니다. '당신 왕재수야. 당신 때문에 스트레스만 늘었다고.'"

영웅심 제로 콤플렉스는 남자들을 꼼짝 못하게 옭아맨다. 왜냐하면 우리는 아직 집안일을 하는 남자가 우리 사회 속에서 어디

쯤에 위치하고 있는지 확신이 없기 때문이다. 지금까지 몇십 년 동안 여성을 위해 많은 변화가 있었지만 남자는 잘 모르겠다. 그럼 집안일을 하는 남자는 패자인가, 승자인가? 누구한테 묻느냐에 따라 답이 달라질 것이다. 하지만 그것이 일상생활에 미치는 영향은 치명적이다. 아찔한 양극단 사이에 갇힌 아버지는 자신이 실제로 얼마나 잘하고 있는지 올바르게 파악할 수가 없다. 이때 입 밖에 내지는 않지만 이 아버지들을 실패자로 여기는 이들도 있고, 아이에게 잊지 않고 양말을 신길 줄 안다는 이유만으로 광적으로 칭송하는 이들도 있다.

미국의 코미디언 루이스 C. K.는 자기 아이를 돌보며 전업주부 아빠로 살 때 사람들이 원래 하던 일을 잠깐 쉬는 것으로만 받아들여서 화가 났다고 한다. 그는 나중에 전업주부 아빠의 경험을 담은 텔레비전 쇼를 만들기도 했다.

애들을 데리고 저녁이나 점심을 먹으러 나가면 사람들이 우리를 보고 미소를 지어. 얼마 전에는 어떤 여자 종업원이 우리 애들한테 "모처럼 아빠랑 점심 먹으니까 신나지?"라고 묻더라고. 나는 모욕을 당한 기분이었어. 왜냐하면 나는 애들을 데리고 나와서 빌어먹을 점심을 먹인 다음, 다시 집으로 데려가서 또 밥을 먹이고 숙제도 같이하고 재워도 줄 예정이었기 때문이지. 그런데 그 여자 종업원은 "와우, 아빠랑 특별 데이트를 하는구나!"라는 거야. 젠장, 아니라고. 이건 그냥 다른 일과 다를 바 없이 아빠랑 보내는 심심해죽을 거 같은 시간일 뿐이라고.

내가 애들을 위해 가끔씩 뭔가를 하면 메달을 받는데, 그건 아빠들 대부분이 안 그러기 때문이야. 엄마가 애들을 위해 어마어마하게 애를 쓰고 놀라운 일을 하면 아무도 신경을 안 써. 왜냐하면 엄마니까, 그게 원래 엄마가 해야 할 일이니까. 그건 마치 버스 기사한테 직진했다고 메달을 주는 거나 마찬가지야. 아무도 관심이 없지. 정말 불공평하지만 현실이 그래.[1]

엄마와 아이의 특별한 공간을 침범하지 마라

"여기서 뭐 해요?"

이 질문은 아버지들이 늘 받는 질문이다. 가끔은 정말 묻는 말이 아닐 때도 있다. 또 가끔은 상황상 아무도 입 밖에 내지는 않지만 쉽사리 사그라지지 않는 질문일 때도 있다. 어떤 모임이 '엄마들 모임'이라 불리면 자연히 아버지들은 낄 수 없게 된다. 혹시라도 남자가 나타나면 "여기서 뭐 하세요?"라는 말을 전광판 메시지로 만들어서 내보내는 게 차라리 나을 것이다.

때로 이 질문은 그보다 훨씬 직설적으로 쓰일 때가 있다.

데이미언 워커는 아내, 딸과 함께 론서스턴에 사는 전업주부 아빠이다. 전에는 유료 텔레비전 방송사의 전국 운영 부장이었는데 24시간 신경을 곤두세운 채 살아야 하는 직업이었다. 저녁 7시에 집에 와서 저녁을 먹었고 운이 좋으면 아이도 볼 수 있었다. 그리고 저녁 8시경에 소파에 앉아서 다시 노트북을 켜고 일을 계속했다. 어느 날 문득 자신이 딸아이가 커가는 모습을 제대로 못 보고 있다는 사실을 깨달았다.

"딸아이가 태어나기 전에 사람들은 저한테 '두고 보면 알 거야. 지금 자네한테 중요한 일들이 더는 중요하지 않게 된다니까. 모든 게 달라지지'라고 했죠. 하지만 제가 깨달은 것은 지금 제게 중요한 일이 여전히 중요하다는 거였어요. 단지 지금 그것보다 좀 더 중요한 게 생겼다는 것뿐이었죠. 어느 날 집에 와서 보니까 딸아이가 다 자라 있더라고요. 언제쯤이면 딸아이랑 많은 시간을 보낼 수 있을까 하고 생각만 할 수는 없었죠. 매일매일 새로운 일이 일어나고 앞으로 다시는 볼 수 없는 것들이었어요. 반드시 지금이어야만 했습니다. 그래서 선택을 했죠."

데이미언은 일을 그만두고 가족과 함께 태즈메이니아로 이사했다. 그의 아내는 시간제 근무를 했다. 딸이 학교에 입학했을 때 데이미언은 난생처음 아이들을 학교에 데려다주는 엄마들 군단에 끼게 되었다.

"어떤 일이 벌어지는지 아실 겁니다. 모든 부모가 아이들을 데리고 우왕좌왕하죠. 애들이 너무 어리니까 반까지 데려다주고 가방이 가방 걸이에 걸려 있는지 확인하고 애들은 이제 옆에 같이 앉을 짝도 생기죠. 매일 아이를 데려다주다가 다른 엄마들한테서 조금 이상한 느낌을 받게 되었습니다. 마치 제가 있어서는 안 될 자리에 있는 것 같더군요. 학년이 시작하고 얼마 안 되었을 때, 담임선생님한테 학교 일에 좀 더 참여하고 싶다고 얘기했죠. 학교에 와서 그림을 그린다든지 그런 활동을 할까 했죠. 담임선생님이 그러더군요. '별로 좋은 생각이 아닌 것 같습니다. 아버님께서도 눈치채셨는지 모르겠지만 다른 어머님들께서 굉장히 불편해하셔서요. 교실은 어머님하고 아이들한테 특별한 장소입니다. 아버님께서 너무 자주 안 오시면 아마 더 특별한 장소가 될 거 같네요.'"

물론 이게 일반적인 사례는 아니다. 그리고 일반적으로 퍼져 있는 이야기가 아니기를 바란다. 대부분의 학교는 엄마든 아빠든 도와주겠다고 하면 환호성을 지르니까. 그러나 도움을 주는 부모가 어느 쪽이어야 하는지에 대한 생각은 놀라울 정도로 변화에 완강히 저항하고 있다. 그래서 교실을 '어머니와 아이들에게 특별한 장소'로 여기는 생각이 하루가 다르게 점점 강해지고 있다. 우리 딸아이의 교실에는 책 읽기 지도를 위한 학부모 명단이 있다. 총 열다섯 명의 이름이 올라 있는데 제레미의 이름만 빼면 모두 엄마들의 이름이다(제레미는 놀라운 남자이기 때문에 아무튼 자기 이름을 올렸다). 아빠들을 책 읽기 지도에 못 오게 해서 그런 게 아니다. 오히려 그 반대다. 하지만 아빠들이 오리라 기대하지 않기 때문에 아빠들은 오지 않더라도 아무도 한심하게 생각하지 않는다. 책 읽기 지도 학부모 명단(여성 호르몬이 철철 넘치는)은 그 자리에 나타나는 모든 남성에게 "여기서 뭐 하세요?"라고 무언의 질문을 던진다.

전업주부 아빠, 누적된 차별과 시선 폭력

"여기 자주 오세요?"

데이미언 워커는 '매번 당했다'고 한다.

"젊었을 때는 강아지를 데리고 산책하는 것을 좋아했죠. 저먼 셰퍼드 새끼였는데 여자들이 늘 다가왔거든요. 그런데 참 나, 유모차를 끌고 돌아다니면요? 남자가 육아를 위해 잠깐 일을 쉬는 걸 섹시하다고 생각하는 여자들이 얼마나 많은지 몰라요."

엄마로서 처리해야 할 그 모든 일 중에 골치 아픈 데이트 에티켓은 대개 포함되어 있지 않다. 그런데 여성 위주의 학교 정문 커뮤니티에 아빠들이 나타나면 그 구역의 유일한 청일점이 되어 때때로 난처한 상황에 처하기도 한다. '애들을 잘 보는' 페로몬을 그 구역에 강력하게 발산하는 남자가 되는 것이다.

물론 그게 늘 섹시한 것만은 아니다.

연금 분야의 사업 개발 매니저인 톰 슬리는 이렇게 말한다.

"유모차에 잠자고 있는 꼬맹이를 태우고 있으면 사람들이 보내는 특유의 표정 아실 겁니다. 어떤 부인은 눈이 마주치면 고개를 한쪽으로 기울이면서 엷은 미소를 짓고 '어머!'라고 짧게 말할 겁니다. 열여섯 살부터 아흔여섯 살 먹은 할머니까지 모든 여자들한테 매번 그런 시선을 받았습니다. 처음에는 묘하게 기분이 좋더니 나중에는 '아휴, 그만 좀 하지' 하는 생각이 들더군요."

여성들의 이런 벅찬 애정에는 좋은 면도 있지만 안 좋은 면도 있다. 톰은 좋은 점이라면 '상점에서 누구를 죽여도 무사히 빠져나갈 수 있을 것'이라고 했다. 그리고 안 좋은 점에 대해서는 이렇게 말했다.

"동네 놀이터에 가면 날마다 그 얼굴이 그 얼굴인데, 대개는 엄마들이고 공휴일에나 아빠들이 보이고는 했습니다. 엄마들이 다가와서 평소처럼 '안녕하세요' 하고 인사를 하면 아빠들의 얼굴에 경계하는 표정과 함께 '이 자식은 누구야?' 하고 묻는 듯한 표정이 떠오릅니다."

'안 좋다'는 말에는 가벼운 창피함부터 죽을 만큼 민망한 일까지 다 들어간다. 애들레이드에서 교사이자 화가로 일하는 내 친구 그렉 커즌스는 딸 루비가 어릴 때 직접 돌봤는데, 이런저런 놀이터나 도서관 책 읽기 모임 등에서 거의 유일한 아빠였다. 한번은 엄마들 중 한 명과 안면이 생겨 대화를 나눴고, 두 사람은 아이들 옷과 아이들의 성장 단계, 육아 등에 대한 얘기보다는 미술이나 건축에 대해 얘기했다. 얼마 후 여자네 집에서 점심을 먹기로 했는데, 이는 아이들을 통해 만난 부모들이 밥 먹듯 하는 정말 평범한 일이었다.

그런데 막상 그렉과 루비가 점심을 먹으러 그 집에 가니 뭔가 기분이 이상했다. 그렉 말에 따르면 여자가 문을 열어주는데 정말, 아주 정말 당황하고 어색한 표정을 짓더라는 것이다.

"왜 그러는지 영문을 몰라 하고 있는데, 그 여자가 난데없이 점심 약속을 오해하지 말아주었으면 좋겠다는 둥, 정말 점심만 먹자는 거지 다른 뜻은 전혀 없다는 둥 그런 말을 하더라. 참 나, 우리 애도 있고, 그 여자 애들도 둘이나 있고……. 또 껑충껑충 뛰어다니는 집채만 한 개도 두 마리나 있는데, 설사 우리 두 사람이 침대에 뛰어들기로 작정했다고 해도 그게 가능했겠냐고? 뭐, 점심은 맛있었지. 진짜야. 근데 웃긴 게 그 여자가 마치 무슨 선을 긋듯이 굴더라니까."

"괜찮아요? 혹시 언제쯤 복직할 계획이세요?"

이것은 전업주부 아빠들이 주변에 있으면 어색해하면서 사람들이 마음속으로 생각하는 또 다른 무언의 질문이다. 이 질문을 다른 식으로 표현하면 이렇다.

"어떻게 된 거예요? 취직이 안 돼요? 직장에 오래 못 붙어 있어요?"

집에서 글을 쓰는 작가 존 버밍엄이 전업주부 아빠들에 대한 추측을 죽 늘어놓았다.

"그런 남자는 얼치기라고 생각합니다. 좀 부족한 남자로 여기는 거죠. 직장에서 잘리고 다시 취직을 못한 남자라는 겁니다. 능력이 없으니 훨씬 안일한 선택을 했다고 생각하죠. 집안 사정 때문에 집에 갇히기 전부터 저는 집에서 오랫동안 일을 했습니다. 그리고 부끄럽지만 그게 참 다행이라고 생각했죠. 왜냐하면 제가 집에서 책이나 논문들을 가지고 매일매일 작업하지 않았다면, 저 또한 똑같은 비난에 노출된 기분일 테니까요."

집에 있는 남자들에게 뭔가 문제가 있다는 생각은 사람들이 무심코 저지르는 무의식적 차별일 뿐이다. 그러한 생각은 사람들의 뇌리에 아주 깊이 각인되어 있는데 전문 병리학에 집어넣을 수 있을 정도이다. 1990년 미국의 각종 치료사들을 대상으로 한 연구에서도 이 사실이 드러났다.[2] 이 연구에서 두 그룹으로 나뉜 치료사들은 한 남자가 가상의 비디오 상담을 받는 장면을 보았다. 남자는 각 버전에서 똑같은 문제가 있는 똑같은 사람을 연기했는데 첫 번째 그룹에는 아내가 집에서 아이들을 돌보는 엔지니어로 소개했다. 두 번째 그룹에는 아내가 엔지니어이고 남자가 집에서 아이를 돌보는 것으로 소개했다. 첫 번째 그룹의 치료사

아내 가뭄

들은 남자가 가정 내 역할을 협의할 때 스트레스나 어려움 같은 것은 없었는지 아무런 질문도 하지 않았다. 반면 두 번째 그룹에서는 거의 모든 치료사들이 남자의 가정 내 역할뿐만 아니라 더욱 깊은 문제까지 질문했다. 이를테면 "어린 시절에 당신은 남자란 무엇이라고 생각했습니까?" 같은 질문을 했다.

양쪽 비디오에서 남자는 자신의 일, 아내, 가정에 만족한다고 했다. 그런데도 두 번째 그룹은 남자를 심각한 우울증이라 평가했고 이렇게 권고했다.

"가정 내 역할을 재조정해야 할 것 같습니다."

고정관념에서 벗어나라

오스트레일리아의 강력한 남성 생계부양자 문화가 지닌 힘은 거세고 사납기까지 하다. 여성이 한 가정의 주요한 생계부양자 노릇을 하거나 아버지가 집에서 아이들을 보는 게 불가능하지도, 불법이지도 않다. 또한 아무 쓸모가 없는 것도 아니다. 다만 사회에 퍼져 있는 정형화된 형태의 중력이 너무 센 것뿐이다.

물론 상황은 변하기 마련이다. 50년 전 가정 내 역할 협의의 표준은 남자 쪽이 혼자 생계부양자가 되는 경우였다. 그러한 협의의 일부는 현재 분명히 와해되었다. 오늘날 엄마들은 분야를 불문하고 예전보다 높은 취업률을 보이기 때문이다. 1983년 맞벌이 부부가 40퍼센트였다. 2013년 그 비율은 거의 60퍼센트까지 상승했다.[3]

그러나 여성이 직업을 가지는 것은 하나의 단계일 뿐이다. 전일제로 근무하는 것이 또 하나 올라서야 할 단계이다. 엄마들 중 전일제 근무를 하는 비율은 겨우 22퍼센트이다. 남편보다 고소득을 올리는 것 또한 또 다른 단계로, 그런 엄마들은 14퍼센트밖에 되지 않는다.[4] 여성이 가정의 생계를 단독으로 책임지는 것은 모든 단계 중 최고 난이도의 단계이다. 그리고 그 단계에 있는 여성은 겨우 3퍼센트밖에 되지 않는다.[5]

왜일까? 그것은 우리가 제아무리 현대화되고 또 그렇다고 생각해도, '평균적인' 가정에서 누가 어떤 일을 담당할지에 대해 여전히 고정된 생각을 가지고 있기 때문이다. 물론 반박은 할 수 있다.

바로 그 때문에 어머니가 밖에 나가 돈을 벌고 아버지가 돈을 벌지 않으면 이런저런 질문을 받는 것이다. 이 모든 게 다 어느 순간 웃음을 터뜨렸다가 각자 원래 하던 일로 돌아가는 대규모 몰래카메라는 아니라는 생각에 괴로워할 이들이 얼마간 생길 것이다. "그런데 애들은 어디 있어요?"나 "언제 복직 예정이세요?" 같은 질문들이 정상으로 돌아오라는 얄팍하고 애잔한 간청이 아니라면 무엇이겠는가?

아내 가뭄

출판인이자 가족의 생계부양자인 제인 모로는 오스트레일리아 제일의 국제도시인 시드니의 서부 지역에 살고 있다. 그곳은 유기농 작물을 대규모로 재배하는 지역으로, 일하는 아내가 남편보다 돈을 많이 번다는 사실이 그다지 놀랄 만한 일이 아닐 것만 같다. 그러나 제인의 가정 내 역할 협의에 대한 질문들, 지적들, 반응들은 다르게 나타난다. 제인의 말을 들어보자.

"그런 질문과 지적, 반응은 결국 우리가 굉장히 반문화적인 일을 하고 있다는 느낌을 심어줍니다. 그리고 요즘 같은 시대에도 역할 전환이 극히 드물다는 사실을 날마다 경험합니다."

제인은 정말 혼란스러웠다. 심지어 부모조차 처음에는 남편이 일을 그만두는 것을 탐탁지 않아 했다. 그들은 모두 페미니스트였고, 자라는 내내 여자라고 못할 일은 없다고 가르쳤던 사람들이다. 그들은 과거에 제인이 두 번이나 직장을 그만뒀을 때는 전혀 반대하지 않았던 것이다.

'역할 전환'이란 바로 이러한 역할 협의를 부르는 말이다. 왜 전환이냐면 표준 모델로 여겨오던 것을 가차 없이 역전시켜 버리기 때문이다. 남자가 집에서 일한다고 놀림을 받을 때, 그와 관련된 농담은 예외 없이 그런 역전에 대한 것이다. 예를 들어 "앞치마를 걸쳐야지!", "청소기는 챙겼나?"라든가, 심지어는 '전업주부 남편'이나 '미스터 맘' 같은 꼬리표조차 원래 여성 용어였던 것을 가볍게 바꿔놓은 것이다. 일하는 엄마는 '워킹맘'이다. 일하는 아빠는 그냥 보통 남자일 뿐이다.

역할 바꾸기의
복잡한 문제들

'자리 맞바꾸기'는 여러 가지 이유 때문에 복잡해질 수 있다. 첫 번째 이유는 끊임없이 질문을 해대거나 자외선 차단제를 잊지 않았다고 국민훈장을 주는 사람들이 주변에 늘 있기 때문이다. 그런 상황에서 정상이라고 느끼기는 힘들다. '정상적인' 엄마들과 아빠들은 질문을 받지 않기 때문이다.

두 번째 이유는 남자와 여자가 전혀 다른 경로를 거쳐 생계부양자 혹은 주부가 되기 때문이다. 인구 조사 정보를 뒤져서 인구조사서의 직업을 묻는 항목에 '무직'이라고 표시한 사람들을 찾으면 그 사람들이 바로 전업주부 부모들이다. 그 사람들은 구직중이 아니기 때문에 실직 상태이다. 그들의 일터는 가정이며 그 사람들 역시 무지 바쁘다. 하지만 전업주부 여성과 전업주부 남성 사이에는 중대한 차이가 있다. '무직' 여성의 약 80퍼센트는 원해서, 또는 집안에 일이 생겨서 집에 있다고 답한다. 그러나 일터를 떠난 이유로 그런 이유를 대는 남성은 약 20퍼센트밖에 안된다. 그런 남성들은 제대로 된 직업을 구할 수가 없어서, 혹은

아내 가뭄

건강상의 이유로 집에 있다고 말할 확률이 훨씬 높다.[6]

이것이 바로 "괜찮아요?"라는 질문의 출발점이다. 전업주부 아빠에 대한 가장 강력한 고정관념, 다시 말해 실직 때문에 집에 있게 됐다는 관념의 기원이기도 하다. 사실 정리해고든 질병이든 갑작스러운 환경의 변화든 일종의 외부 충격 때문에 전업주부 생활을 시작하는 아빠들이 많기는 하다. 반면 여성들은 자녀를 돌보기 위해 휴직을 하는데 그것이 여성에 대한 사회의 기대이기 때문이다. 여성에게는 별도의 계기가 필요 없다. 출산은 여성들에게 일어나는 일이다. 일반적으로 남성에게는 출산 이외의 다른 요인이 필요하다.

대니얼 페트르의 '계기'는 그의 누이가 자동차 사고로 죽었을 때 찾아왔다. 혈육을 잃은 충격과 인생이 짧고 덧없다는 깨달음은 그의 인생관에 중대한 변화를 일으켰고 가족과 보내는 시간을 잃지 않겠다는 결심을 하게 했다.

"슬프게도 인생이 덧없고 앞으로 남은 시간이 그리 많지 않다는 묵직한 깨달음을 얻었습니다. 아이들이 신생아일 때부터 아홉 살 때까지 관계를 돈독하게 맺어놓아야 하죠. 그때의 관계가 이후에 거의 굳어지니까요."

하지만 대니얼은 전업주부 아빠들이 스스로를 그런 식으로 분류하지 않는 이유를 이해할 수 있다.

"전 남자들이 그 사실을 인정하는 것을 꺼린다고 생각합니다.

'난 아직 구직 중이야. 아직 안 죽었어. 아직 뛸 수 있다고.' 여러분이 보기에는, 전업주부 아빠들이 사회에서 추방당한 것처럼 보이고 또 그렇게 느낄 겁니다. 전업주부 아빠들은 사회 연결망이 하나도 없어요. 플레이 그룹*에서 시작해야 하는데, 전업주부 아빠들한테는 그게 없죠. 그리고 일하는 남자들은 일하지 않는 남자들에게 손을 내밀지 않습니다."

세 번째 이유는 심지어 남자와 여자가 '자리를 바꿀 때'조차(잠깐이나마 전통적인 가정 내 역할 협의가 표준적 협의라고 가정한다면) 임무 교환이 깔끔하게 딱 떨어지지 않는다는 사실이다. 여성은 가계의 주요 소득원을 담당하게 되어도 집 안의 다른 역할에서 손을 놓지 않는다. 집에서 아이들을 돌보는 남자들은 거의 대부분 우리가 아는 전형적인 주부처럼 행동하지 않는다. 어떤 경우에는 남편과 아내 모두 주변 사람들의 불편한 시선을 피하기 위해서 나름 대처를 하는데, 그게 더 기형적인 형태가 되기도 한다.

앞의 4장에서 예로 든 소득과 반비례하는 여성의 가사 노동 시간이라는 기이한 현상을 기억할 것이다. 아내들이 가계 총소득에 기여하는 부분이 커지면 커질수록 가사 노동 시간은 줄어들었다.

---

* 동네의 주민 센터나 교회에서 운영하는데 어린이집이나 유치원과 다른 점은 시설에 아이만 맡기는 것이 아니라 부모가 아이들과 함께 놀아준다는 것이다.

아내 가뭄

그런데 가계 소득의 66.6퍼센트를 벌어들이는 딱 그 시점까지만이었다. 그 단계를 넘어서면 다시 가사 노동량은 증가했다.

바꿔 말하면 한 가정의 총소득을 벌어들이는 여성은 남편과 소득이 똑같은 여성보다 집안일을 더 많이 한다는 뜻이다. 이는 오스트레일리아만의 독특한 현상으로 보인다.

제정신이 아닌 것처럼 보이는 이 행동을 어떻게 설명할 거냐고? 오늘날 오스트레일리아 가정의 대부분을 지배하고 있는 보편적인 가정은 아버지가 돈을 더 많이 벌어오고, 어머니는 무급 노동을 더 많이 한다. 단순하게 그 두 가지만 바꾸는 게 말처럼 그렇게 간단하지만은 않다. 사실 그런 역할 바꾸기에 수반되는 모든 민감한 사항과 자존심 문제를 고려하면, 그중 어느 것 하나라도 바꾸는 데에는 꽤 강도 높은 외교적 수완이 필요하다. 여자가 남편보다 돈을 더 많이 벌어서 정통 등식의 일부를 뒤엎어버리게 될 때, 그 여자가 균형을 바로잡아보려고 시도하게 될 여러 가지 일 가운데 하나(의식적으로든 무의식적으로든)는 등식의 다른 부분에 더더욱 헌신하는 것이다.

다시 설명해보자. 남편보다 돈을 더 많이 버는 여자는 자신의 여성성이 약화될까 봐 걱정할 수 있다. 그렇다고 해서 그런 걱정 때문에 커튼 하나에도 고전적인 마사 스튜어트식의 난리를 부리지는 않는다. 대신 일반적으로 아이 곁에 있어주지 못할 때, 영양가 높은 음식을 만들어주지 못할 때 죄책감을 느끼고, 사람들이 나쁜 엄마라고 생각할지도 모른다며 은밀하고 집요하게 근심한다. 다시 말해 보편적으로 대부분 여자의 일이라고 규정한 일을 그다지 잘해내지 못하고 있다는 죄책감을 느끼는 것이다.

물론 그런 데 전혀 신경 쓰지 않는 여자도 있다. 그러나 대신 남편이 느끼는 감정에 마음이 쓰일 때가 있다. 이것은 또 전혀 다른 문제가 된다. 아내가 남편보다 돈을 더 많이 벌고 있고, 그 때문에 남편이 실재하는 혹은 자신의 마음속에서 만들어낸 맹비난에 노출된다고(조롱, 수군거림, '마누라 등쳐먹는 남자'를 소재로 한 농담 같은) 생각해보자. 그러면 아내는 남편에게 진공청소기까지 돌리게 한 자신이 너무 지나쳤다고 생각할지도 모른다. 따라서 상황을 무마하고자 자신이 직접 그 일을 하려 들 것이다. 이렇게 정리된 글만 봤을 때는 바보 같다고 생각할 수도 있다. 그리고 실제로도 바보 같은 짓일 수 있다. 하지만 이게 현실이다. 고소득 아내들이 분담하는 가사 노동의 몫이 더 커지는 현상은 이론의 여지 없이 뚜렷하다.

아내들의 눈치 게임

시드니대학교 박사과정에 있는 캐런 리브스는 2013년 오스트레일리아의 여성 생계부양자들과 그들의 경험을 대상으로 심층 연구를 진행했다.[7] 리브스의 조사에 따르면, 가사 노동 부문에서 조사 대상 가정의 약 3분의 2가 청소를 '가정주부 남편'이 도맡지 않고 외부 인력을 쓰거나 함께했다. 아니면 청소 때문에 다툼이 일기도 했다. 리브스는 이들을 '남성이 정체성 위협을 겪고 있는' 부부라고 봤다.

리브스는 이렇게 썼다.

"가사와 육아를 남자가 할 일이 아니라고 보는 가정이 많은 듯하다. 남자는 아버지로서 양육을 주도할 뿐 남자로서 청소나 그 밖의 집안일에는 관여하지 않았다."[8]

리브스의 연구 대상 중 1년에 20만 달러 이상을 버는 한 사무 변호사는 청소를 비롯한 온갖 집안일을 다 해준다며 남편을 칭찬했지만, 다림질만은 남자가 할 일이 아니라면서 하지 않으려한다고 했다. 그 사무 변호사는 이렇게 말했다.

"남편은 이따금 발을 동동 구르면서 '나는 부엌데기 남편은 되지 않을 거야'라는 말을 하곤 합니다."[9]

다림질이 밀려오는 거세 불안감을 저지할 세련된 사회적 도구가 될 수 있다는 사실은 인간의 정신이 얼마나 심오하고 복잡한지를 보여준다. 그러나 여러 가지 과업에는 미묘한 차이가 존재하며, 남자와 여자가 '역할을 바꿀 때' 모든 과업이 다 바뀌는 것은 아니다.

한 대형 전문 서비스 기업의 동업자인 엘리자베스는 남편과 세 아이를 부양하고 있다. 그녀는 집에 있는 배우자가 남자 동료들의 아내와는 다르다고 설명했다.

"예를 들면, 남편이 가사를 책임지고 있더라도 드라이클리닝을 맡기거나 찾아와달라고 부탁해서는 안 됩니다. 저나 저처럼 생계를 책임지고 있는 제 여자 친구들 모두 그건 선을 넘는 거라고 생각하고 있습니다. 성 역할이 바뀔 때, 육아와 관련해서는 남편이 일을 맡을 수 있지만 '아내'가 해야 할 일의 범위에 드는 그 밖의 다른 일은 너무 무리한 요구라는 거죠. 아니면 남자들 스스로 그런 일은 자신의 일이 아니라고 생각합니다. 따로 떼어놓고 보면, 생계를 책임지고 있는 여성이 자기 세탁물을 알아서 맡기고 찾는 일이 그렇게 힘들어 보이지는 않습니다. 하지만 여전히 여성 생계부양자에게 떨어지는 무수한 집안일과 가정사에 그 일까지 더해지면 일이 두 배가 되는 겁니다. 선물을 준비하고, 가정의 재무와 행정을 처리하고, 자기 몫의 육아까지 해야 한다고 생각해보세요. 하지만 남자 생계부양자에게는 이런 일을 기꺼이 도맡아주는 아내가 있으니 그런 일을 할 필요가 없죠."

리브스가 발견한 바에 따르면 남성 '아내들'이 여성 아내들과 똑같은 식으로 일을 하지 않으면, 여성 생계부양자들도 남성 생계부양자들과 같은 역할을 수행하지 않는다.

첫째, 여성 생계부양자들은 먹여 살린다는 것을 그리 중요하게 여기지 않는 경향이 있었다. 그 여성들은 남편에게 경제적 지원을 제공하고 있었지만 아무도 그렇게 표현하지 않았다.

리브스는 이렇게 말했다.

"인터뷰한 남자는 자신이 아내에게 의존하고 있다는 느낌을 아주 강하게 받았지만 당사자인 아내는 자신이 남편을 '먹여 살리고 있다'는 인식 혹은 이에 대한 관심을 드러내지 않았다."[10]

일부 여성들은 자신을 생계부양자로 규정하지도 않았다.

기업의 사회적 책임 담당 임원인 또 다른 여성은 이런 말을 했다.

"제 상황을 설명하자면……남편이 주 양육자라고 해야겠죠. 남편에게 살림꾼 같은 말을 쓰고 싶지는 않습니다. 사람의 기를 죽이는 말인 것 같아서요……. 이왕이면 남편 기도 살려주고 남편과 남편이 맡은 역할을 알리는 표현을 쓰는 편이 더 좋겠죠. 그렇게 하면 저를 생계부양자라고 부르기보다는 제가 하는 일의 관점에서 그게 어떤 의미인지 사람들이 유추할 수 있을 테니까요."[11]

1년에 20만 달러 가까이 버는 한 바리스타 여성은 특히 조심스러운 모습을 보였다. 그녀가 전일제 근무를 하는 동안 소매업을 하는 남편이 세 아이를 돌봤다.

"굳이 직장 밖에서까지 '아, 제가 먹여 살려요'라고 말하고 다니지는 않아요. 왜냐하면 그렇게 하면……남편도 별로 안 좋아할 테고 저도 민망할 거 같아요. 이런저런 고지서들도 제가 처리해요. 그이도 남자로서 지키고 싶은 게 있을 테고 굳이 다른 사람들한테 알리고 싶지는 않을 거예요. 그러니까 제 말은 남편이 집에 있다는 걸 사람들은 알고 있겠지만 제가 굳이 그걸 떠들고 다니진 않겠다는 거죠."[12]

리브스가 이야기해본 여성들 중에는 가계를 '부양한다'는 개념 자체를 바꿔서 남편이 하는 무급 노동까지 포함시키는 경우도 있었다. 예를 들면 집수리나 집안 재산 관리 같은 것 말이다.

한 CEO 여성은 가정 내 역할 협의에 대해 이런 말을 했다.

"크게 보면 우리 가족은 제가 현금을 벌고 남편은 자산을 축적하는 거죠. 두 사람 사이에서 제가 늘 주로 돈을 벌어오는 쪽이었지만 그동안 제 남편은 법학과 경제학을 공부하면서 박사 학위도 땄고, 집도 두 채 지었어요. 그리고 가끔 컨설턴트 일도 하고 홈스쿨링도 하면서 두 아이를 주로 돌봐주고 있죠."[13]

인터뷰했던 여성 생계부양자 중 두어 명은 남편의 민감한 부분을 가려주려고 의식적인 방어책을 쓰기도 했다. 예를 들어 위에서 언급한 기업의 사회적 책임 담당 임원은 남편의 기를 죽이지 않으려고 여성 멘토에게 적극적으로 조언을 구하기도 했다.

"멘토가 저한테 해준 조언은 남편의 기를 살리려면, 비록 돈은 제가 벌지만 돈 관리는 남편한테 맡기라는 거였어요. 저한테는 돈 관리할 시간이 없기도 했고 부부 사이에 문제가 없다면…… 상대방한테 믿고 맡길 수 있겠죠."[14]

아내 가뭄

기대할 수 없는 것에 대해
침묵하기

남자와 여자는 사회가 세워놓은 구조물에서 이사를 나가면, 우스꽝스럽게 생긴 자기들만의 작은 장난감 집을 짓게 된다. 모든 가정이 겪는 일이며 가정마다 그 형태는 모두 다르다. 이를테면 다림질을 좋아하거나 훌륭한 초콜릿 케이크를 만드는 아빠가 있을 수 있다. 혹은 거미를 죽이는 것이 늘 엄마 몫인 집도 있을 것이다. 그러나 완전한 '역할 전환'이 이루어질 때에는 더욱 크고 웅장한 건물을 뚝딱 마련해야 할 수도 있다.

이러한 구조물 중 오로지 침묵으로만 지을 수 있는 구조물도 있다.

리브스의 연구에서 한 가정은 아내가 주요 생계부양자라는 사실을 아예 입 밖으로 꺼내지 않았다. 아내보다 일하는 시간도, 소득도 더 적었지만 생계부양자가 지니는 권위를 모두 아버지에게 부여했다.

그런데 어째서 이런 가장 핵심적인 정보가 단 한 번도 거론되지 않은 걸까? 간단하다. 모든 관계에는 접근 금지 영역, 사각지대가 있기 때문이다. 본인이 구성원으로 속한 관계에서 완전히 객관성을 갖기는 매우 힘들다. 누군가와 아주 오랜 시간 함께 지내다 보면 가장 눈에 띄는 점조차 눈치를 못 채거나 그냥 덮어두는 경우가 많다. 내가 들어본 '부부 관계 사각지대' 이야기 중 가장 마음에 들었던 이야기는 시드니 시 문화부 부장인 레이첼 힐리가 남편인 작곡가 앨런 존을 조수석에 태우고 자동차를 운전하던 중 일어난 일이었다.

앨런이 스스럼없이 물었다.

"턱수염을 밀어버려야 할까?"

레이첼이 도로에서 눈을 떼지 않은 채 운전을 하면서 대꾸했다.

"턱수염이 있었어?"

이렇게 묻는 레이첼의 얼굴은 재미있어 죽겠다는 표정이었다.

오래된 관계에서 가장 평탄한 길은 체념한 채 잘 다져진 길을 가는 것이다.

40대 CEO였던 한 응답자는 이런 말을 하기도 했다.[15]

"이젠 집안일 가지고 싸우는 건 그만뒀어요. 며칠 전에 열혈 페미니스트 모임에서 이 얘기를 했더니 그중 싱글인 한 명이 이런 말을 하더군요. '자기가 그런 말을 하다니 믿을 수가 없는데. 싸움을 포기하고 청소를 혼자 다 하겠다니 말이야.' 전 그냥 더 이상 싸우고 싶지가 않아요. 그러면 화내느라 인생이 다 가잖아요. 그냥 독박 육아를 하는 게 낫더라고요. 독박 육아를 하면 그이가 하는 일은 모두 보너스가 되거든요. 그런 식으로 생각하는 게 속 편해요. 토요일에 5시간 동안이나 청소를 해야 한다고 해도 괜찮아요. 불평하지 않고 하면요."

아내 가뭄

짤막하게 요약한 경험담을 듣거나 심지어 직접 여러 집을 돌아다니며 (톡 까놓고 말하자) 점심까지 함께 먹는다고 해도, 다른 집들은 살림을 어떻게 꾸리고 있는지 보면 어떤 식으로든 냉정한 관점을 갖기 쉽다. 그리고 각 가정들에서 하고 있는 남편과 아내의 역할 분담을 보면 쉽게 바꿀 수 없겠구나 하는 인상을 받는다. '아, 그래서 저렇게 하기로 했구나! 아이고, 바보들!'이라는 생각이 든다. 사실 특정한 상황을 어떻게 넘겨야 할지 결정할 때 가족 모두가 일치된 결정을 내리지는 않는다. 어떤 상황이 발생하면 가족은 그 상황을 넘겨보려는 서툴고 단편적인 시도를 하는데, 그 모습이 볼썽사나워 보일 때가 많다. 이렇게 제대로 된 전략도 없이 사는 모습이 인간을 흥미로운 존재로 만들고, 그런 모습이 또한 인간의 모습이다.

우리는 왜 이혼을 하는 걸까?

리브스는 사회에서 이상하게 여기는 방식으로 가사 운영 방식을 바꾸려고 할 때, 가정 안에서 남녀가 어떤 식의 맞교환을 하는지 연구를 통해 밝혀냈다. 두 남녀가 내린 협상 결과나 교착 상태, 양보가 이상하게 보일 수도 있다.

그러나 여성들이 유급 노동으로 이동하는 전 지구적 현상 때문에 전 세계 가정은 재협상을 할 수밖에 없다. 원치 않는 부록처럼 변화에는 언제나 두려움이 따라붙고, 그 두려움을 잠재우느라 협상이 결렬되기도 한다. 이런 일을 연구하는 것은 인류학자들의 꿈이다. 나일라 카비르는 여성의 취업이 세계 각지의 가정에 어떤 영향을 미쳤는지 속 시원하게 파헤친 광범위한 연구를 실시했는데, 연구에서 일하는 아내의 출현이 전 세계 남편들에게 불안감을 유발한다고 밝혔다.[16] 방글라데시의 남편들은 일하는 아내가 자신들을 바람난 아내의 남편으로 만들까 봐 걱정했다. 인도의 중산층 일부는 일하는 아내가 남편의 특권에 치명타를 입혔다고 보았다. 칠레의 남성들은 아내가 '여성 우월주의자' 혹은 남성화될까 봐, 그래서 친구들이 자신을 못난 남자라고 생각할까 봐 걱정했다. 케냐의 남편들은 아내가 일을 하면 가장의 권위가 위협받을까 봐 걱정했다.[17]

그럼, 여자들은 이러한 두려움에 어떻게 대처했을까? 대부분 협상을 했다. 방글라데시 여자들은 가장의 지위를 보존해주기 위해 임금을 남편에게 바쳤다. 칠레의 아내들은 집안일이 지장 받지 않게 하겠다며 남편을 안심시켰다. 카비르가 참여한 다수의 인류학 연구에서 가사 노동은 협상 카드로 쓰였다.

바꿔 말하면 오스트레일리아의 여성 생계부양자들과 배우자들이 임시변통으로 마련한 이상하고 자잘한 협상과 말하기 없기

거래는 진기한 지역적 특수성이라기보다는 전 세계에서 통용되는 행태였다.

그렇다면 이러한 현실적 타협의 밑에 깔려 있는 근본적인 두려움, 만족스러운 타협이 이루어지지 않을 경우 부부 관계 자체를 망치게 될지도 모른다는 두려움은 어떠한가? 여성이 주요 소득원 노릇을 하는 부부 관계는 이혼으로 끝나게 될까?

이 부분에 대한 걱정스러운 뉴스를 찾아 논스톱 가십과 음모가 넘쳐나는 할리우드로 고개를 돌려보자. (알고 보면) 할리우드는 갑자기 남편보다 돈을 많이 벌게 된 여자의 부부 관계가 어떤 결말을 맺게 되는지 살펴보기에 좋은 생생한 실험실이다. 매년 여배우 다섯 명이 잇따라 아카데미 여우주연상 후보에 오르면서 배우로서도 가치가 급상승한다. 후보로 지명되면 온갖 달콤한 것들이 따라온다. 더 큰 명성, 더 큰 관심, 틀림없이 조지 클루니와 함께 수상할 거라 보도하는 잡지 기사 등.

그러나 예리한 눈을 가진 사람이라면 수년 동안 아카데미 여우주연상 수상자가 방을 장식할 트로피를 받은 후 이혼을 하는 경우가 많았다는 사실을 포착했을 것이다. '오스카의 저주'는 여러 세대를 관통한 듯하다. 그 옛날 1940년대 비비언 리는 오스카상을 받고는 허버트 리 홀먼과 이혼하면서 하루아침에 싱글이 되어버렸다. 1948년 수상한 제인 와이먼은 수상 직후 로널드 레이건과 갈라섰다. 영화사에서 가장 이름을 떨친 여자 배우들(잉그리드 버그먼, 오드리 헵번, 소피아 로렌, 조안 크로퍼드, 제인 폰다) 중 일부는 엄청난 스타덤에 오른 후 금전적 수익 또한 무서울 정도로 늘었고, 그 때문에 부부 관계에 문제가 생기기도 했다. 심지어 요즘처럼 (다들 생각하듯) 훨씬 자유로운 시대에도, 오스카의 저주는 꾸준히 성공한 사람들의 삶에 어두운 그림자를 드리우고 있는 듯하다. 핼리 베리, 힐러리 스웽크, 케이트 윈즐릿, 에마 톰슨, 리스 위더스푼, 샌드라 불럭은 모두 오스카의 여운이 가시기도 전에 이혼을 했다. 이유야 어찌 됐든 그녀들의 결혼 생활은 아내 쪽이 갑자기 로켓을 타고 전 세계 유명인들이 노는 우주로 날아가 버리자 파경을 맞이했다. 미국과 캐나다 학자들로 꾸려진 한 팀은 2010년 오스카의 저주가 얼마나 유의미한지 통계를 내보기로 했다.[18] 저주를 받은 것은 수상자들뿐이었을까? 아니면 후보들도 약간의 저주를 받았을까? 연구팀은 1936년부터 2010년 사이에 여우주연상 후보에 오른 배우들을 모두 센 다음, 그 당시 몇 명이 기혼 혹은 사실혼 관계에 있었는지 조사했다. 후보에 오를 당시 배우자나 연인이 있었던 265명의 여성 중 60퍼센트가 이후에 이혼을 했다. 꽤 높은 결혼 사망률이 아닌가!

그리고 실제로 여우주연상을 수상한 여성들의 이혼율은 훨씬 더 높았다. 학자들이 확인한 바에 따르면 수상자들의 결혼 기간 중간값은 4.3년인 반면, 수상하지 못한 여배우들의 중간값은 약 두 배 더 긴 9.5년이었다. 한편 오스카상을 수상했거나 오스카상 후보에 올랐던 남자 배우들에게는 이러한 패턴이 전혀 나타나지 않았다. 수상하지 못한 남자 배우들과 수상한 남자 배우들 모두 결혼 지속 기간의 중간값은 12년이었다.[19]

　전형적인 관계의 역학이 주는 교훈을 얻으려고 할리우드를 택한 것 자체가 어쩌면 어리석어 보일 수 있다. 하지만 오스카는 할당은 채운다. 다시 말해 매년 여자 후보 다섯 명, 남자 후보 다섯 명을 선정하는데 열 명 전원은 배우 생활이 갑자기 활기를 띠면서 온갖 득을 보게 된다. 우수 실적자들에게 세계인이 지켜보는 가운데 공평한 경쟁의 장을 제공하는 직종이 배우 말고 또 있을까? 다른 분야에서 독보적인 성공을 거둔 여성들의 집단은 그 규모가 너무 작아서 남성과 여성의 비교 자체가 불가능한 경우가 많다.

　어쨌거나 성공한 여자들의 결혼 생활에서는 조지 클루니와의 연애가 중요한 게 아니다. 남편보다 돈을 많이 벌게 되면 그 여성이 누가 됐든 그건 문제가 된다.

　경제학자 게리 베커의 유명한 말마따나 결혼 생활의 안정은 전문화에서 비롯된다. 다시 말해 한쪽이 돈을 벌어 상대방으로 하여금 집안일을 돌볼 수 있게 하는 것이다. 혹은 뒤집어 말하면, 한쪽이 집 안에서 하는 무급 노동이 상대방으로 하여금 밖에 나가 직업적 성공을 거둘 수 있게 하는 것이다. 자, 베커의 이론이 정말 시간과 노동하고만 관련이 있다면, 소득원이 남성이건 여성이건 아무런 차이가 없을 것이다. 그러나 물론 차이가 있다. 여기에는 무수한 사회학적 원인이 있다.

2009년 독일에서 실시한 한 연구에서, 학자들은 다양한 가족을 분석한 후 아내가 돈을 더 많이 버는 경우 이혼 확률이 더 높다는 사실을 밝혀냈다.[20] 그런 결혼은 전통적인 남성 생계부양자 상황일 때보다 '역할 전환' 상황일 때, 즉 여자가 밖에 나가 돈을 벌고 남편이 아이들과 집에 남아 있을 때 이혼으로 끝나는 경우가 더 많았다. 여자가 가정의 주요 소득원인데도 집에 와서 집안일까지 모두 할수록 이혼으로 끝날 가능성이 높았다. 여성의 생계 책임과 이혼율 상승 사이의 연결고리는 그러한 일련의 연구들이 이미 밝혀놓았다.[21] 따라서 오스카 수상자에게만 국한된 현상은 아니다.

그러나 인간의 행동은 합리적인 분석에 좀처럼 순응하지 않는다. 사람들이 이혼을 하는 건 불행해서일까, 아니면 주변 사람을 보고 불행하다는 사실을 확인하기 때문일까? 우리는 끔찍할 정도로 타인의 의견에 민감하기 때문에, 상처 자체보다 부당한 대우를 받아서 어떻게 하느냐며 남들이 우리를 동정하고 있을지도 모른다는 생각에 더 큰 상처를 받는다.

사실 일반적인 사회적 표준과 다르게 행동하면 이상하다는 느낌을 받거나 남들에게 이상해 보이기 쉽다. 바로 그런 이유로 우리는 대개 표준에서 벗어나기를 꺼린다. 2장에서 소개한 캐나다의 연구(아이를 데리러 직장에서 일찍 나간 남성이 똑같은 일을 한 여성보다 더 욕을 많이 먹는다는 사실)가 자꾸 생각난다. 그 연구에서는 자녀가 없는 여성이 자녀가 있는 여성보다 더 괴롭힘을 당하기가 쉽다는 사실 또한 알아냈다. 이 연구가 강하게 시사하는 바는 직장에서 곤란을 겪을지 말지 여부를 미리 알려주는 지표는 성별보다는 남들이 기대하는 대로 행동하느냐 안 하느냐라는 점이다.

일터에서 가족을 위해 시간을 내는 남성을 여성과 똑같이 받아들여준다면 남성이 그런 요구를 하면서 난감해할 이유가 없다. 또한 플레이 그룹에 남성이 나타나는 것이 여성이 나타나는 것 못지않게 평범한 일이 된다면 육아는 여성의 몫이라는 생각도 그 힘을 잃을 것이다.

사람은 여러 가지 생각을 통해 규정되고 만들어진다. 그러나 그런 생각이 고정불변일 필요는 없다.

‖ 결론 ‖

우리에게 다시 혁명이
필요하다면?

"오, 변화의 선봉장에 선 남성들이여!"

산업혁명과
이상적인 남자

이 책을 집필하고 자료를 조사하는 과정에서 내가 가장 놀란 부분은 남성 생계부양자 모델이 여전히, 심지어 요즘과 같은 현대 사회에서조차 막대한 영향을 미치고 있다는 사실이다. 남성 생계부양자 모델은 아주 오래된 지배적 본능으로, 한 나라에 나타나는 여러 패턴의 근간을 이루고 있는 듯하다.

그러나 이상한 점은 남성 생계부양자 모델이 그렇게 오래된 것이 아니라는 점이다. 가족이 부모 중 한쪽만을 유급 노동에 내보낼 수 있다는 생각은 아주 오래된 모델이 아니다. 상대적으로 풍요를 누리기 시작한 산업혁명 이후 대중화되고 익숙해진 모델이다.

아, 산업혁명! 더욱 효과적인 것을 추구해온 인간이 벌인 여러 혁명 가운데 하나다. 러시아인들보다 피를 덜 흘렸지만 위스키 반란*보다 부질없었고, 페이스트리 전쟁(1830년대 말 넉 달 동안 멕시코와 프랑스 사이에 벌어진 충돌이다. 타쿠바야의 한 프랑스 출신 파티시에가 한 무리의 멕시코 장교들이 자신의 가게를 엉망으로 만들었다고 주장하면서 전쟁에 불을 지폈다)보다는 기억에 남는 혁명이다.

산업혁명은 업적이 많다. 우선 물건이 만들어지는 방식을 바꿔놓았다. 충격적인 작업장 보건 및 안전 조건 속에서 지역 장인들이 손으로 만들던 상품은 이제 공장에서 대량생산하고 있다.

산업혁명은 우리 지구를 석탄과 사랑에 빠지게 했다. 당시 빈곤층과 노동자 계층 대다수가 종사하던 농사일에서 말에 대한 의존도가 점차 줄고 있었고, 석탄은 그런 말보다 훨씬 생활을 편리하게 만들어주었다. 얼마간 시간이 흐른 후 산업혁명은 폭발적인 경제 성장을 촉발했고 이러한 경제 성장을 발판 삼아 중산층이 생겨났다. 이들은 임금을 받을 뿐만 아니라 자신이 고용되어 제작한 노동력 절감 장치들의 결실까지도 누렸다. 자동차, 냉

---

* 세원을 확보하기 위해 위스키에 세금을 부과하자 일어난 반란이다.

장고, 세탁기, 건조기 같은 것 말이다(2014년 이러한 노동력 절감 장치들의 최대 수혜자 중 일부가 여가 시간에 치즈를 만들거나 털실을 잣거나 채소를 길러 먹는다니 인간의 본성이란 참으로 아이러니하다. 공예 취미로 석탄 채굴을 전문적으로 다루는 잡지가 나오지 말란 법이 없겠다).

20세기 중반 즈음 중산층이 번영하자, 대부분의 가정이 단독 생계부양자의 수입만으로도 먹고살 수 있게 되었다. 제조업, 육체노동, 광산업, 경리와 같은 신생 직종은 노동의 풍경 또한 바꿔 놓았다. 남자들은 집 안 혹은 집 주변이나 농장에서 일하기보다 새로운 노동 양식을 접하게 되었다. 대규모 일터에서 수백만 명의 동료들과 함께 감독을 받으며 하루 종일 일하기 위해 집을 나서게 된 것이다.

근무시간 표준화는 여러 가지 결과를 초래했다. 도시락의 부상이 그 예이다. 코니시 페이스티*가 인기를 끌었다. 또 다른 예로는 조직 노동이 있다. 비까지 맞아가며 드넓은 밭 여기저기에서 흩어져 일할 때보다는 모두가 같은 공장에서 일하니 단체 협상도 훨씬 쉬워졌다. 그리고 남자에 대한 우리의 기대에도 중대하고 지속적인 영향을 미쳤다.

산업혁명 이전 궁핍했던 시대에는 삶이라는 것이 대부분 분만

---

* 반달 모양에 고기와 야채가 든 잉글랜드 콘월 지방산 파이다.

중 죽거나 분만을 앞두고 콜레라에 걸려 죽지 않고 후세를 낳을 수 있을 때까지 살아남는 것이 전부였다. 제3세계의 태반은 지금까지도 그런 상황을 벗어나지 못하고 있다. 그러나 표준 근무일에 매일 공장이나 사무실로 출근하는 남자들로 구성된 질서정연하고 일사불란한 노동 인력을 갖춘 선진 세계는 이상적인 남자란 어떤 남자인지에 대해 지배적이고 손쉬운 판단 기준 또한 확립했다.

　이상적인 남자란 착한 직원이다. 이상적인 남자는 초과근무를 밥 먹듯 하는 유달리 부지런하고 야망 있는 남자가 아닌 경우에 한해서, 일주일에 5일, 오전 9시부터 오후 5시까지 일을 하러 나간다. 어쩌면 교대 근무를 할 수도 있지만 근무시간은 규정을 따를 것이고 이상적인 남자는 결근이나 불평, 농땡이 없이 의무 할당 시간을 채울 것이다. 집에서 일어나는 일이 생산성을 해치는 일은 없어야 한다. 어떤 경우에는 넥타이를 맬 것이다. 넥타이는 왜 맬까? 매일매일 바쁜 아침에 굳이 시간을 들여 보온이나 보호 기능도 없는 길고 가느다란 천 쪼가리를 고른 다음 목둘레에 국제적으로 인정되는 매듭을 만들어야 할 이유가 대체 뭘까? 다른 남자들이 다 하니까 한다는 사실 외에는 이유가 전혀 없다. 넥타이는 방송용 메이크업이나 동계올림픽의 컬링 종목같이 외부인의 눈에는 왜 하는지 모르겠는 것으로 보이지만, 그럼에도 호모 사피엔스의 곁에 영원히 남아 있는, 인간이 하는 특수한 짓거리

아내 가뭄

가운데 하나이다.

남자는 왜 가정에서
제거되었을까?

이 책의 앞 장들에서 확인했듯 자녀가 있는 남자를 더 우수한 직원으로 여기며, 정규직 직장이 있으면 더 좋은 아버지일 거라고 아주 당연하게 믿어버린다. 그리고 이런 것들이 남성들에게 강력한 동기 부여가 되어주었다. 또한 어머니에게 기대하는 것과 아버지에게 기대하는 것 사이에 흥미로운 차이를 만들어냈다. 좋은 어머니의 자질은 늘 곁에 있어주는 것과 관련이 있다. 21세기에 좋은 아버지의 자질은 여전히 아이의 일상생활에서 대부분 빠져주는 것과 밀접한 관련이 있다.

산업혁명 이전의 아버지들이 어떤 식으로든 귀감이었다거나, 일곱 살 어린 나이에 속임수에 넘어가 쟁기로 밭을 갈고 닭 내장을 제거하고 혹은 끔찍한 탈곡기 사고로 죽는 것이 아이에게 좋다는 말이 아니다.

그저 노동과 생산의 본질이 바뀌면서 뒤이어 일어난 어마어마한 구조적 변화로 남자들이 가정에서 제거되었고, 그것이 거대한 패턴으로 굳어졌다는 말을 하려는 것뿐이다.

그러한 패턴 중 일부는 유달리 치밀하다. 가령 진심으로 시대착오적인 시간 관리 방법이 여전히 대세로 군림하고 있는 전문 서비스 업계를 보자.

오스트레일리아의 경우 대형 기업에 속한 변호사와 회계사는 '청구 대상 시간' 요금 부과 제도를 따른다. 그들의 하루는 6분 단위로 쪼개지는데, 누구든 그만큼의 시간 동안 그들의 관심을 받으려면 의뢰인은 6분 단위로 매겨지는 요금을 지불해야 한다. 두둑한 보수를 받고 있는 변호사가 일을 따내면 그 의뢰인은 파트너 변호사*의 담당 고객이 되지만, 지루하고 고된 일은 그 아래에 있는 주니어 변호사가 다 하게 된다. 이때 6분 단위로 끊는 시급으로 뼈 빠지게 일을 한다.

코다멘사**의 파트너인 재나 로버트슨의 설명은 이렇다.

"그런 시스템이 돌아가려면 파트너 변호사 (그 밑에 속한) 하급자들로 구성된 팀이 있어야 하는데, 일찌감치 회사에서 튀어버리는 파트너 변호사에 비하면 그런 하급자들한테는 보수를 훨씬 적게 줍니다. 팀원의 직급이 낮으면 낮을수록 높은 사람들은 회사에서 빨리 튀어버리죠."

이게 바로 비즈니스 모델이며, 출세를 하기 위한 모델도 마찬

---

* 대형 로펌 회사에서 직급이 높은 변호사를 가리킨다.
** 오스트레일리아의 자산 관리 업체이다.

가지로 단순하다.

"청구 대상 시간이 정말 많으면 출세할 수 있습니다. 수익성 있는 대형 프로젝트에 이름을 올려놓고 높은 사람들(그러니까 결정권자 말이에요)이 그 일을 맡기고 싶은 마음이 들도록 잘 보이면 출세하는 겁니다."

시간을 6분 단위로 끊는다는 말이 궁상맞게 들릴 것이다(다수의 증언에 따르면 실제로 궁상맞다고 한다). 그러나 여기서 가장 큰 문제는 투입된 시간이 출세의 주요한 예측 변수라는 사실이다. 의뢰인에게 더해준 가치도, 능률도, 혁신도 아니고, 파트너 변호사들이 현대판 영주 노릇을 하면서 과로와 저임금에 시달리는 농노 무리를 부려먹는 동안 투입한 시간이 주요한 예측 변수인 것이다.

이 시스템에 서광이 비치려 한다는 말은 해야겠다. 짜증 난 의뢰인들과 청구 대상 시간에 싫증 난 노련한 전문가 집단을 계기로 삼아 고정 요금을 부과하는 신생 기업들이 속속 출현하고 있기 때문이다.

그러나 이 모델에서도 한 직원의 능력과 성공 정도를 측정하는 것은 그 직원이 장시간 근무할 수 있는지 아닌지와 밀접하게 관련되어 있다. 이런 회사에 다니는 아빠들이 가족과 함께 뭔가를 하기 위해 시간을 내는 걸 왜 끔찍이 싫어하는지 알 수 있을 것이다. 주당 70시간 근무가 성공의 열쇠가 되는 이런 직업군에서 아내가 있다는 것이 어째서 지랄 맞게 유용한지도 알 수 있을 것이다. 따라서 (아내를 가질 확률은 현저히 낮고 그 자신이 아내가 될 확률은 월등히 높은) 여성들이 이러한 회사의 높은 자리에 오르는 빈도가 남성들 근처에도 못 미치는 이유도 알 수 있을 것이다.

말했다시피 산업혁명 때문이다. 우리에게 가장 큰 영향을 미친 혁명 말이다. 인간이 자신과 자신의 역할을 규정하는 데 기계가 그토록 심오한 영향을 미치다니 정말 흥미롭지 않은가! 도대체 다른 무엇이 이러한 가정과 우리의 행동 패턴을 바꿔놓을 수 있을까? 그렇다면 지금 현재 진행 중일지도 모르는 어마어마한 구조적 혁명에는 무엇이 있을까?

아직 고유명사의 지위조차 획득하지 못했을 정도로 여전히 생소한 전 세계적 사태인 디지털 혁명은 아직도 혁명 선배들이 굳혀놓은 패턴 일부를 푸는 중이다. 남자가 노동에 필요한 도구들을 갖춘 일터로 (그곳이 공장이든 사무실이든) 매일 대규모로 이동하기 시작했을 당시에는 주당 40시간 노동이 타당하고 합리적이었다. 자동차 제조업체 노동자가 어떻게 자동차 제조 공장이 아닌 다른 곳에서 자동차를 만들 수 있겠는가? 다른 식으로 짜인 노동 일과를 상상하는 것은 불가능했다.

아내 가뭄

빠르게 진화하는 시대
업무 패러다임의 변화

그러나 오스트레일리아의 노동자들은 수십 년간 변화를 거듭하고 있다. 제조업은 이제 국내총생산의 7퍼센트밖에 차지하지 않는다. 세계은행에 따르면 20년 전의 절반 수준이라고 한다.[1] 통신 기술의 폭발적인 증가로 서비스 경제가 몰라보게 성장했고, 이는 많은 노동자에게 전통적인 근무 일과가 반드시 최선은 아니라는 것을 의미한다. 어디서나 할 수 있는 일을 하려고 사무실까지 버스를 타고 꽉 막힌 도시를 뚫고 왕복 2시간을 와야 할까? 물론 여전히 재택근무가 불가능한 일도 많다. 소매점 직원, 버스 기사, 미용사, 수영장 관리자, 마사지 치료사, 구급 대원, 경찰은 직접 현장에 나가지 않으면 참으로 곤란해지는 수많은 직업 가운데 하나이다.

그러나 통신 기술의 발전은 이미 꽤 많은 직업에 놀라운 변화를 일으켰다. 대기업들은 탄력 근무제를 시험 운영하고 있다. 노트북과 스마트폰으로 이제 직장인에게 연락이 불가능한 상황이란 거의 없게 되었다.

고등교육도 과학 기술 덕에 탈바꿈했다. 내가 애들레이드 법대에서 학자금 대출과 고르지 못한 학점을 차곡차곡 쌓아나가고 있던 1990년대에 출석은 거의 의무나 다름없었다. 강의나 개인 지도를 한 번 놓치면 유일한 대안은 페니 윙의 필기 노트(명석한 두뇌와 깔끔한 필체 때문에 복사물 암시장에서 인기가 많았다)를 구걸하는 것이었다. 요즘은 강의, 강의 노트, 읽기 자료를 온라인에서 다운로드할 수 있다. 강의 코디네이터를 알현하기 위해 전에 하던 대로 호시탐탐 기회를 엿볼 필요도 없다. 지금은 이메일만 보내면 된다. 학생들도 아르바이트를 네 탕 뛰면서 점점 올라가는 등록금을 충당하고 덤으로 먹고살기 위해 싸구려 정어리도 사는 등 얼마든지 다른 일을 학업과 병행할 수 있다. 심지어 온라인 공개강좌(Massive Online Open Courses)라는 글로벌 강좌 네트워크도 있어서 민주화된 가상 교육이라는 발상을 가능성의 영역 끝까지 밀고 나가고 있다. 이러한 현상들이 꽃을 피우기까지 진화의 심장 박동의 100분의 1쯤 뛰어야 했는데, 그런 현상을 체험해본 이들은 절대로 10년 전 졸업생들과 똑같은 방식으로 일하지 않을 것이다.

내가 아이들을 10년 더 먼저 낳았다면 내 인생이 얼마나 달라졌을지 생각해보니 등골이 오싹해진다. 지금과 같이 (연방 상원 세입 세출 예산 심의, 기자회견 등은 말할 것도 없고) 의회를 온라인에서 실시간으로 방청할 수 있게 되었다는 것은 내가 실질적으로 어디서나 일을 할 수 있다는 의미다. 10년 전이었다면 나는 국회의사당에 매여 있거나, 다른 일을 하고 있거나 직업이 없었을 것이다.

연방 의회가 직접 모이는 대신 온라인상에서 모이자는 제안

아내 가뭄

이 (결국) 나오게 되면 일부 지역에서는 곳곳에서 심장마비가 일어날 것이 틀림없다. 연방 총리가 캔버라에서 당파적 음모에 골몰하기보다 자신의 선거구에 남아 그곳을 대변해야 한다면, 없앨 수 있는 그 모든 여행 경비가 얼마나 될지, 거대 정당 내 역학이 어떻게 바뀔지 상상이 가는가? 그렇게 되면 여성 정치인의 수가 많아진다는 데 내 전 재산을 걸 수 있다. 당연하게도 가상 의회를 열지 않는 데에는 다 그럴 만한 이유가 있겠지만(정치가들이 집에 있어야 한다고 열렬히 주장하면 캔버라의 택시 기사들한테 즉각 살해를 당할지도 모른다는 점 외에도, 모두가 한 장소에 모여야 국가의 의사 결정 과정을 철저히 지켜보고 책임을 묻는 일이 더 쉽기 때문이다) 시대는 **꽤 빠**르게 진화하고 있다.

이제는 남자들이
달라져야 할 차례

여성에게 지난 반세기는 어마어마한 변화의 시기였다. 학력 상승, 핵가족화, 제조업의 쇠퇴, 서비스 경제의 부상, 이러한 발전이 이루어지는 동안 여성들은 일을 떠맡고 완수했다. 그리고 그 과정에서 우리가 우리 자신에게, 품고 있던 여러 가지 기대들이 극적으로 바뀌었다.

여성의 유급 노동은 확대되었다. 그러나 어머니에 대한 기대 또한 확대되었다. 미국 여성을 대상으로 한 2006년 연구에서는 전일제 근무를 하는 요즘 엄마들이 1976년 전업주부 엄마들보다 매주 자녀와 일대일로 보내는 시간이 더 많다고 한다.[2] 그런데도 요즘 엄마들은 자녀와 보내는 시간이 너무 부족하다고 느끼며 죄책감을 가지고 있다.

요즘 남자들은 자신들의 아버지보다 나은 아버지가 되어야 한다는 생각을 하고 있다. 좀 더 실천하고, 좀 더 곁에 있어주고, 좀 더 관심을 보이는 아버지가 되어야 한다고 말이다. 그러면서도 예전에 하던 일들까지 모두 해야 한다는 사회적 기대 역시 받고 있다.

최근 〈애틀랜틱〉에 실린 페미니스트 사학자 스테퍼니 쿤츠의 인터뷰 기사를 읽었는데, 그중 딱 한 구절에 크나큰 충격을 받았다.

쿤츠는 '어떤 의미에서 남자들은 30년 전의 여성들 상태에 머물러 있다'고 말했다.

50년 전, 여자들은 '여기가 네가 있어야 할 곳이다, 여기서 벗어나지 말라'는 말을 들었다. 그러나 약 30년 전에는, '그래, 넌 다른 일을 해도 좋아. 하지만 그 일을 하느라 여자다운 면을 훼손하면 안 돼'라는 말을 들었다. 즉, 여전히 매력적이고 섹시한 여자로 남아 있어야 한다는 것이다. 그리고 지금은 많은 여자들이 여성다운 것에 대한 구시대적 발상을 벗어던져도 좋다는 사실을 인지하고 있다. 남자들도 남성다움에 대한 종래의 견해를 뛰어넘는, 그 외 다른 보람 있는 것들도 있다는 사실을 점차 깨달아가고 있다. 물론 친밀성은 중요하다. 집안일도 아내와 함께해야 할 것이다. 동시에 속은 터놓되 나약해서는 안 된다는 말 또한 듣고 있다(사회뿐만이 아니라 이처럼 남성성에 대한 모순적 메시지를 지지하는 여성들로부터도). 남자는 온화해야 하지만 기꺼이 쥐를 죽일 수도 있어야 한다. 이렇게 남자들은 어떻게든 가족을 보호하고 돈도 벌어야 한다는 구시대의 역할뿐만 아니라, 요즘 요구하는 새로운 역할까지 포함된 남성성의 표준에 따라 행동해야 한다는 메시지를 계속 듣고 있다.[3]

여러 가지 모순되는 기대들에 시달리는 것은 당연히 불편할 수밖에 없다. 최근 아버지들에게 가해지고 있는 스트레스와 중압감(자녀에게 좀 더 자주 얼굴을 보이면서 동시에 직장에서도 존재감을 주어야 한다는 기대)은 시대에 뒤떨어진 남성 버전의 '두 마리 토끼' 질문이다.

어쩌면 이제 남자들이 달라져야 할 차례일지도 모른다. 과학기술이 주도하는 새로운 혁명의 가공할 힘을 활용할 차례일지도 모른다. 그래서 삶의 짜임새를 바꾸고 성공이란 무엇이며, 좋은 아버지란 무엇인지, 좋은 노동자가 되는 것은 무엇인지 등을 가늠하게 하는 새로운 방식을 찾아야 할지도 모른다.

이 상황을 지나치게 단순화하고 싶지는 않다. 과학 기술이 우리의 문제를 모두 해결해주지는 않는다. 더욱이 과학 기술은 새로운 문제를 야기할 가능성도 높다. 예를 들어, 하루 24시간 상시 대기 상태로 만들어주는 스마트폰 덕분에 노동자들은 도무지 쉴 수가 없다. 그러나 이 책을 쓰는 과정에서 내 마음에 확신을 안겨준 것이 있다면, 평범한 남자가 행동을 바꾸려면 대개는 외부적 사건이 필요하다는 것이다. 그건 불경기일 수도 있고 정리해고일 수도 있다. 탄력적으로 일해도 괜찮다는 것을 몸소 보여주는 멘토나 상사일 수도 있다. 도매업의 판도를 바꿔놓을 기술 혁명일 수도 있다. 일이 어떻게 될지 그 누가 알겠는가?

하지만 확실한 것은 이거다. 우리는 일터에서 벌어지는 일과 가정에서 벌어지는 일이 완전히 다른 영역인 것처럼 군다. 그래서 일터에서 어떤 일이 벌어질지만 지속적으로 연구하고 토론하고 고민하는데, 그렇게 하면 우리는 한 발자국도 앞으로 나아갈 수 없다. 우리는 수년 동안 여성을 리더의 자리로 올리려고 할당제니 차별 철폐 조처니 온갖 보조적인 수단을 두고 왈가왈부했지만, 그동안 등식의 나머지 반은 간과했다. 여성에게 적극적으로 나서라고 열심히 독려할 뿐, 남성에게 가끔 뒤로 빠져도 괜찮다는 확신을 주지 못했다. 이미 그렇게 하고 있는 남성들(눈에 보이지는 않지만 분명 직장 세계 전체를 얽매고 있는 남성에 대한 기대감을 당당하게 물리치고 있는)이 아마도 변화의 선봉장이 될 것이다.

지난 반세기를 돌아보면 여성은 환골탈태했지만 남성은 답보

상태였다. 이 시기는 모든 것이 서툴 수밖에 없는 진화의 사춘기를 비추는 역사의 창으로 우리 기억 속에 남을 것이다. 어류와 습지 생물 사이의 어중간한 시기에 때마침 화석이 되어, 2억만 년 후 고고학자들의 관심을 받을 때까지 원시시대의 진흙 속에 갇혀 불멸의 존재가 된 생물들처럼 말이다.

상상도 못할 만큼 막대한 양의 정보와 지식을 키 한 번만 누르면 손에 넣을 수 있는 세상이 되었다. 이렇게 무시무시할 정도로 모든 게 연결되어 있는 신세계에서 일과 가정을 나란히 놓고 보지 않으면 두 세계 모두를 이해할 수 없는 게 당연한지도 모른다. 그래서 어느 한쪽이 가물면 다른 쪽도 가문다는 사실을, 비는 모두에게 이롭다는 사실을 깨닫게 될지도 모르겠다.

감사의 말

이 책 얘기를 하면서 해야 할 말이 있다(번갯불에 콩 볶듯 후딱 썼는데, 그중 태반은 한밤중이거나 자그마한 인간 한 명이 번갈아 책상 밑에 앉아 있었다). 첫 번째는 매들린 호크로프트의 도움이 없었다면 이 책이 절대로 나오지 못했을 거라는 사실이다. 매들린은 〈키친 캐비닛〉 시리즈 프로듀서로서 총리들이 싫어하는 일부 기괴한 요리 재료들을 조달하고 그 외 온갖 일을 다 해낸 똑똑하고 젊은 여성이다. 그녀는 이 책을 쓰는 데 최고의 자료 조사원이자 교정자, 지혜로운 조언자로서 방송할 때 못지않게 소중한 존재였다. 이 책과 나에게 은혜를 베푼 매들린은 언젠가 천하를 호령할 것이다. 그동안 매들린을 착취할 수 있었던 건 내가 누릴 수 있는 직업적 행운 가운데 하나였다.

아내 가뭄

두 번째는 책상 밑에 있었던 그 자그마한 인간이 없었다면 이 책은 세상에 나오지 못했을 것이다. 말썽꾸러기 꼬마들은 세상 그 무엇보다 크나큰 내 삶의 기쁨이다.

잠시 일을 쉬고 이 책을 쓸 수 있게 해준 고용주들(ABC 방송사의 마크 스코트, 케이트 토니, 게이브 모리스, 페어팩스의 일요일자 신문 편집자들)에게도 잘 참아준 데 대해 감사를 표하고 싶다.

나는 젠더, 가족, 일이라는 분야에서 전문가보다는 개인들에게 훨씬 도움을 많이 받았다. 여러 통의 전화를 끈기 있게 잘 참아준 이들은 다음과 같다. 엘리자베스 브로더릭 외 직원 일동, 리사 애니스, 테랜스 피츠시몬스, 메리언 베어드, 카즈 쿡, 그레이엄 러셀 그리고 (당연히) 가공할 만한 제니퍼 백스터. 그 밖에 내가 크나큰 빚을 진 책, 기사, 논문들은 너무 많아서 여기 다 언급할 수가 없다. 특히 괴짜 같은 사회학 실험을 해준 분들, 정말 대단하십니다!

이 책을 쓰는 과정에서 많은 사람들에게 굉장히 오지랖 넓은 질문을 많이 했다. 정치인들부터 정치인의 배우자들, 기업인들, 전업주부 엄마들과 아빠들, 트위터에서 만난 사람들에 이르기까지, 흥미롭고 여운이 남는 답변을 굉장히 많이 접할 수 있었다. 이런 이슈들은 공개적으로 논하기가 늘 쉽지만은 않기에, 그토록 요긴한 도움을 준 데 무한한 감사를 드리는 바이다.

리 세일즈, 줄리아 베어드, 미란다 머피, 사만사 메이든, 레이첼 힐리, 헬렌 맥케이브, 마리아 오브라이언은 지겨웠을 장광설 앞에서도 의욕을 잃지 않고 소중한 식견과 아이디어를 내주었는데, 이에 대해 감사의 인사를 전하고 싶다. 리사 윌킨슨은 이 책에 무한하고 분에 넘치는 응원을 보내주었고 그 점에 크나큰 감사 인사를 보낸다.

랜덤하우스의 니키 크리스터는 몸에 밴 매력과 열의를 십분 발휘하여 이 책의 출판과 편집을 진행했다. 내가 그녀에게 진 빚은 내 첫 책을 구제해준 10년 전으로 거슬러 올라간다. 그때 그녀가 보여준 신의를 나는 한 번도 잊은 적이 없다. 책의 틀을 제대로 잡아주고 그럴듯하게 만들어준 캐서린 힐, 디오니 피포드, 소피 앰브로즈, 조쉬 더럼, 페리 윌슨에게도 감사하다는 말을 하고 싶다. 옛날부터 집필 자료 정리 담당자였던 피오나 잉글리스에게도 감사를 전한다.

나는 내가 굉장히 운이 좋은 사람이라는 사실을 날마다 느낀다. 시간을 탄력적으로 쓸 수 있는 직업에 종사하고 있는데, 마침 그 일이 또 내가 좋아하는 일이니 말이다. 그뿐인가! 필요한 때 필요한 도움을 받을 수 있는데, 그러한 도움이 없다면 저글링 같은 내 생활 자체가 불가능할 것이다. (두말하면 잔소리겠지만) 이 책 전체가 또한 그러할 것이다.

이 책이 탄생하기까지 수많은 사람들이 이런저런 방법으로 내 삶을 수월하게 만들어주었다. 조디 플레밍, 뎀 클랙스턴, 수 배트, 아냐 사이들, 니코 드 솔레이, 리사 위트비, 매들린이 그들이다.

그리고 애들레이드에서 시드니에 이르기까지 도서, 스칼렉스트릭,* 모형 항공기를 총망라하는 수준 높은 어린이-오락 활동 네트워크를 제공한 스토어러 일가 전원(젠·브라이언·마고·롭, 조지프, 마크 삼촌, 데이미언·애니사, 팀·벨린다)은 말할 것도 없다. 우리 부모님(좀 더 많이)과 남자 형제들 제임스와 톰도 물론이다.

원래 하던 저글링에 더해 내가 저글링하던 공 한두 개까지 떠맡아 기꺼이 자기 삶을 더 고달프게 만들어준 미란다 머피와 피오나 휴즈에게도 특별한 감사를 드린다.

그리고 엄마들에게도 많은 신세를 졌다. 일단 우리 엄마, 크리스토벨 여사를 빼놓을 수 없다. 엄마의 기분 좋은 유머, 침착한 성품, 한결같은 인자함(사우스오스트레일리아 시골에서 딸 구출 작전에 출동할 준비를 언제나 하고 있었다는 점 외에도) 덕분에 의회 개회 기간에 신생아들을 데리고 캔버라에 갈 수 있었고, 〈키친 캐비닛〉 촬영 사이사이 아슬아슬하게 이동하는 게 가능했다. 엄마는 이렇게 내가 벌여놓은 모든 야심찬 일거리의 성패를 갈랐다. 엘리자베스 콜스 이모 또한 놀라운 어머니이며, 인생이 주는 까다로운 도전에 직면하여 명랑함을 잃지 않는 데에는 가히 세계 일류였다. 내게 독서라는 취미를 물려주셨고 언젠가 나에게도 생기길

---

* 미니카가 트랙을 달리는 완구이다.

바라는 매력과 카리스마의 소유자인, 두 분의 어머니이자 우리 할머니, 90대 후반에 접어든 쉴라 리그스 또한 빼놓을 수 없다. 그리고 내 가장 오랜 친구 웬디 샤프는 여러 분야에서 영감이 되어주고 있지만 그중에서도 특히 노련한 엄마 노릇 분야에서 크나큰 영감을 주었다.

아버지들에게도 신세를 많이 졌다. 먼저 사랑과 모험 정신과 응원, 호버크래프트*가 유행하기 전에 그 물건을 살 정도로 흠잡을 데 없는 선견지명을 갖추신 우리 아버지 맥도널드 씨께 감사드린다. 부모로서 받고 있는 기대를 충족시키는 데 그치지 않고 그걸 뛰어넘으려 매일 힘겹게 자신을 몰아붙이고 있는 이 땅의 모든 아버지들께 한 말씀 드리고 싶다.

"잘하고 계십니다, 남성 여러분."

그 누구보다 중요한 사람 제레미! 늘 사랑과 관심을 보내주고, 우리의 아름다운 세 아이들을 돌봐주었으며, 거의 불가능한 상황일 때조차 불가능한 건 없다는 생각을 보여줘서 고마워. 이 책을 쓰는 동안 날 잘 참아줘서도 고마워. 그리고 마지막으로 능동적인 참여와 피동적인 참여 사이에서 선택을 해야 할 때, 늘 전자를 골라줘서 고마워. 당신은 훌륭한 남자야. 사랑해.

---

* 땅, 강 위, 바다 위를 나는 탈것으로, 압축 공기를 뿜어내어 기체를 띄운다.

아내 가뭄

아내 가뭄은 언제쯤 해갈될까?

아내가 되기 전엔 몰랐던 것들

나는 굉장히 지저분한 사람이었다. 학창 시절 방 청소는커녕 머리 감는 것조차 귀찮아할 정도로 게을렀다. 하지만 내 방은 늘 깨끗했고 갈아입을 깨끗한 옷이 떨어진 적도 없었다. 의아하게도 그 당시엔 내가 하지 않으면 누군가 다른 사람의 노동이 대신 투입된다는 생각조차 하지 못했다. 빨래도, 청소도, 밥도, 준비하는 누군가가 있다는 것, 그리고 그 준비하는 사람이 늘 엄마였다는 사실을 인식한 것은 결혼 후였다. 결혼을 하니 집이 자동으로 청소되는 일도, 밥이 저절로 지어지는 일도, 빨래가 저절로 널리는 일도 없어졌다. 설상가상으로 가족 구성원 2인 중 그 일을 늘 해야 하는 사람은 바로 나였다. 그러니까 나는 '아내'가 된 것이다.

아내가 되고 나니 이젠 방바닥에 떨어진 머리카락 한 올도, 싱크대에 놓인 더러운 접시 한 장도 견디기 힘들어졌다. 그렇다면 나는 원래 깔끔한 사람이었던 걸까? 지금까지는 그런 줄로만 알았다. 나의 깔끔함에 감탄을 내뱉는 타인의 반응을 은근히 즐기기까지 했던 것 같다. 그런데 이 책을 옮기고 나서 문득 그런 생각이 들었다. 내가 원래 깔끔한 사람이라기보다 불시에 누군가 우리 집에 방문할 경우 집 안의 청결 상태를 보고 주부인 나의 가치를 평가할까 봐 두려워했던 건 아닐까? 지저분한 집을 보고 남편을 비난할 사람은 없으니 말이다. 출퇴근을 하지 않는 내 일의 특성상 나는 전업주부와 맞벌이 아내 사이 어느 지점에 위치했기에 이러한 무의식적 두려움을 품고 있었을 것이다. 그런데 잘 알다시피 집안일이라는 것은 마치 끝없는 형벌과도 같았다. 나도 일을 하는데 단지 집에서 한다는 이유만으로 모든 집안일이 내 몫이 되다니 억울하기도 했다. 가사 노동은 무조건 여자 몫이고 남자는 바깥일에 충실하면 된다는 사회적 성 역할 문화도 못마땅했다.

그러던 어느 날 서점에서 『게으른 남편: "너만 쉬고 싶니? 이 나쁜 남편 놈아!"』라는 제목의 책을 발견하곤 속으로 환호성을 질렀다. 누가 내 말을 대신해준 것 같아 속이 시원한 한편, 어떤 해결책을 제시해놓았을지 궁금해 설레기도 했다. 남성의 생물학적 특성을 이해하고 그에 맞춰 '요령' 있게 남편을 개조하라는 부

분에는 약간 반감이 들기도 했지만 크나큰 공감을 불러일으키는
부분도 있었다.

그렇지만 나는 시작했던 곳에서 결론을 내리려 한다. 어쨌거나
남자가 더 많이 변해야 한다는 것이다. 남자와의 관계에서 여자
가 고쳐야 하고 고칠 수 있는 부분도 많겠지만, 현실적으로 대부
분의 집에서 여자들이 더 많은 일을 하며 보수는 더 적게 받는다.
남편이 일을 더 하는 것은 부부에게 공평할 뿐 아니라 아이들에
게도 유익하다.

옳소, 옳소!(짝짝짝)

'도와준다'는 표현을 금지하라

나는 그때부터 소위 '남편 개조 프로젝트'에 돌입했고 노력을 멈
추지 않았다. 우선 집안일을 '도와준다'는 표현을 금지어로 정했
다. '돕는다'는 단어의 의미가 내 일은 아니지만 일손을 빌려준다
는 뜻이기 때문이다. 고작 단어 하나에 지나지 않느냐고 반문할
지 모르겠다. 하지만 단어는 프레임을 조종한다. 미국의 인지언
어학자 조지 레이코프에 따르면 프레임이란 우리가 세상을 바라
보는 방식을 형성하는 정신적 구조물이다. 프레임은 우리가 추구

하는 목적, 우리가 짜는 계획, 우리가 행동하는 방식, 그리고 우리 행동의 좋고 나쁜 결과를 결정한다. 그에 따르면 프레임을 바꿔야 사회적 변화를 일으킬 수 있다. 레이코프의 이론에 힘입어 나는 우리 집에 제대로 된 프레임을 도입했고, 변화는 서서히 시작되었다. 세탁기 작동법도 모르던 남편이 이제 단추까지 달게 되었으니 참으로 장족의 발전을 이루지 않았겠는가!

단, 여기에는 무시하지 못할 슬픈 상황이 있다. 바로 우리나라의 노동 현실이다. 연일 계속되는 야근, 당연하게 여겨지는 주말 근무 및 휴가 반납. 우리나라 노동자들, 그중 가정이 있는 사람들 대부분은 자상한 아빠 혹은 만능 엄마, 가사에 적극적인 남편 혹은 마사 스튜어트 뺨치는 살림꾼이 되기가 힘들다. 아니 거의 불가능에 가깝다. 말해봐야 입만 아픈 이유들이지만 일단 집에 있을 수 있는 시간 자체가 절대적으로 부족하기 때문이다.

직업적인 성공률과 직장에 머무르는 시간이 정비례한다는 개념은 아직도 이 세계에서 유효하다. 그러니 여성을 일터로 끌어들이기만 할 것이 아니라 남성을 일터 밖으로 끌어내자는 크랩의 이야기는 상당히 설득력 있는 주장이다. 일단 집에 있는 시간부터 늘려야 그다음 단계로 나아갈 수 있지 않겠는가?

그러기 위해서는 제도 마련도 해야 하지만 그 제도를 CEO든 팀장이든 여러 조직의 리더가 활용할 줄도 알아야 한다. 물론 육아휴직을 신청한 남자 동료에게 남성성을 조롱하는 농담을 던진다든지, 저녁 회식에 참석하는 여자 동료에게 애는 누가 보냐는 질문을 던진다든지 하는 행동을 하지 않으려고 노력하는 것도 중요하다.

남자를 실수투성이에다가 아내의 지시가 꼭 필요한 존재로 표현하는 광고에는 항의를 표하고, 성 역할의 고정관념을 깨뜨리는 공익광고를 만들라고 압력을 가하는 것도 방법일 것이다. 그리고 남자들이여, 집에서 냄새가 나면 아내를, 어머니를 쳐다보지 말고 환기를 하자.

집안일을 '돕고 있다'고 생각하는 남자들이 집안일을 그냥 '하고 있다'고 생각하는 날이 오기를(자기 아이를 보는 일이 '보모 노릇'이 아니듯), 이런저런 기우제의 효험이 나타나 아내 가뭄이 해갈되는 날이 오기를 고대해본다.

2016년 10월
황금진

미주(참고 문헌)

‖ 서론 ‖ ‘아내 가뭄 주의보’ 발령

1   Australian Bureau of Statistics 2011, *Census of Population and Housing*, ABS, Canberra, 2011, analysis provided by Jennifer Baxter, Australian Institute of Family Studies

2   Ibid.

3   Fitzsimmons, Terrance William, ‘Navigating CEO appointments: do Australia’s top male and female CEOs differ in how they made it to the top?’ PhD Thesis, UQ Business School, University of Queensland, 2011

4   Ibid., p.205

5   Baxter, Jennifer, ‘Parents Working Out Work’, *Australian Family Trends No.1*, Australian Institute of Family Studies, April 2013, at http://www.aifs.gov.au/institute/pubs/factssheets/2013/familytrends/aft1/

6   Australian Bureau of Statistics 2009, *Australian Social Trends-Trends In Household Work*, cat. no.4102.0, ABS, Canberra, March 2009

7   *OECD Factbook 2014: Economic, Environmental and Social Statistics*, OECD Publishing, 2014 doi: 10.1787/factbook-2014-en

8   Baxter, Jennifer, ‘Parents Working Out Work’

9   http://www.pm.gov.au/media/2013-09-18/remarks-swearing-first-abbott-government, 18 September 2013

‖ 1장 ‖ 고약한 남자, 가망 없는 여자

1   Workplace Gender Equality Agency, *Gender workplace statistics at a glance*, May 2014, at https://www.wgea.gov.au/sites/default/files/Stats_at_a_glance.pdf

2   Fox, Catherine, *Seven Myths About Women and Work*, NewSouth Publishing, Sydney, 2012, p.51

3   Barón, Juan D. and Cobb-Clark, Deborah A. ‘Occupational Segregation

and the Gender Wage Gap in Private- and Public-Sector Employment: A Distributional Analysis', *Economic Record*, vol.86, no.273, June, 2010, 227-246 http://www.econstor.eu/bitstream/10419/34818/1/571633919.pdf

4 Fox, Catherine, *Seven Myths About Women and Work*, p.57

5 Barr, Natalie 'Working women must stop blaming men for their troubles, says *Sunrise* presenter Natalie Barr who has "never been discriminated against"', *Daily Telegraph*, 20 March 2014, at http://www.dailytelegraph.com.au/news/opinion/working-women-must-stop-blaming-men-for-their-troubles-says-sunrise-presenter-natalie-barr-who-has-never-been-discriminated-against/story-fni0cwl5-1226859496003

6 Fagg, Jenny and Hellicar, Meredith and Sanders, Melanie and Zehner, David, 'Creating a positive cycle: critical steps to achieving gender parity in Australia', *Bain Report*, 6 February 2013 at http://www.bain.com/offices/australia/en_us/publications/creating-a-positive-cycle.aspx

7 Fitzsimmons, Terrance William, 'Navigating CEO appointments: do Australia's top male and female CEOs differ in how they made it to the top?' PhD Thesis, UQ Business School, University of Queensland, p.2

8 Equal Opportunity for Women in the Workplace Agency(EOWA), 'Australian Census of Women in Leadership', 2012, at https://www.wgea.gov.au/lead/australian-census-women-leadership

9 Toohey, Tim and Colosimo, David and Boak, Andrew and Goldman Sachs JBWere, 'Australia's hidden resource: the economic case for increasing female participation', Goldman Sachs JBWere Investment Research, Melbourne, 2009

10 World Economic Forum, 'The Global Gender Gap Report', 2013, at http://www.weforum.org/reports/global-gender-gap-report-2013

11 Cassells, Rebecca and Duncan, Alan and Abello, Annie and D'Souza, Gabriela and Nepal, Binod, 'AMP.NATSEM Income and Wealth Report Issue 32 - Smart Australians: Education and Innovation in Australia', National Centre for Social and Economic Modelling, University of Canberra, October 2012 at http://www.natsem.canberra.edu.au/publications/?publication=amp natsem-income-and-wealth-report-issue-32-smart-australians-education-and-innovation-in-australia

12 Summers, Anne, *The Misogyny Factor*, NewSouth Publishing, Sydney, 2013, p.54

13 Fitzsimmons, Terrance William, 'Navigating CEO appointments', p.156

14 Biernat, M., Manis, M., and Nelson, T. F. (1991), 'Comparison and expectancy processes in human judgment', *Journal of Personality and Social Psychology*, 61, 203-211

15 Uhlmann, Eric Luis and Cohen, Geoffrey L., 'Constructed Criteria: Redefining Merit to Justify Discrimination', *Psychological Science*, June 2005, 16, pp.474-480, doi:10.1111/j.0956-7976.2005.01559.x

16 Furnham, Adrian, 'Self-estimates of intelligence: culture and gender difference in self and other estimates of both general (g) and multiple intelligences', *Personality and Individual Differences*, vol.31, no.8, December 2001, 1381-1405 http://www.sciencedirect.com/science/article/pii/S0191886900002324

17 Financial Services Institute of Australasia(FINSIA), 'Significance of the Gender Divide in Financial Services', 2012

18 Sandberg, Sheryl, *Lean In*, Random House, New York, 2013

19 Kay, Katty and Shipman, Claire, 'The Confidence Gap', *The Atlantic*, 14 April 2014 at http://www.theatlantic.com/features/archive/2014/04/the-confidence-gap/359815/

20 Swaine, Jon, 'Hillary Clinton advises women to take criticism "seriously but not personally"', 14 February 2014, at http://www.theguardian.com/world/2014/feb/13/hillary-clinton-melinda-gates-women-criticism

21 Babcock, Linda and Laschever, Sara, *Women Don't Ask: Negotiation and the Gender Divide*, Bantam Books, New York, 2007

22 Frankel, Lois P., *Nice Girls Don't Get the Corner Office: 101 Unconscious Mistakes Women Make That Sabotage Their Careers*, Business Plus, 2004, p.80

23 Sandberg, Sheryl, *Lean In*, p.63

24 Galinsky, Ellen and Salmond, Kimberlee and Bond, James T. and Brumit, Marcia Kropf and Moore, Meredith and Harrington, Brad, 'Leaders in a Global Economy: A Study of Executive Women and Men', Families and Work Institute, Catalyst, Boston College Center for Work and Family, 2003 at http://www.catalyst.org/knowledge/leaders-global-economy-study-executive-women-and-men

25 Australian Bureau of Statistics 2011, *Census of Population and Housing*, ABS, Canberra, 2011, analysis provided by Jennifer Baxter, Australian Institute of

아내 가뭄

Family Studies

26 Lindell, Richard, 'Gender pay gap closes for Gen Y but not for long', AM ABC Radio, 1 April 2009, at http://www.abc.net.au/am/content/2008/s2531670.htm

27 Desai, Sreedhari D. and Chugh, Dolly and Brief, Arthur, 'The Organizational Implications of a Traditional Marriage: Can a Domestic Traditionalist by Night be an Organizational Egalitarian by Day?' UNC Kenan-Flagler Research Paper No.2013-19, 12 March 2012, at SSRN: http://ssrn.com/abstract=2018259

28 Dahl, Michael S. and Dezső, Cristian L. and Gaddis Ross, David, 'Fatherhood and Managerial Style: How a Male CEO's Children Affect the Wages of His Employees', *Administrative Science Quarterly*, December 2012, 57, pp.669-693, doi:10.1177/0001839212466521

29 Washington, Ebonya L., 'Female Socialization: How Daughters Affect Their Legislator Fathers,' *American Economic Review*, 2008, vol.98, no.1, pp.311-32

‖ 2장 ‖ 헛다리를 짚다

1 http://w3.unisa.edu.au/hawkeinstitute/cwl/documents/AWALI2012-National.pdf

2 Baxter, Jennifer, 'Parents Working Out Work', *Australian Family Trends No.1*, Australian Institute of Family Studies, April 2013, at http://www.aifs.gov.au/institute/pubs/factssheets/2013/familytrends/aft1/

3 Gray, Edith, 'Fatherhood and Men's Involvement in Paid Work in Australia', in Ann Evans and Janeen Baxter(ed.), *Negotiating the Life Course: Stability and Change in Life Pathways*, Springer, Berlin, Heidelberg, Germany, 2013, pp.161-74

4 Australian Human Rights Commission 'Headline Prevalence Data: National Review on Discrimination Related to Pregnancy, Parental Leave and Return to Work 2014', 2014

5 Morin, Rich, 'Study: More men on the "daddy track"', Pew Research Center, 17 September 2013 at http://www.pewresearch.org/fact-tank/2013/09/17/more-men-on-the-daddy-track/

6 Miller, Sarah, 'New Parenting Study Released', *New Yorker*, 24 March 2014, at http://www.newyorker.com/online/blogs/shouts/2014/03/new-parenting-study-released.html?mobify=0

7 Morin, Rich, 'Study: More men on the "daddy track"'

8 Ibid.

9 Baxter, Jennifer, 'Parents Working Out Work'

10 Russell, Graeme and O'Leary, Jane, 'Men get Flexible!', Diversity Council Australia, 2012, at http://dca.org.au/News/News/Employers-take-note%3A-men-want-flexible-working-too%21/293#sthash.XRvHDsfu.dpuf

11 Sandberg, Sheryl, *Lean In*, p.100

12 Ibid., p.20

13 Skinner, Natalie and Hutchinson, Claire and Pocock, Barbara, 'The Big Squeeze: Work, Life and Care in 2012 - The Australian Work and Life Index', Centre for Work and Life, University of South Australia, 2001

14 Wade, Matt, 'Fewer than 20 men a month take paid parental leave', *Sydney Morning Herald*, 1 September 2013, at http://www.smh.com.au/lifestyle/fewer-than-20-men-a-month-take-paid-parental-leave-20130831-2sxf6.html#ixzz33kEdWUVO

15 'Voluntary paid maternity leave, yes; compulsory paid maternity leave, over this Government's dead body, frankly, it just won't happen under this Government' ABC Radio PM, 22 July 2002 at http://www.abc.net.au/pm/stories/s613611.htm

16 Australian Human Rights Commision, 'Headline Prevalence Data: National Review on Discrimination Related to Pregnancy, Parental Leave and Return to Work 2014', 2014

17 Berdahl, J. L. and Moon, S. H., 'Workplace Mistreatment of Middle Class Workers Based on Sex, Parenthood, and Caregiving', *Journal of Social Issues*, 2013, 69, pp.341-366. doi: 10.1111/josi.12018

‖ 3장 ‖ 이 반지로 나 그대를 해고하노라

1 Sawer, Marian and University of Canberra Centre for Research in Public Sector Management, *Removal of the Commonwealth marriage bar: a documentary history*, Belconnen, ACT: Centre for Research in Public Sector

Management, University of Canberra, 1996

2   Trotman, Janina, *Girls Becoming Teachers: An Historical Analysis of Western Australian Women Teachers*, 1911-1940(Google eBook), Cambria Press, 2008, p.349

3   *Hansard*, 4 October 1922, http://parlinfo.aph.gov.au/parlInfo/search/display/display.w3p;db=HANSARD80;id=hansard80%2Fhansardr80%2F1922-10-04%2F0096;query=Id%3A%22hansard80%2Fhansardr80%2F1922-10-04%2F0107%22

4   Ibid.

5   Sawer, Marian, *Removal of the Commonwealth marriage bar*, p.36

6   Ibid.

7   Sheridan, Tom and Stretton, Pat, 'Mandarins, Ministers and the Bar on Married Women', *Journal of Industrial Relations*, vol.46, nos 84-101, March 2004. p.91

8   Ibid., p.93

9   Ibid., p.85

10 Sawer, Marian, *Removal of the Commonwealth marriage bar*, p.24

11 Hewitt, Belinda and Western, Mark and Baxter, Janeen, 'Marriage and money: The impact of marriage on men's and women's earnings', ANU, Negiotiating the Life Course, Discussion Paper 007, July 2002 at http://lifecourse.anu.edu.au/publications/Discussion_papers/NLCDP007.pdf

12 Ginther, Donna and Zavodny, Madeline, 'Is the male marriage premium due to selection? The effect of shotgun weddings on the return to marriage', no.97-5, Working Paper, Federal Reserve Bank of Atlanta, 1998, at http://econpapers.repec.org/paper/fipfedawp/97-5.htm

13 Cassells, Rebecca and Nepal, Binod and Miranti, Riyana and Tanton, Robert, 'AMP.NATSEM Income and Wealth Report Issue 22 - She Works Hard for the Money', National Centre for Social and Economic Modelling, University of Canberra, April 2009, at http://www.natsem.canberra.edu.au/publications/?publication=ampnatsem-income-and-wealth-report-issue-22-she-works-hard-for-the-money, p.32

14 J. Correll, Shelley and Benard, Stephen and Paik, In, 'Getting a Job: Is There a Motherhood Penalty?', *American Journal of Sociology*, vol.112, no.5, March 2007, pp.1297-1339

15 Gray, Edith, 'Fatherhood and Men's Involvement in Paid Work in Australia',

in Ann Evans and Janeen Baxter(ed.), *Negotiating the Life Course: Stability and Change in Life Pathways*, Springer, Berlin, Heidelberg, Germany, 2013, p.171

16 Baxter, Jennifer, 'Parents Working Out Work', *Australian Family Trends No.1*, Australian Institute of Family Studies, April 2013, p.9, at http://www.aifs.gov. au/institute/pubs/factssheets/2013/familytrends/aft1/

17 van Egmond, Marcel and Baxter, Janeen and Buchler, Sandra and Western, Mark, 'A Stalled Revolution? Gender Role Attitudes in Australia, 1986-2005', *Journal of Population Research*, 2010, vol.27, no.3, p.157

‖ 4장 ‖ 가사 노동 불변의 법칙

1 www.abs.gov.au/AUSSTATS/abs@.nsf/mediareleasesbyCatalogue/51A7251E CB4E4ED5CA257BB2001422FE?OpenDocument

2 Australian Bureau of Statistics 2013, *Australian Social Trends - The 'average' Australian*, cat. no.4102.0, ABS, Canberra, April 2013

3 *OECD Factbook 2014: Economic, Environmental and Social Statistics*, OECD Publishing, 2014. doi: 10.1787/fact-book-2014-en or http://www. oecdbetterlifeindex.org

4 Burnham, Linda and Theodore, Nik, 'Home Economics: the Invisible and Unregulated World of Domestic Work', National Domestic Workers Alliance Report 2012 at http://www.domesticworkers.org/sites/default/files/ HomeEconomicsEnglish.pdf

5 *OECD Factbook 2014: Economic, Environmental and Social Statistics*

6 Rampell, Catherine, 'You Don't Work as Hard as You Say You Do', *New York Times*, 19 October 2012 at http://economix.blogs.nytimes.com/2012/10/19/ you-dont-work-as-hard-as-you-say-you-do/?_php=trueand_type=blogsand_ php=trueand_type=blogsand_r=1

7 Craig, Lyn, 'Does Father Care Mean Fathers Share? A Comparison of How Mothers and Fathers in Intact Families Spend Time with Children', *Gender and Society*, vol.20, no.2, April 2006, p.277

8 Macdonald, Emma, 'Why work on the homefront won't count this year', *Sydney Morning Herald*, 5 March 2013 at http://www.smh.com.au/national/ public-service/why-work-on-the-homefront-wont-count-this-year-20130304-

2fhbs.html

9 Australian Bureau of Statistics 2009, *Australian Social Trends - Trends In Household Work*, cat. no.4102.0, ABS, Canberra, March 2009

10 Ibid.

11 Ibid.

12 Ibid.

13 Ibid.

14 Baxter, Janeen, 'Patterns of time use over the lifecourse: what we know and what we need to know', *Time and Gender Seminar*, University of New South Wales, June 2006, p.5

15 Ibid., p.6

16 Ibid.

17 Baxter, Janeen and Hewitt, Belinda, 'Negotiating Domestic Labor: Women's Earnings and Housework Time in Australia', *Feminist Economics*, 19.1, 2013, pp.29-53

18 Ibid., p.40

19 Bittman, Michael and Paula England and Liana Sayer and Nancy Folbre and George Matheson, 'When Does Gender Trump Money? Bargaining and Time in Household Work,' *American Journal of Sociology*, 109(1), 2013, pp.186-214

20 Ibid., p.210

21 Ibid., p.207

22 Baxter, Jennifer, 'Parents Working Out Work', *Australian Family Trends No.1*, Australian Institute of Family Studies, April 2013, at http://www.aifs.gov.au/institute/pubs/factssheets/2013/familytrends/aft1/

23 Craig, Lyn and Mullan, Killian, 'How Mothers and Fathers Share Childcare: A Cross-National Time-Use Comparison', *American Sociological Review*, December 2011, vol.76, no.6, pp.834-861 doi: 10.1177/0003122411427673

24 Chait, Jonathan, 'A Really Easy Answer to the Feminist Housework Problem', *New York Magazine*, 21 March 2013 at http://nymag.com/daily/intelligencer/2013/03/really-easy-answer-to-the-housework-problem.html

25 Marche, Stephen 'The Case for Filth', *New York Times*, 7 December 2013 at http://www.nytimes.com/2013/12/08/opinion/sunday/the-case-for-filth.html?_r=0

26 Ibid.

27 Craig and Mullan, 'How Mothers and Fathers Share Childcare: A Cross-National Time-Use Comparison', p.835

28 Ibid., p.847

‖ 5장 ‖ 여성은 본능적으로 가사 노동에 적합한가

1 *Mere Male: The best from three decades of* New Idea's *popular column*, Southdown Press, Sydney, 1981

2 Meisenbach, Rebecca J., 'The Female Breadwinner: Phenomenological Experience and Gendered Identity in Work/Family Spaces', *Sex Roles*, January 2010, vol.62, nos 1-2, p.16

3 Smith, Stacy L. and Choueiti, Marc and Prescott, Ashley and Pieper, Katherine, 'Gender Roles and Occupations: a look at character attributes and job-related aspirations in film and television', Annenberg School for Communication and Journalism, University of Southern California, 2013, at https://www.seejane.org/downloads/key-findings-gender-roles-2013.pdf

4 Change.org online petition created by Chris Routly, 'We're Dads, Huggies. Not Dummies', March 2012 at http://www.change.org/petitions/we-re-dads-huggies-not-dummies

5 ABC TV, *Q&A*, 'From the Festival of Dangerous Ideas', 4 November 2013 at http://www.abc.net.au/tv/qanda/txt/s3868791.htm

6 Chemin, Anne, 'Norway, The Fatherland', *Guardian Weekly*, 19 July 2011 at http://www.theguardian.com/money/2011/jul/19/norway-dads-peternity-leave-chemin

7 Lindsay, Elizabeth, 'Father's leave still a burning issue' *News in English*, no.20, September 2013 at http://www.newsinenglish.no/2013/09/20/fathers-leave-still-a-burning-issue/

8 Huerta, M. *et al*., 'Fathers' Leave, Fathers' Involvement and Child Development: Are They Related? Evidence from Four OECD Countries', *OECD Social, Employment and Migration Working Papers*, No.140, OECD Publishing, 2013 http://dx.doi.org/10.1787/5k4dlw9w6czq-en

‖ 6장 ‖ 남편은 고용주, 아내는 무급 노동자

1 Cowan, Peter, *A Unique Position: A Biography of Edith Dircksey Cowan 1861-1832*, University of Western Australia Press, Perth, 1978

2 Cartoon, 'The New "House"-Wife', *Bulletin*, 31 March 1921

3 Cowan, Peter, *A Unique Position*, p.191

4 Western Australian Legislative Assembly, Parliamentary Debates(1921-1922), 16 November 1921, vol.65, p.1730

5 'Death of Mr F. W. Teesdale', *West Australian*, Perth, WA, 15 December 1931, p.12. Retrieved 8 June 2014, from http://nla.gov.au/nla.news-article32392893

6 Western Australian Legislative Assembly, Parliamentary Debates, p.1731

7 Ibid.

8 Traikovski, Louie, 'The Housewives' Wages Debate in the 1920s Australian Press' published in Richard Nile(ed), *Grit: Journal of Australian Studies*, no.78, St Lucia, UQP, 2003 - cites *Australian Woman's Mirror*, 3 February 1925, p.24

9 Ibid., cites *Leader*, 24 January 1920, p.43

10 Ibid., cites *Herald*, 12 April 1922, p.4

11 Ibid, cites *Australian Woman's Mirror*, 3 February 1925, p.24

12 Cowan, Peter, *A Unique Position*, p.190

13 Wright, Clare, *The Forgotten Rebels of Eureka*, Text Publishing, 2013, p.164-65

14 Ibid., p.165

15 Ibid., p.168

16 Ibid., p.169

17 Australian Bureau of Statistics 2009, *Australian Social Trends - Trends in Household Work*, cat. no.4102.0, ABS, Canberra, March 2009

18 Miniclier, Christopher, 'Survey Says Average Wife Worth $8,300' *Gettysburg Times*, 19 May 1967

19 '2013 What's a Mom Worth Infographics', salary.com, at http://www.salary.com/2013-mom-infographics/

20 *Burnicle v Cutelli*, 1982, 2 NSWLR 26(CA), p.28

21 Graycar, Reg, 'Sex, Golf and Stereotypes: Measuring, valuing and imagining the body in court', *Torts Law Journal*, 2002, 10(2), 205-21

22 Finlay, Henry, 'Divorce and the Status of Women: Beginnings in Nineteenth

Century Australia', University of Tasmania. Discussion Paper presented to the Australian Institute of Family Studies seminar, 20 September 2001 at http://www.aifs.gov.au/institute/seminars/finlay.html

23 Ibid.

24 Ibid.

25 Howard, John, *Lazarus Rising: A Personal and Political Autobiography*, HarperCollins, Sydney, 2010, p.73

26 Australian Parliament House, *Hansard*, Family Law Bill(Second Reading), 28 February 1975 http://parlinfo.aph.gov.au/parlInfo/search/display/display.w3 p;db=HANSARD80;id=hansard80%2Fhansardr80%2F1975-02-28%2F0003;qu ery=Id%3A%22hansard80%2Fhansardr80%2F1975-02-28%2F0021%22

27 Australian Parliament House, *Hansard*, 9 April 1975, http://parlinfo.aph.gov. au/parlInfo/search/display/display.w3p;query=Id%3A%22hansard80%2Fhan sardr80%2F1975-04-09%2F0121%22

28 Justice Nygh, 1987, as quoted in Parkinson, Patrick, 'Quantifying the Homemaker Contribution in Family Property Law', *Fed. L. Rev.* 31 (2003): 1. p.37

29 (1984) 156 CLR 605, 646

30 *Whiteley and Whiteley* (1992) FLC 92-304 at p.79, 299. For a broad discussion of homemaker entitlements read Guest, Paul, 'An Australian Perspective on the Evolution of the Law in Relation to the Assessment of Special Contributions in "Big Money" Cases: Never Mind the Law, Feel the Politics', *International Journal of Law, Policy and the Family* 19.2 (2005): 148-62

31 *Ferraro and Ferraro* (1993) FLC 92-335, p.79

32 Carnegie, Mrs Dale, *How to Help Your Husband Get Ahead In His Social and Business Life*, Greystone Books, Vancouver, 1953

‖ 7장 ‖ 아이가 있어도, 없어도 욕먹는 여성 정치인들

1 Baird, Julia, *Media Tarts: How the Australian Press Frames Female Politicians*, Scribe Publications, Melbourne, 2004, p.79

2 Hinch, Derryn, 'Hinch Hits', *Sydney Morning Herald*, 28 August 1983

3 *Age*, 24 August 1983, p.11 as cited in Jenkins, Cathy, 'Women in Australian politics: mothers only need apply', Griffith University, 2006

4   Leigh, Andrew, *The Luck of Politics*, unpublished ms

5   Ibid.

6   Campbell, Rosie and Childs, Sarah, 'This Ludicrous Obsession, Parents in Parliament: The Motherhood Trap', *Huffington Post UK*, 16 January 2014 at http://www.huffingtonpost.co.uk/dr-rosie-campbell/women-in-politics_b_4608418.html?utm_hp_ref=uk-politicsandir=UK+Politics

7   Leigh, Andrew, *The Luck of Politics*

8   Campbell, Rosie and Childs, Sarah, 'This Ludicrous Obsession, Parents in Parliament: The Motherhood Trap', *Huffington Post UK*, 16 January 2014

9   Lyons, John, 'Bill & Lachlan's Excellent Adventure', *Bulletin with Newsweek*, 8 May 2007, vol.125, no.6568

10 Transcript, ABC TV, *Australian Story*, 'Julia Gillard', 6 March 2006 at http://www.abc.net.au/austory/content/2006/s1585300.htm

11 Crabb, Annabel, 'Latham's cheap shot fails to wound', *Sydney Morning Herald*, 22 August 2009 at http://www.smh.com.au/federal-politics/lathams-cheap-shot-fails-to-wound-20090821-etpn.html

12 Silkstone, Dan and Gray, Darren, 'Playing Personal Politics', *Age*, 10 January 2004 at http://www.theage.com.au/articles/2004/01/09/1073437471553.html?from=storyrhs

13 Ibid.

14 Clennell, Andrew and Pearlman, Jonathan, 'Iemma lacks ticker to be premier, taunts Brogden', *Sydney Morning Herald*, 2 August 2005 at http://www.smh.com.au/news/national/iemma-lacks-ticker-to-be-premier-taunts-brogden/2005/08/01/1122748579443.html?oneclick=true

15 Roxon, Nicola, 'Goodbye to All That - Why I Resigned', *The Monthly*, March 2013 at http://www.themonthly.com.au/issue/2013/march/1366758466/nicola-roxon/goodbye-all

16 Harbutt, Karen, 'Wounded Janine Haines Parries Siddons' Sword', *Canberra Times*, 18 January 1987, cited in Baird, Julia, *Media Tarts*, p.83

17 Ibid.

18 Waters, Larissa, 'Does every working mum feel like this?', *Mamamia*, 17 May 2013 at http://www.mamamia.com.au/parenting/failing-at-motherhood/#Kgwl6K37qvyVgjHI.97

19 *Age*, 15 March 1921, p.6

‖ 8장 ‖ 아내가 되기로 결심한 남성들

1   Grose, Jessica, 'Questions for Louis CK', salon.com, 17 June 2011 at http://www.slate.com/articles/news_and_politics/interrogation/2011/06/questions_for_louis_ck.html

2   Robertson, John and Fitzgerald, Louise, 'The (Mis)Treatment of Men: Effects of Client Gender Role and Life-Style on Diagnosis and Attribution of Pathology', *Journal of Counseling Psychology*, vol.37, no.1, January 1990, pp.3-9, cited in Warren Farrell, *Father and Child Reunion*, Finch Publishing, 2001, p.108

3   Cassells, Rebecca and Toohey, Matthew and Keegan, Marcia and Mohanty, Itismita, 'AMP.NATSEM Income and Wealth Report Issue 34 - Modern Family; The Changing Shape of Australian Families', National Centre for Social and Economic Modelling, University of Canberra, October 2013, p.25 at http://www.natsem.canberra.edu.au/publications/?publication=modern-family-the-changing-shape-of-australian-families

4   Reeves, Karen, 'Female Breadwinners: a subtle but significant shift in women's paid employment in the 21st Century', PhD Thesis, University of Sydney, March 2013, p.1

5   Australian Bureau of Statistics 2011, *Census of Population and Housing*, ABS, Canberra analysis provided by Jennifer Baxter, Australian Institute of Family Studies

6   Baxter, Jennifer, 'Parents Working Out Work', *Australian Family Trends No.1*, Australian Institute of Family Studies, April 2013, at http://www.aifs.gov.au/institute/pubs/factssheets/2013/familytrends/aft1/

7   Reeves, Karen, 'Female Breadwinners'

8   Ibid., p.147

9   Ibid., p.148

10 Ibid., p.85

11 Ibid., p.151

12 Ibid.

13 Ibid., p.146

14 Ibid., p.149

15 Ibid., p.153

16 Kabeer, Naila, 'Marriage, Motherhood and Masculinity in the Global

아내 가뭄

Economy: Reconfigurations of Personal and Economic Life', UC Santa Cruz: Center for Global, International and Regional Studies, 2007

17 Ibid., p.18

18 Stuart, H. Colleen and Moon, Sue and Casciaro, Tiziana, 'The Oscar Curse: Status Dynamics and Gender Differences in Marital Survival', *Social Sciences Research Network*, 27 January 2011

19 Ibid.

20 Kraft, Kornelius and Neimann, Stefanie, 'Effect of Labor Division between Wife and Husband on the Risk of Divorce: Evidence from German Data', Institute for the Study of Labor, IZA DP, no.4515, October 2009

21 Kalmijn, Matthijs and Loeve, Anneke and Manting, Dorien, 'Income Dynamics in Couples and the Dissolution of Marriage and Cohabitation', *Demography*, vol.44, no.1, February 2007

‖ 결론 ‖ 우리에게 다시 혁명이 필요하다면?

1 http://data.worldbank.org/indicator/NV.IND.MANF.ZS?page=4

2 Bianchi, Suzanne and Robinson, John and Milkie, Melissa, *Changing Rhythms of American Family Life*, 2006, cited on pp.52-53 of Eagly/Carli, 2007

3 Reese, Hope, 'Studying US Families: 'Men Are Where Women Were 30 Years Ago', *Atlantic Monthly*, 27 March 2014 at http://www.theatlantic.com/education/archive/2014/03/studying-us-families-men-are-where-women-were-30-yearsago/284515/

애너벨 크랩

Annabel Crabb

오스트레일리아에서 가장 유명한
정치평론가로 자국 최초로 정치적
인 내용만을 다루는 쿠킹 쇼인 ABC
TV 〈키친 캐비닛〉의 진행자이다.
현재 ABC 온라인 〈더 드럼〉에 글을
기고하고 있으며 파워 트위터리안
(@annabelcrabb)으로도 활약 중이다.
〈선데이에이지〉, 〈선헤럴드〉, 캔버라
〈선데이타임스〉의 칼럼니스트이며
〈애드버타이저〉, 〈에이지〉, 〈시드니
모닝헤럴드〉의 정치부 기자이자 페

어팩스의 일요일자 신문들의 런던 특파원으로 일했다. TV와 라디오를 오가며 다
양한 작업에 참여했으며 2009년 맬컴 턴불에 관한 에세이로 워클리상(오스트레일
리아의 퓰리처상)을 수상한 바 있다.

특유의 유머와 풍성한 어휘력이 돋보이는 이 책, 『아내 가뭄』(The Wife Drought)은
가사 노동의 문제를 산업혁명과 자본주의라는 사회 구조적 문제로 촘촘하게 분석
해내어 여성 독자들은 물론이고 많은 남성 독자들로부터도 폭발적인 사랑을 받았
다. 페미니즘 도서로는 이례적으로 5만 부가 넘게 판매된 이 책은 2015년 퀸즐랜
드 논픽션상 최종 후보작에 올랐으며 현재도 꾸준히 사랑받고 있다.

황금진

천국이라는 것이 있고 무엇이든 소원을 들어준다면 잭 더 리퍼가 누구였는지, 블
랙 다알리아를 누가 죽였는지, 생텍쥐페리의 최후가 어떠했는지 등을 알려달라고
조르고 싶은 호기심 많은 어른이다. 바흐, 쇼팽, 카스파르 다비트 프리드리히, 에
드워드 호퍼, 엘라 피츠제럴드, 찰리 파커, 마일스 데이비스, 비비안 리, 로버트 테
일러, 레이먼드 챈들러, 레이먼드 카버, 조너선 스위프트 등을 좋아하는 자칭 잡학
다식가.

옮긴 책으로는 『소녀는 왜 다섯 살 난 동생을 죽였을까?』, 『카네기 인간관계론』,
『런어웨이』, 『과소유 증후군』, 『개와 영혼이 뒤바뀐 여자』, 『프로젝트 매니지먼트』,
『기업을 키우는 인사결정의 기술』 등이 있다.

THE WIFE DROUGHT

1판 1쇄 발행 | 2016년 12월 12일
1판 5쇄 발행 | 2022년 11월 18일

지은이 | 애너벨 크랩
옮긴이 | 황금진
해   제 | 정희진
발행인 | 김태웅
기획편집 | 박지호, 서진
외부기획 | 민혜진
디자인 | design PIN
마케팅 총괄 | 나재승
마케팅 | 서재욱, 김귀찬, 오승수, 조경현
온라인 마케팅 | 김철영, 김도연, 최윤선, 변혜경
인터넷 관리 | 김상규
제   작 | 현대순
총   무 | 윤선미, 안서현, 지이슬
관   리 | 김훈희, 이국희, 김승훈, 최국호

발행처 | (주)동양북스
등   록 | 제2014-000055호
주   소 | 서울시 마포구 동교로22길 14 (04030)
구입 문의 | 전화 (02)337-1737 팩스 (02)334-6624
내용 문의 | 전화 (02)337-1739 이메일 dymg98@naver.com
네이버포스트 | post.naver.com/dymg98
인스타 | @shelter_dybook

ISBN 979-11-5703-211-2 03330